제목	가격
조선단대사 10(신라사 3)	18,000
조선단대사 11(발해사 1-3)	42,000
조선단대사 12(고려사 1)	18,000
조선단대사 13(고려사 2)	18,000
조선단대사 14(고려사 3)	18,000
조선단대사 15(고려사 4)	25,000
조선단대사 16(고려사 5)	18,000
조선단대사 17(리조사 1)	18,000
조선단대사 18(리조사 2-3)	30,000
조선단대사 19(리조사 4-5)	35,000
조선단대사 20(리조사 6)	22,000
조선단대사 21(리조사 7)	18,000
조선단대사 22(리조사 8)	32,000
조선단대사 23(리조사 9-10)	25,000
조선단대사 24(리조사 11)	18,000
조선단대사 25(리조사 12.13)	35,000
조선력연표사전	900,000
조선풍속사(삼국 - 고려편)	28,000
조선풍속사(리조편)	28,000
초기조일관계사 1	30,000
초기조일관계사 2	30,000
초기조일관계사 3	30,000
조선근대반일의병운동사	28,000
조선인민의 반침략투쟁사(리조편)	30,000
조선인민의 반침략투쟁사(고대-발해편)	25,000
조선인민의 반침략투쟁사(고려편)	48,000
조선인민의 반침략투쟁사(근대편)	28,000
조선군사재도사(고대-고려편)	38,000
조선군사재도사(리조편)	18,000

제목	가격
조선근대애국문화운동사	22,000
조선인민의 글자생활사	25,000
조선어학설사	25,000
향가연구	35,000
조선어 어휘론	25,000
조선어 어휘통계학	18,000
조선말 사전편찬론연구	25,000
조선말 어휘정리론	25,000
조선어 단어론	20,000
조선어 어학 의미론	18,000
조선어 의미 구조론	20,000
조선말 력사 어휘론	20,000
조선어 의미론	20,000
조선어 어음론	20,000
조선어 실험음성학	22,000
조선어 력사 어음론	22,000
조선어 형태론	28000
조선어 문장론	25,000
조선어 문장 성분론	22,000
조선어 품사론	22,000
조선어 단어 조성론	35,000
조선어 실용문법	30,000
조선어 문체론	20,000
조선어 생활론	22,000
조선어 명칭론 연구	22,000
조선 지명학	20,000
조선어 방언학	20,000
조선어 정보학	25,000
조선어 음성공학	20,000

북한 출판물 도서 목록

북한 출판물 도서목록 정가 15,000원

도서명	가격
조선대백과 전23권 세트	589,000
조선여한서시리즈 전35권 세트	849,000
조선부문사 전37권 세트	1,020,000
속담사전 전2권 세트	500,000
조선민속사전	200,000
조선속담집구사전	400,000
조선의 민속전통 1	70,000
조선의 민속전통 2	70,000
조선의 민속전통 3	70,000
조선의 민속전통 4	70,000
조선의 민속전통 5	70,000
조선의 민속전통 6	70,000
조선의 민속전통 7	120,000
조선의 민속자료집	490,000
조선의 민속전통 전7권 세트	250,000
조선속담사전 1	250,000
조선속담사전 2	25,000
조선단대사 1(고조선·부여편)	32,000
조선단대사 2(신국·가야편)	32,000
조선단대사 3(구려사 1)	미간
조선단대사 4(구려사 2)	32,000
조선단대사 5(고구려사1,2)	18,000
조선단대사 6(고구려사 3)	32,000
조선단대사 7(고구려사 4,5)	32,000
조선단대사 8(백제사 1,2)	32,000
조선대백과사 9(시기사 1,2)	25,000
조선 농업사(원시-근대편)	38,000
조선 상업사(원시-중세편)	32,000
조선 농민 폭동사 1	25,000
조선 농민 폭동사 2	35,000
조선 정치 제도사(리조편)	25,000
조선 정치제도사(고대-고려편)	25,000
조선 수산사	18,000
조선 중세도시발달사	25,000
조선 광업사	45,000
조선 부르조아 민족운동사	38,000
조선 토지제도발달사(원시-근대편)	32,000
조선 토지제도발달사(원시-고려편)	25,000
조선 음악사(고대-고려편)	22,000
조선 음악사(리조-근대편)	25,000
조선 대외관계사 1	25,000
조선 대외관계사 2	25,000
조선 대외관계사 3	18,000
조선 체육사	15,000
조선 수공업사(원시-고려편)	28,000
조선공예사(원시-중세편)	28,000
조선건축사(원시-근대편)	25,000
조선교통운수사(원시-고대-중세편)	28,000
조선조각사(원시-중세편)	15,000
조선수군사(고대-중세편)	20,000

조선부문사

조선군사제도사
(리조편)

사회과학출판사

차 례

머리말 ··· (3)

제1장. 14세기말－15세기 초엽 군사제도의 개편 ············· (5)

  제1절. 군역편성제도의 정비 ··· (7)
  제2절. 중앙군제의 개편 ·· (19)
  제3절. 지방군제의 개편 ·· (34)
  제4절. 수군건설의 추진 ·· (54)
  제5절. 군사행정기관 및 명령지휘체계의 정비 ··············· (69)

제2장. 15세기 중엽 봉건적의무병제의
        확립, 중앙 및 지방군제 ······································· (84)

  제1절. 신분제도와 군역, 봉건적의무병제의 내용 ··········· (84)
  제2절. 중앙군제, 5위제의 확립 ··· (101)
  제3절. 지방군제, 진관제의 확립 ······································· (122)
  제4절. 화포군의 강화발전 ··· (144)
  제5절. 15세기 군사제도의 특징 ·· (156)

제3장. 16세기 군사제도의 해이, 임진조국전쟁을
        계기로 일어난 군사제도의 변화 ······················· (177)

  제1절. 임진조국전쟁전 군사
            제도의 해이와 변화 ·· (177)

제2절. 훈련도감의 설치, 중앙군의 변화 ·················(195)
　　제3절. 속오군의 편성, 지방군제의 변화 ·················(206)
　　제4절. 군대의 신분과 병종구성
　　　　　및 지휘체계의 변화 ·····························(214)

제4장. 17세기—19세기 전반기 군사제도의 변화와 문란 ·········(224)

　　제1절. 5영제의 성립 ·································(224)
　　제2절. 중앙 및 지방군제의 변화 ·······················(244)
　　제3절. 18세기 중엽—19세기 초엽
　　　　　군사제도의 전반적문란 ·························(263)

머 리 말

《조선군사제도사》(리조편)는 14세기말 리조봉건국가의 성립으로부터 19세기 전반기 대원군의 정권장악전시기까지의 군사제도를 연구대상으로 하였다.

리조시기의 군사제도사연구는 당시 봉건국가를 지탱하여준 가장 중요한 폭력도구와 수단을 밝혀내며 전투형식과 방법을 포함하여 당시의 반침략전쟁사를 옳바로 서술하는데서 중요한 의의를 가진다.

또한 당시 봉건국가의 골격을 이루는 제반 제도사연구에서도 중요한 의의를 가진다. 군사제도는 계급신분제도, 토지제도 및 관료통치제도와 밀접히 련관되여있다. 그러므로 이러한 제도들을 정확히 해명하자면 반드시 군사제도에 대한 옳바른 연구를 진행하여야 한다.

또한 그 이전시기의 군사제도사를 해명하는데도 일정한 의의를 가진다. 우리 나라 중세력사에서 리조시기는 군사제도와 관련된 가장 풍부하고 구체적인 자료를 남기고있는것으로 하여 그에 대한 옳바른 연구는 자료가 부족하거나 인멸되여 잘 알수 없는 고려, 발해 및 후기신라, 삼국시기 군사제도의 륜곽을 더듬을수 있게 하는 유력한 실머리를 제공한다.

《조선군사제도사》(리조편)에서는 리조시기의 군사제도사를 개괄체계화하면서 다음과 같은 몇 가지 문제를 밝히는데 중점을 두었다.

첫째로, 1392년 리조봉건국가성립이후 수십년동안에 걸쳐 진행된 군사제도의 개편과 정비의 주요내용을 서술하였다.

둘째로, 군사제도가 가장 째여졌던 15세기 중엽 군대의 계급신분적구성과 편성의 원칙 및 봉건적의무병제의 기본내용을 밝히였다.

셋째로, 1592년-1598년 임진조국전쟁을 계기로 일어난 군사제도의 변화를 해명하였다.

넷째로, 17세기-19세기 전반기 군사제도의 문란과 변화의 기본양상을 서술하였다.

제1장. 14세기말-15세기 초엽 군사제도의 개편

1392년 7월 리성계일파는 고려왕조를 뒤집어엎고 새 왕조를 세웠다. 이리하여 470여년동안 존속되여온 고려왕조는 종말을 고하였다. 왕조는 교체되였으나 사회의 성격에서는 그 어떠한 변화도 없었다. 리씨왕조도 역시 량반지주계급이 정권과 토지를 차지하고있는 봉건국가였으며 따라서 그 정권의 반인민적이며 관료적인 성격에서는 아무것도 달라진것이 없었다.

리조봉건통치배들은 저들의 집권을 공고히 하기 위한 제반 조치의 일환으로서 군사제도를 정비개편하는데도 큰 관심을 돌리였다.

리조봉건국가성립초에 군사제도를 시급히 정비개편하여야 할 사정은 우선 새로 집권한 리성계일파가 전국의 군대에 대한 중앙집권적인 장악지휘체계를 세우려고 한 목적과 관련되였다.

리조봉건국가성립을 전후하여 리성계일파는 반대파관료들을 숙청하면서 그들이 가지고있던 군사지휘권을 회수하였으나 그 이후에도 적지 않은 왕족, 관료들은 여전히 사병을 가지고있었다. 14세기말 왕족들사이에 벌어진 류혈적인 정변은 모두 사병을 거느린 통치배들간의 추악한 권력다툼이였다.

이러한 형편에서 왕권을 유지강화하기 위하여서는 사병을 철폐하고 중앙과 지방의 군대를 국가가 통일적으로 장악지휘하는 방향에서 군사제도를 정비개편하여야만 하였다.

　군사제도를 정비개편하여야 할 사정은 또한 왜구의 침습을 쳐물리칠수 있는 강력한 수군을 건설해야 하는것과 관련되였다.

　1350년대후 왜구의 침공은 여러차례에 걸치는 고려수군의 타격에도 불구하고 리조봉건국가수립이후에도 계속되였다. 이리하여 봉건국가앞에는 강력한 수군을 건설하여야 할 중대한 과업이 나서게 되였다.

　이것은 보병위주의 종래 군대편성에서 수군의 비중을 결정적으로 높인다는것을 의미하였고 나라의 서북 및 동북쪽에 치우쳐졌던 국가방위의 중심이 남쪽으로 옮겨져 륙지와 바다를 지키는것이 다같이 중요한 요구로 나섰다는것을 말하는것이였다. 이러한 과업은 바로 군사제도의 적절한 개편을 통해서만 해결될수 있었다.

　군사제도를 정비개편해야 하였던 사정은 또한 고려의 헝클어진 군사제도를 수습하지 못한채 리조봉건국가가 성립된것과도 관련되였다.

　12세기 말엽 무신집권이후 고려의 군사제도는 급속히 문란하여졌다. 봉건국가가 지배하던 토지와 인민이 줄어들고 군적, 호적이 형클어져 군역대상자가 줄어들었으며 전시과제도의 일환으로 존재하던 군인전이 없어지면서 무예가 뛰여난 장정에게 수조지를 주어 전문군인으로 만드는 이른바 선군급전제도는 무너지고말았다.

　고려말 패기와 같은 사병이 출현한것은 정연한 체계를 가졌던 군사제도가 헝클어진 사실의 반영이였다.

　1388년 위화도회군을 계기로 정치적실권을 장악한 리성계일파는 헝클어진 군사제도를 정비하는데 착수하였으나 그 주되는 목적은 군사적면에서 왕권탈취의 야망을 실현하기 위한 발판을 마련하는것이였다. 따라서 그들의 시도는 전국의 군대에 대한 지휘권을 독차지하기 위한 조치를 취하는데 그치고말았다.

　이리하여 문란해진 군사제도를 근본적으로 정비하는것과 같은 사업은 리조봉건국가수립이후 중요한 과업으로 나서게 되였다.

제1절. 군역편성제도의 정비

1. 군적의 정비와 군액의 확장

군적은 봉건국가가 각계각층의 사람들을 지배장악하여 군역에 동원시키는데서 기초로 되는 문건이였다. 군적을 작성하는 목적은 군인을 선발하며 더 많은 군정을 확보하려는데 있었다.

군적에 등록된 장정의 수가 곧 상비병력을 의미하는것은 아니지만 그것을 통하여 당시 봉건국가가 평시에 유지하는 병력과 유사시에 동원할수 있는 병력의 규모를 짐작할수 있으며 나아가서 군사제도가 정비되였는가 헝클어졌는가를 알수 있다. *

> * 리조 후기에 들어와 봉건국가가 군포수탈을 늘일 목적에서 군인해당자이외에 로인, 어린아이, 심지어 죽은 사람까지도 마구 군적에 등록한 사실을 제외한다면 군적에 등록된 장정수는 봉건국가가 동원할수 있는 병력의 규모를 근사하게 반영하였다고 말할수 있다.

군적작성의 토대로 된것은 호적이였다.

호적은 봉건국가가 전국의 인구를 일정한 양식에 따라 호를 단위로 조사장악한 문건이였다. 호적의 기재사항은 신분에 따라 약간의 차이는 있었으나 대체로 여기에는 호의 소재지, 호주의 직업, 이름, 호주와 그 안해의 나이, 본관, 4대에 걸친 조상, 같이 사는 자녀, 노비, 머슴의 이름, 나이 등이 기록되였다.

작성된 호적은 수도인 경우에는 호조와 한성부에, 지방인 경우에는 호조, 감영, 각 고을에 비치되여 호구를 장악하고 사람들의 신분을 구별하며 각종 부담을 인민들에게 지우는 기초문건으로 되였다.

호적이 작성되면 여기에서 16~60살의 장정을 따로 뽑아서 군적을 만들었다.

규정상 군적은 6년에 한번씩 작성하게 되여있었으나 제대로 시행되지 않는 경우가 적지 않았고 호적과 마찬가지로 군적에 등록되는 수자도 실지 형편과 차이나는것이 보통이였다.

리조봉건국가수립이후 처음으로 전국적범위에서 군적이 작성된것은 1393년이였다.
　　이와 관련된 다음과 같은 기록이 전한다.
　　《각 도들에서 군적을 바쳤다. 이에 앞서 남은, 박위, 진을서 등 8명의 절제사를 파견하여 왜적의 침입에 대비케 하였다. 왜적이 물러가자 남은을 경상도에, 박위를 양광도에, 진을서를 전라도에 보내여 군사를 점고하고 군적을 작성케 하였다. 그 나머지 여러 도들에서는 안렴사로 하여금 군사를 점고케 하였다. 이때에 이르러 작성된 군적을 바쳤다.
　　경기좌도, 우도, 양광도, 경상도, 전라도, 서해도, 교주도, 강릉도 등 8도의 기병, 보병 및 배타는 군사가 모두 20만 800여명이였고 자제, 향리, 역리 등 직업적인 역을 지고있던 사람이 10만 500여명이였다.》(《태조실록》 권3 2년 5월 경오)
　　우에서 본바와 같이 봉건국가는 14세기말에 이미 20만이상의 군정을 포함하여 30만여명의 장정을 장악하였다.
　　15세기에 들어와 봉건통치체제가 째여지고 중앙집권력의 지방침투가 강화됨에 따라 군정의 수는 계속 늘어났다.
　　최초에 군적이 작성된 때로부터 10년이 지난 1403년에 중앙과 지방의 군정은 29만 6 310명으로 늘어났으며 이듬해 1404년에는 경기를 제외하고도 장악등록된 군정이 32만 2 786명이나 되였다. (《태종실록》 권5 3년 5월 병오)
　　10년 남짓한 기간에 군정이 12만여명이나 늘어난것은 주로 지난 시기 군적에서 루락되였던 장정들을 찾아내여 등록하였기때문이였다.
　　군정이 계통적으로 늘어난 정형을 보면 표 1, 2와 같다.

표 1　　　　　　　　　1404년 도별군정수

도별	경기	충청	경상	전라	풍해	강원	동북	서북	계
호	—	19 561	48 992	15 703	14 170	15 879	11 311	27 788	153 404
구	—	44 476	98 915	39 151	29 441	29 238	28 693	52 872	322 796
호와 구의 비률		1:2.27	1:2.02	1:2.49	1:2.08	1:1.84	1:2.54	1:1.90	1:2.10

(《태종실록》 권7 4년 4월 을미)

표 2　　　　　　　　**1406년 도별군정수**

도별	경기	충청	경상	전라	풍해	강원	동북	서북	계
호	20 729	19 560	48 993	15 714	14 170	15 879	11 311	33 890	180 246
정	38 138	44 476	98 915	39 167	29 441	29 224	28 683	62 321	370 355
호와 정의 비률	1:1.84	1:2.28	1:2.02	1:2.49	1:2.08	1:1.84	1:2.53	1:1.83	1:2.05

(《태종실록》권12 6년 10월 병진)

우에서 본바와 같이 봉건국가는 15세기초에 37만여명의 장정을 군적에 등록하였다.

이때로부터 20여년사이에 봉건국가는 30여만의 장정을 더 장악하여 69만의 장정을 군적에 등록하였는데 그것을 보면 표 3과 같다.

표 3　　　　　　**《세종실록》지리지 군정통계**

도별	경기	충청	경상	전라	황해	강원	평안	함길	계
호	20 882	24 170	42 227	24 073	23 511	11 084	41 167	14 739	201 853
구	50 352	100 790	173 759	94 248	71 897	29 009	105 444	66 978	692 477
비률	2.41	4.17	3.26	3.91	3.05	2.61	2.56	4.54	3.43

우의 표에서 《구》는 매 호의 모든 식구 즉 가족수를 의미하는것이 아니라 군역해당자, 다시말하면 16~60살의 장정을 가리키는것이였다.

이처럼 15세기 20년대*에 봉건국가는 대체로 20만이상의 호와 70만에 가까운 장정을 장악하였다.

* 《세종실록》의 한 부분으로서 지리지가 편찬된것은 1454년이였으나 이 지리지편찬의 모체로 된 《팔도지리지》가 1432년에 만들어진 사실로 보아 《세종실록》지리지의 군정관계 자료들은 대부분 그전시기 즉 1420년대의 사실을 담은것이라고 인정된다.

이와 같이 군정이 급격히 늘어난것은 리조봉건국가수립이후 수십년동안의 인구증가와도 관련되며 특히 15세기 초중엽 태종, 세종 통치년간에 호적, 군적이 정비되고 호패법이 실시되면서 더 많은 장정을 장악할수 있게 된것과도 관련되였다.

이 시기 정상적인 군액 즉 정규병력을 보면 표 4와 같다.

표 4   도별군정수통계

부대별 도별	시위군	수호군	영진군	영진속군	수성군	진속방패	익군	익속군	선군	계
경기	1 713								3 892	5 605
충청도	1 974	248	1 766						7 858	11 846
경상도	2 631		3 876						15 934	22 441
전라도	1 167		2 424						11 793	15 384
황해도	2 294			2 736					3 997	9 027
강원도	2 276				11	25			1 384	3 696
평안도	2 878				789		14 053		3 490	21 210
함길도					516			4 472	969	5 957
계	14 933	248	8 066	2 736	1 316	25	14 053	4 472	49 317	95 166

보는바와 같이 당시 전국의 정규병력은 9만 5 166명이였다.* 여기에 갑사, 별시위 등 중앙군을 합하면 10만이 넘는다.

> *《세종실록》지리지 도총론에 기재된 수자와 군, 현별 서술과는 군액에서 차이가 난다. 즉 군, 현을 단위로 기재된 수자의 합계는 10만 2 709명이다.

그후 세조통치년간에 보법을 실시한 결과 군액이 급격히 늘어난 후과를 가시기 위하여 군액을 조절하는 사업이 완료된 1475년 전국의 정규무력의 총계는 표 5, 6과 같다. (1477년 각 도의 정군, 봉족수를 함께 제시한다.)

표에서 볼수 있는바와 같이 1475년과 1477년 정군의 수에서 일정한 차이를 나타내고있다. 그러나 1477년 도별군액표에서는 영안도와 강원도의 정군과 봉족이 루락되였으므로 여기에 약 1만명의 정군(강원도, 영안도의 정군합계)과 3만의 봉족(강원도, 영안도의 봉족합계)을 더하여주면 정군 14만 5 000명정도, 봉족 36만명정도 된다.

표 5 1475년 전국 정군수

병종	정군수
갑사	14 800
별시위	1 500
파적위	2 500
팽배	5 000
대졸	3 000
조라치	640
대평소	60
친군위	40
정병	72 297
수군	48 800
계	148 637

(《성종실록》권59 6년 9월 갑인)

표 6 1477년 각 도별 정군, 봉족수

정군, 봉족 \ 도	정군	봉족	계
경중	2 824	2 920	5 744
황해도	9 817	27 471	37 288
평안도	19 336	52 231	71 567
경기	8 956	21 180	30 136
개성부	696	1 521	2 217
충청도	23 780	51 664	75 444
경상도	35 517	94 810	130 327
전라도	34 044	80 949	114 993
계	134 970	332 746	467 716

(《성종실록》권81 8년 6월 을묘)

15세기 70년대 통치질서가 비교적 째여지고 군사제도가 정비되였던 시기에 봉건국가는 약 50만명의 군정가운데서 14만 5 000명의 정규군을 편성하였다.

여기에 전국의 잡색군 30만~40만명*을 합한다면 당시 봉건국가는 80만~90만명의 장정을 장악하였던것으로 된다.

* 《경상도지리지》에 기록된 잡색군은 정군과 봉족을 합하여 6만 4 036명으로서 그것은 별패, 시위군, 영진속, 수성군, 기선군의 총계 78 743명의 약 80%이상을 차지한다. 이것이 곧 군사분야

에서 차지하는 잡색군의 비률이라고 단정할수는 없으나 그 총수를 30만~40만명으로 보는것이 비교적 타당하다.

호적과 군적에 토대한 수십만명의 군정장악은 봉건적의무병제가 실시될수 있었던 바탕이였다.

군액의 계통적인 증가는 리조의 군사제도가 정비되여간 사실을 보여주는 뚜렷한 자료로 된다.

2. 봉족제, 보법의 확립

리조의 군사제도를 고찰하는데서 나서는 또 하나의 주요한 문제는 군역편성의 원칙을 밝히는것이다.

리조시기에는 2~3명의 량인장정으로 하나의 군호를 편성하고 그가운데서 한사람이 군인이 되고 나머지 장정은 군인의 뒤를 대주는 봉족(또는 여정)으로 하는 제도가 존재하였다. 다시말하여 량인 농민의 경작지가 아니라 장정의 머리수가 군역편성의 기준으로 되였다.

고려시기에는 량인장정이 2~3명 있는 호에서 장정 한사람을 부역 또는 군역에 징발하는 제도가 있었으나 이것은 유사시에 림시적으로 동원하는 방법이였고 평시에 항구적으로 실시되던 제도는 아니였다.

고려시기 유사시에 림시적으로 실시되던 군사동원제도가 리조시기에 군역편성의 주되는 방법으로 된것은 리조군사제도의 특징으로 된다고 말할수 있다.

그러면 그것이 성립되는 과정을 살펴보기로 하자.

리조성립이후 봉족과 관련된 기사가 처음 나타나는것은 1395년이다.

간관 전백영은 봉건정부에 기병은 장정 5명중에서 1명을 선발하고 보병인 경우에는 장정 3명중 1명을 내도록 하자는것을 제기하

였다. (《태조실록》권6 3년 8월 기사)

이 제의에 명확하지 못한 점은 있으나 자연호의 경지면적은 고려하지 않고 장정의 머리수가 기병, 보병선발의 기준으로 되였다는 것은 확실하다.

봉족에 대한 보다 구체적내용을 알려주는 기사는 1397년 도평의사사의 제의에서 찾아볼수 있다.

《이제부터 각 호에서 같이 살거나 따로 살거나에 관계없이 아들, 사위, 동생, 조카 등 일가친척가운데서 나이가 60살이하 16살이상 되는 사람에 대해서는 품관인 경우에는 기병 1명에 봉족 4명을 정해주고 관리가 아닌자인 경우에는 기병 1명에 봉족 3명을 정해주며 보병 1명에게는 봉족 2명을 정해주어 호주의 이름아래 달아놓고 시행케 할것입니다.

안팎으로 아무런 친척도 없는 홀몸인 군정에게는 처지가 같은 혼자몸의 장정을 봉족으로 줄것입니다.

평상시 군정을 동원할 때에는 봉족을 따로 동원하지 말것이며 정세가 긴급한 여부에 따라서 봉족을 많이 또는 적게 데리고가게 할것입니다.

남자종을 많이 데리고사는 사람에게는 봉족을 따로 주지 말것입니다.

각 고을의 원으로서 긴급한 군사정세로 하여 데리고가는외에 봉족을 따로 동원한 사람에게는 죄를 따질것입니다.》(《태조실록》권11 6년 2월 갑오)

도평의사사에서 국왕에게 한 이 제의는 리조 초기 봉족제의 주요한 내용을 밝혀준다.

첫째로, 군정의 뒤를 돌보아주는 봉족은 동거하는가 안하는가에 관계없이 자식, 사위, 조카 등 일가친척들가운데서 나와야 한다는것이다.

둘째로, 한 집안에 장정이 한사람밖에 없으므로 군역을 자체로 감당할수 없는자들을 몇사람씩 묶어서 한사람은 군정이 되고 나머지 사람은 봉족이 되게 하였다.

셋째로, 평시에는 군정이 동원되고 유사시에 봉족까지 징발하는것이 원칙이였다.
　　넷째로, 군정을 뽑는 각 신분과 병종에 따라 봉족의 수를 달리하였다는 사실이다. 같은 기병인 경우에도 품관*출신에게는 4명의 봉족을, 벼슬 안하는 량반에게는 3명의 봉족을 주도록 하였고 보병에게는 봉족 2명이 차례지도록 하였는데 여기서 보병이란 주로 량인출신이였다.

> * 품관은 품계를 가진 관리라는 뜻이 있고 또 과거시험에 응시하기 위하여 지방에서 유학을 공부하는 선비를 가리키기도 한다. 그런데 여기서 품관이란 품계를 가진 관리로 해석된다. 리조초에는 량반관료의 집에서도 벼슬하는 당사자밖에 다른 사람들의 군사복무를 장려하였다. 그리하여 벼슬 안하는 량반집출신의 기병에게 3명의 봉족이 차례졌다면 품관에게는 4명의 봉족이 배당되였다.

　　다섯째로, 리조봉건국가수립초의 봉족제는 장정의 머리수를 기준으로 한것이였고 군사복무자가 가진 토지면적은 전혀 고려되지 않았다는 점이다.
　　이처럼 봉족제는 리조군역편성의 기본원칙으로, 광범한 장정을 군대에 망라하는 주되는 방법으로 되였다.
　　그후 1404년에 군정과 직역자들(향리, 역졸 등 직업적으로 봉건국가의 역을 지는자들)이 소유한 토지면적을 고려하여 봉족(조호)을 주도록 하는 규정이 제정되였다. (《태종실록》권7 4년 5월 계해)
　　이제 그에 관한 기사를 제시하면 다음과 같다.
　　《― 갑사. 2～3결이하의 토지를 가지고있는 사람에게는 봉족 2호를 주고 4～5결이하를 가지고있는 사람에게는 봉족 1호를 주며 6～7결이상을 가지고있는 사람에게는 주지 않도록 할것이다.
　　― 시위군과 완산자제패. 1～2결이하의 토지를 가지고있는 사람에게는 봉족 2호를 주고 3～4결이하를 가지고있는 사람에게는 봉족 1호를 주며 5～6결이상을 가지고있는 사람에게는 주지 않도록 할것이다.
　　― 기선군(수군). 2～3결이하의 토지를 가지고있는 사람에게는 봉족 2호를 주고 4～5결이하를 가지고있는 사람에게는 봉족 1호를 주며 7～8결이상을 가지고있는 사람은 자신이 수군으로 복무하면서 동

시에 봉족 1명을 내며 15결이상을 가지고있는 사람은 수군으로 복무하면서 동시에 봉족 2명을 내야 한다.

－ 진영군, 취련군, 철소간. 1～2결이하의 토지를 가지고있는 사람에게는 봉족 1호를 주고 3～4결이상을 가지고있는 사람에게는 주지 않도록 할것이다.

－ 수성군과 일수량반(각 고을, 역참에서 심부름하던 신량역천층). 3～4결이하의 토지를 가지고있는 사람만을 쓰고 5～6결이상을 가지고있는 사람은 쓰는것을 허락하지 말것이다. 이들 역시 봉족을 주지 않도록 할것이다.

－ 각 관청의 서리, 대장과 대부, 정리, 조예, 도부외, 수공별군, 군기감별군, 속모치, 조라치. 1～2결이하의 토지를 가지고있는 사람에게 봉족 1호를 주며 3～4결이상을 가지고있는 사람에게는 주지 않도록 할것이다.》

이밖에 향리, 진척 등에게 주는 봉족에 대해서도 규정되여있다.

그리고 봉족으로 되는 호들은 모두 2～3결이하의 토지를 가지고있는 집들로 정하였고 4～5결이상을 가지고있는 집들은 쓰지 말도록 규정하였다.

이상에서 본 군인별, 토지면적에 따르는 봉족배당규정을 보면 표 7과 같다.

표 7   1404년 봉족배당표

부대별 \ 전결수	1결	2결	3결	4결	5결	6결	비고
갑사	2호	2호	2호	1호	1호	0	
시위패, 완산자제패	2호	2호	2호	1호	0	0	
기선군(수군)	2호	2호	2호	1호	1호	0	
진속군, 취련군, 철소간	1호	1호	0	0	0	0	
수성군, 일수량반	0	0	0				
대장, 대부	1호	1호	0	0	0	0	
향리, 역리, 수참간	1호	1호	0	0	0	0	

여기에서 특징적인것은 자연호의 장정이 아니라 토지면적 즉 전결이 단위로 되였다는 점이다. 앞에서 본바와 같이 봉족으로 될수 있는 층은 2~3결이하의 토지를 경작하는 사람들이였고 4~5결이상을 소유한 사람은 봉족으로 쓰지 못한다고 하였다. 경작지가 많은자를 군정으로, 그렇지 못한자를 봉족으로 한것은 경제적능력이 있는 호에서 군정을 징발하도록 하자는것이였다.

이 군역편성에서 다른 하나의 특징은 봉족배당이 인정(장정)이 아니라 호로써 실현되였다는 사실이다. 군정이 차지한 전결수에 따라서 각종 군인들에게 1~2호의 봉족이 차례졌고 6결이상을 가진자들에게는 례외없이 봉족이 배당되지 않았다.

이처럼 15세기초에 정군과 봉족의 관계가 구체적으로 정하여졌다.

그러나 전결을 기준으로 한 봉족제는 제대로 실시되지 않았다.

그것은 《경상도지리지》 도내시거조에 기록된 각종 군인에 대한 봉족배당의 단위가 호가 아니라 정으로 되여있다는 사실을 통하여 확인할수 있다.

그러면 왜 봉족이 전결을 기준으로 한 호가 아니라 정으로 배당되였는가?

그것은 우선 당시 한집에 장정이 한명인 호가 많았으므로 비록 호를 봉족의 배당단위로 삼아도 인정을 지급단위로 한것과 별차이가 없었기때문이다.

이와 함께 봉족을 인정으로 지급하게 된것은 군사의 립역단위가 자연호 그대로인 경우가 많았다는 사정과 관련되였다.

1429년 병조가 국왕에게 한 제의에서 《아버지가 정군이 되면 아들과 사위가 봉족이 되여 3정이 1정군(군호)을 이룬다.》고 한것은 당시의 군역부과단위가 주로 자연호였음을 보여준다. (《세종실록》 권 45 11년 7월 임신)

봉족호를 배당하는 제도가 합리적인것 같으면서도 시행되지 않은 리유는 다음으로 그것이 실무적으로 복잡했던 사정과도 관련되였다.

봉족을 호로써 지급하는 제도는 임의의 호가 아니라 일정한 전결을 소유한 봉족호를 그것도 호수가 가진 토지면적을 참작하여 배당하는 제도였다. 호수와 봉족호의 전결수를 다같이 고려하지 않으면 안되는 복잡성은 당시 부역의 단위가 역시 전결을* 기준으로 하였던 사정과 결부되여 더욱 심하여졌다.

*《경국대전》호전 요부조에 의하면《토지 8결에서 장정 1명을 내며 부역일수는 1년에 6일을 초과하지 않는다.》라고 하여 부역을 감당하는 장정의 징발단위가 토지였음을 보여준다.

이리하여 정군과 봉족을 모두 인정으로 파악하고 장정의 일정한 수를 군역부과의 기본단위로 하게 되였다.

봉건국가는 호단위로 군역을 편성하는 제도의 불합리한 점을 없애고 보다 많은 군정을 지배장악하는 방책을 모색하였다.

이리하여 1464년 보법이 실시되게 되였다.

보법은 종래의 가족적인 군역부과의 단위를 인정본위로 개혁한 것이였다. 다시말하면 자연호를 단위로 한 3정1호의 원칙이 2정1보의 원칙으로 바뀐것이였다.

세조통치년간에 봉건정부는 호패법을 실시하여 더 많은 장정을 장악하고 군역의 부과대상을 확대하면서 보법을 실시하였는데 그 주요내용은 다음과 같다.

첫째로, 2정을 1보로 한다.
둘째로, 전 5결을 장정 1명으로 간주하며
셋째로, 상전과 동거하는 남자종도 봉족수로 계산한다.
이때 각색군인들에게 주어진 보는 다음과 같다.

갑사 4보
기병(정병) 조라치 3보
평로위, 파적위, 근장, 별군 보병(정병), 태평소, 기선군 2보
봉수군, 방패, 섭륙십 1보

이밖에도 더 많은 장정을 장악하기 위하여 숨겨져있던 호나 인정을 신고하는자에게는 그 장정을 규정외로 더 준다는것을 밝히였다.

이처럼 보법은 일단 자연호를 고려하지 않고 2명의 장정을 기준으로 군역을 편성함으로써 장정이 많은 호에서는 많은 보가 편성되

고 1명인 경우에도 다른 호의 장정과 합쳐 보를 이루게 됨으로써 더 많은 장정에게 군역을 부과할수 있었다.

보법의 실시는 빈약한 호의 군역부담을 종전보다 과중하게 하였을뿐아니라 토지와 노비를 많이 소유한 부유한 호의 군역부담도 크게 하였다.

봉건사회에서 노비와 토지를 많이 가진 량반들의 리해관계에 저촉되는 이러한 제도가 제대로 실시될수는 없었다.

그리하여 급보(보를 주는)규정은 토지소유자들에게는 유리하게, 량인이하신분의 인민들에게는 불리하게 수정되여《경국대전》에 고착되였다.

그 내용은 대체로 다음과 같다.

첫째로, 종전에 3보를 받았던 기병(정병)과 2보를 받았던 수군이 1보1정으로 떨어졌으며 2보를 받았던 보병(정병)은 1보 즉 절반으로 낮아졌다.

둘째로, 토지 5결을 장정 1명으로 간주하던 규정은 없어졌고 동거하는 남자종(장정)은 그 수의 절반만을 보로 인정하였다.

셋째로, 정군을 내야 할 호안에 규정된 보인외에 2명의 장정이 더 있어도 그들에게 다른 역을 지우지 않으며 수군호의 동거자가 3정인 경우 한사람은 보에 포함시키지 않고 별도로 1장정을 지급하였다.

이처럼 보법의 실시는 더 많은 장정에게 군역을 부담시키면서도 토지와 장정과 노비를 많이 가진 호의 군사복무를 보다 유리하게 할수 있도록 하였다.

《경국대전》에 고착된 군역편성의 이러한 원칙은 그후 임진조국전쟁전까지 그럭저럭 유지되여왔다.

리조봉건국가수립이후 반세기가 지나서야 확립된 군역편성의 원칙은 군사제도정비의 기틀의 하나가 마련되였다는것을 의미한다. 봉건국가성립과 함께 통치배들이 그 실시를 집요하게 추구한 군역편성의 원칙은 결국 국가경비에 의존하지 않는 군대를 편성유지하자는것이었고 광범한 장정을 군사적으로 편성하여 그들의 로동력을 무상으로, 체계적으로 수탈하려는것이였다.

제2절. 중앙군제의 개편

1. 10위의 설치, 5사의 형성

중앙군제의 개편을 보여주는 가장 중요한 사실은 고려시기 중앙군의 기본조직이던 2군, 6위(8위)가 변화된것이였다.

중앙군제의 첫 개편이 진행된것은 리조봉건국가성립후 며칠 지나 10위가 설치된것이였다. (《태조실록》 권1 원년 7월 정미)

이 10위는 고려의 2군, 6위 즉 8위*에 의흥친군 좌위와 우위를 합한것이였다.

> * 고려의 8위는 응양위, 금오위, 좌우위, 신호위, 흥위위, 비순위, 천우위, 감문위였다.

10위가 고려의 2군, 6위와 다른 점은 첫째로, 10개 위에 각각 좌위, 우위, 중위, 전위, 후위의 5개 령이 갖추어져 매개 위에 령이 균일하게 배치된것이였고 10위가 총 50령으로서 령수가 늘어난것이였다. 둘째로, 무관직에서도 고려때와 기본적으로 같으나 대장군과 장군사이에 도호8위장군(정4품) 2명이 새로 생겨나고 품계를 가지지 못하였던 정(대정)이 종9품으로 되것이였다. 셋째로, 10위 50령은 장군, 장교, 하사관 등 수천명의 골격만을 갖추었고 일반병사들을 편제에 두지 않았다는 점이다.

당시 군제개편의 담당자였던 정도전이 《10위 50령은 합계 4 230명이였고 근시와 충용 각 4위는 이 수에 포함되지 않는다.》고 한 것은 바로 그것을 말해준다. (《삼봉집》 권6 경제문감 하 위병)

10위의 설립은 리성계의 사병부대를 중앙군의 편제에 둠으로써 종래의 8위에 대한 통제를 강화하려는데 그 목적이 있었다.

이밖에도 고려말이래 경찰의 기능을 수행하던 도부외 좌, 우 2령과 충용 4위, 근시 4위 등 성중애마부대는 그대로 존속되였다.

이 시기에는 또한 각 도에서 번상한 시위패들이 중앙군의 중요 구성부분으로 되였으며 의흥친군 좌, 우위와 시위패가 당시 중앙군의 주력이였다.

　　1394년 10위제도는 10사제도로 개편되였다. 즉 의흥3군부 판사 정도전의 제의에 따라 10위의 명칭을 10사로 고치고 그것을 3군에 분속시키였다. *

　　　　* 《삼봉집》권6 경제문감 하 위병

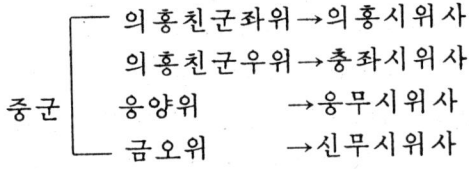

```
         ┌─ 의흥친군좌위 → 의흥시위사
         │  의흥친군우위 → 충좌시위사
    중군 │  응양위      → 응무시위사
         └─ 금오위      → 신무시위사

         ┌─ 좌우위 → 룡양순위사
    좌군 │  신호위 → 룡기순위사
         └─ 흥위위 → 룡무순위사

         ┌─ 비순위 → 호분순위사
    우군 │  천우위 → 호익순위사
         └─ 감문위 → 호용순위사
```

　　이처럼 10사는 4개의 시위사와 6개의 순위사로 구분되였는데 시위사는 궁궐을 시위하는(지키는) 임무를 지녔고 순위사는 도성을 경비하는것이 기본임무였다.

　　10사의 임무에서 변화가 생긴것은 1409년 시위사와 순위사의 비률을 9:1로 개편한것과 관련되였다. 즉 충무시위사를 충무순금사로 고치고 나머지 6순위사를 모두 시위사로 개칭하였다. (《태종실록》권18 9년 10월 무진)

　　이것은 정변을 일으켜 정권을 잡은 태종이 수도전반에 대한 방비보다도 왕궁에 대한 시위를 더 강화함으로써 왕권의 안전을 보장하려고 한것이였다.

　　그것은 또한 10사가 수도보위보다도 국왕과 왕궁을 지키는 금군으로서의 임무를 지니고있었다는것을 보여준다. 10사가 주로 왕궁시위를 맡게 됨에 따라 도성의 순찰은 충무순금사와 의용순금사가 담당하였다.*

* 경찰의 기능을 수행하는 도부외를 담당한 관청인 순금부는 그후 순위부, 의용순금사로 명칭이 바뀌였고 충무순위사와 더불어 3일씩 교대로 도성의 순찰을 진행하였다. (《태종실록》권18 9년 10월 을축)

1418년 좌군과 우군에 각각 룡분사, 호아사를 더 설치하여 10사가 12사로 되였다. 이리하여 3군에는 각각 4개 사씩 소속되였다. (《세종실록》권1 즉위년 8월 기축)

10사로부터 12사로 늘어난것은 태종이 왕의 자리에서 물러나 상왕이 된 후에도 군권을 계속 장악한것과 관련되였다.*

* 2개 사가 더 설치된 사정에 대한 자세한 기록은 전하지 않으나 상왕과 왕(세종) 두 임금을 시위하였던것이 주되는 리유라고 인정된다.

1423년 즉 태종이 죽은 다음해에 12사는 10사로 줄었다가 1445년에 다시 12사로 늘어났다.

12사의 설치와 함께 중앙군의 여러 병종의 군액이 확정되고 상번규정이 달라졌는데 그것은 다음과 같다.

먼저 1445년 중앙군의 군액을 보면 갑사 4 500, 총통위 2 400, 방패 4 500, 근장 600, 섭륙십 1 800, 별시위 1 600, 계 1만 6 800이다. (《세종실록》권109 27년 7월 경인)

이처럼 시위패를 제외하고도 중앙군의 병력은 1만 6 800명이나 되였다. 매 부대가 3교대로 갈라져 상번하였으므로 수도에 있는 병력은 5 600명으로 되였다.

다음으로 그 소속관계를 보면 갑사, 총통위, 방패가 3군에 소속되였으므로 매개 군의 수는 3 800명으로 된다. 방패와 총통위가 토목공사를 비롯한 잡역에 혹사되는 경우가 많았으므로 12사의 골간을 이룬것은 1 500명의 갑사였다. 갑사는 3군에 각기 500명, 매 사에 125명, 매 령에 25명씩 배속되여 사직(5품)으로부터 부사정(8품)에 이르는 무관직을 차지하였다고 볼수 있다.

중앙군의 기본조직기구로서의 3군 10위 또는 12사제도는 일련의 변화를 겪으면서 50년이상 존속되였다.

이러한 제도가 크게 달라진것은 1451년에 12사가 5사로 개편된 것이였다. (《문종실록》권8 원년 6월 갑술)

그 개편의 주요내용을 보면 첫째로, 의흥, 충좌, 충무, 룡양, 호분의 5개 사만을 두고 나머지는 모두 없앴고 둘째로, 12사의 병력을 모두 5사 25령에 분속시키며 별시위, 총통위, 방패, 섭륙십 등 종래 소속이 불명확했던 병종도 5사에 나누어 소속시켰다. 셋째로, 매개 령에 상호군, 대호군 1명씩과 호군 3명을 두었는데 이 5명가운데서 3명은 군사를 통솔하고 나머지 2명은 다른 일을 말도록 하였다. 넷째로, 당번 5사가운데서 2개 사는 왕궁에 들어와 근무하고 3개 사는 나가서 근무하는데 3일마다 서로 교대하였다.

중앙군은 평시에 10사 또는 12사로 편성되였으나 유사시 열병훈련을 할 때에는 5군(5위)을 형성하였다.

고려때에는 평시훈련과 전시부대를 5진 5군으로 편성하기 위한 기구와 인원이 고정적으로 존재하였고 리조에도 답습되여 중앙군이 3군 10위 (또는 12사)로 편성되였으나 전투훈련인 대열(열병)시에는 주로 5진을 형성하였다.

5사의 형성으로써 평시의 고정된 부대편성과 유사시 진법편제사이에 통일이 이룩될수 있었다. 다시말하면 5사는 그 매개 사가 필요한 때에는 전, 후, 좌, 우, 중위의 진법체제를 즉시에 갖추는데 편리한 부대편성조직이였다.

5사의 형성은 5위진법과 평시의 부대편제를 일치시키기 위한 기구면에서의 단순한 축소가 아니였다. 우선 5사는 왕궁을 지키는 입직과 수도를 순찰, 경비하는 출직의 임무를 다같이 수행하였다. 이것은 종전에 입직과 출직의 임무를 제각기 몇개의 사가 나누어맡고있었던것과 대조를 이룬다.

5사체계에서 부대배치를 보면 첫째로, 5사 25령에 각 부대의 인원이 골고루 배치되였다. 례를 들면 별시위는 번상하는 인원이 1 000명이였으므로 매개 령에 40명씩 소속되였다. 매 령에 소속된 부대와 그 수를 제시하면 다음과 같다.

     갑   사 1 075명, 매 령에 43명
     별시위 1 000명, 매 령에 40명
     총통위 800명, 매 령에 32명
     방   패 1 500명, 매 령에 60명
     섭류십 150명, 매 령에 6명

  이처럼 중앙군의 여러 부대들가운데서 그 일부만이 5사에 속하였고 또 그것들은 25패로 나누어져 매 위에 골고루 속하였다.
  나머지부대들은 3군에 배속되기도 하고 또 아무데도 소속되지 않은것도 있어 진법을 익히거나 갑자기 행군을 할 때 혼란을 초래하였다.
  둘째로, 5사는 3군에 각각 속하여있었다. 다시말하면 중군에는 의흥사, 충좌사, 충무사가 속하였고 좌군에는 룡양사가, 우군에는 호분사가 각기 속하였다.
  셋째로, 지방에서 번상립역하는 시위패는 5사에 소속되지 않은것이였다.
  5사에 소속된 5개 부대의 총인원은 4 975명으로서 5 000명미만이였다.
  5사는 교대로 근무를 수행하였는데 2개 사는 왕궁을 수비(입직)하였고 3개 사는 도성을 수비하였는데 그가운데서 1개 사는 순찰(행순)의 임무를 담당하였다. 5사체제하에서는 매개 령에 여러 종류의 부대가 골고루 배속되였고 또 그 소속관계와 임무를 명확히 하고있다.
  끝으로 5사는 소속된 모든 부대가 5번차 즉 5교대로 근무하는 원칙을 고착시키고있었다. 이것은 1448년에 중앙군 각 병종의 군액을 늘이고 5교대로 근무하도록 한것을 제도화한것이였다. 《세종실록》권119 30년 정월 을묘)
  이리하여 5사, 5위, 5번차 등 5를 단위로 부대편제, 진법체제, 교대질서가 이루어졌다. 이것도 역시 유일한 기준에서 평시와 비상시의 부대편성과 전투대오를 기동성있게 유지보장하려는 조치였다고 인정된다.
  15세기 중앙군의 기본기구인 5위제의 기틀은 5사의 형성으로 마련되였다.

2. 사병의 철폐, 중앙군에 대한 통제의 강화

리조봉건국가수립과 함께 중앙군제를 개편정비하는데서 나서는 주요한 과제의 하나는 왕족들과 고위관료들이 가지고있던 사병을 철폐하는것이였다.

무신정권의 붕괴와 더불어 자취를 감추었던 사병은 14세기 후반기에 들어와 다시 생겨났다.

당시의 사병은 크게 두가지 류형으로 구분되였다. 하나는 고위급무장들이 일상적으로 거느린 사병이였는데 그 수는 많지 않았으나 주종관계의 뉴대가 강하였다. 다른 하나의 류형은 재상들이 높은 군직을 가지고 군사를 통솔하면서 그들을 사병으로 예속시킨 경우가 있었는데 그 수는 많았으나 주종관계의 뉴대는 약하였다.

이러한 사병의 출현은 불의의 침략에 대처하거나 갑자기 동원시킨 농민들을 군사적으로 편성하는데 유리한 면도 있었으나 지난 시기 째였던 군사제도와 봉건통치체제가 헝클어진 사실의 반영이였다.

리성계일파가 전국군대에 대한 지휘통솔을 왕권탈취의 주요한 조건으로 인정하고 취한 조치의 하나가 1390년 11월 여러 원수들의 인장(도장)을 회수한 다음 각 도의 장수들을 파면시키고 군인들을 해산시킨것이였다. (《고려사》 권45 세가 공양왕 2년 11월 신축, 계묘)

리성계일파에 의한 왕권의 탈취과정은 한편으로는 정치적반대파를 탄압숙청하면서 그들이 거느린 사병을 철폐하는 과정이였고 다른 한편으로는 전국의 군사에 대한 지휘통수체계를 세우는 과정이였다.

1392년 7월 고려왕조의 종말을 계기로 리성계를 반대하던 관료, 장수들이 거느리던 사병은 존재를 마치였다.

중앙집권적통치체제가 정비되지 못하고 토지와 인민에 대한 지배장악이 철저하게 실현되지 못하였던 리조봉건국가수립초기 사병을 완전히 철폐할수는 없었다.

사병이 존속되게 된 다른 하나의 사정은 리조봉건국가성립직후 그 정권이 불안정한것과도 관련되였다. 리성계는 왕권을 탈취함으로써 정치적야망을 달성하였으나 인민들은 물론이고 여러 세력들의 완강한 반항에 부딪쳤다. 이러한 형편에서 반대파들로부터 왕권을 지켜내기 위하여 사병을 유지하지 않을수 없었다.

당시의 학자이며 관료인 권근이 리조 초창기에 《인심이 안정되지 않았기때문에 불의의 사변에 대처하기 위하여 공신들과 종친들이 각기 사병을 가지게 하였다.》라고 한것은 사병을 존속시킨 까닭이 무엇이였는가를 알게 하여준다. (《정종실록》권4 2년 4월 신축)

중앙군뿐아니라 지방군에 대한 통솔에서도 사정은 마찬가지였다. 1392년 7월 리성계는 즉위하자마자 종친과 대신들에게 명령하여 여러 도의 병사들을 나누어 거느리게 하였다. (《태조실록》권1 원년 7월 정유)

리조때에도 수도의 고위관료들은 각 도의 절제사를 겸임하면서 군적을 보관하고 병사를 제마음대로 징발하여 부리였다. 그러므로 병사들은 수도에 번상하면 상관의 집을 호위하기도 하였다.

1392년 9월 대사헌 남재가 국왕에게 한 보고에 의하면 각 도의 절제사들이 직접 공문을 지방관청에 보내여 병사를 뽑아 수도에 올라오도록 하고있는데 만일 왜구가 갑자기 침략한다면 막아내기 어려울것이니 앞으로는 도평의사사의 동의를 얻은 후에 군대를 징발하여 한성으로 올려보낼것을 주장하였다. (《태조실록》권2 원년 9월 기해)

이처럼 중앙에 있으면서 각 도의 군사를 지휘장악하는 절제사는 막대한 권한을 가지고있었으며 따라서 상번한 군사까지도 그들의 사병으로 간주되였다. 그리하여 사병은 리조봉건국가가 수립된 다음에도 일정한 기간 존속될수밖에 없었다.

사병의 수를 구체적으로 밝힐수는 없으나 매우 많았던것은 확실하다.

따라서 사병을 폐지하고 그것을 국가의 무력체계에 포섭하지 않고서는 중앙군제의 정비, 나아가서 군사제도전반의 개편을 이룩할수 없었다.

사병철폐와 관련하여 취하여진 첫 조치는 1392년 7월 의홍친군위가 설치된것이였다. (《태조실록》권1 원년 7월 정유)

의홍친군위는 리성계가 왕이 되면서 그의 사병부대에 국가군대의 외피를 씌운것이였다. 그런데 주목되는것은 이 의홍친군위가 같은 달에 설치된 10위에 속하였다는 사실이다.

10위란 2군, 6위(8위)에 의흥친군 좌위와 우위를 합친것으로서 그것은 명실공히 국가의 무력이였다.

중앙군의 기본조직이였던 10위에 의흥친군위를 소속시킨것은 의흥친군위를 디딤돌로 하여 10위에 대한 통제를 강화하려는것이였고 동시에 국왕의 사병을 국가의 무력으로 전환시켰다는것을 보여준다. 물론 그렇다고 하여 그 임무가 달라진것은 아니였다. 그러나 종전과는 달리 사병으로써가 아니라 관군으로써 친위군의 역할을 하였다.

국왕의 사병을 국가의 무력체계에 포함시킨 10위의 설치는 관료들이 거느린 사병도 조만간에 그렇게 되여야 한다는것을 보여주었다.

사병철페와 관련하여 취하여진 또 하나의 주요한 조치는 1393년 9월 3군총제부를 개편하여 의흥3군부를 설치한것이였다. (《태조실록》 권4 2년 9월 병진)

의흥3군부는 전국의 군대에 대한 강력한 통제권한을 가지고있었다. 《지금 수도에 3군부를 설립하고 지방의 여러 시위패를 3군부에 소속시켜 교대로 복무케 한다.》라고 한것은 바로 의흥3군부가 고위관료들이 거느린 시위패에 대한 통제를 주요한 임무로 하고있었다는것을 보여준다. (《태조실록》 권6 3년 8월 기사)

사병에 대한 통제를 강화하는데서 획기적계기로 된것은 1394년초 리조봉건국가수립에서 모사의 역할을 한 정도전이 의흥3군부의 판사로 임명된것이였다. (《태조실록》 권5 3년 정월 정묘)

정도전은 중앙의 10위는 물론이고 지방의 시위패도 3군부의 통제를 받도록 하였고 진법훈련을 강화하도록 하였다.

진법훈련이 강화되는 가운데 진법을 익히지 않거나 훈련에 참가하지 않는 왕자들과 절제사이하 각급 무관들이 추궁을 받았다. (《태조실록》 권14 7년 8월 갑진)

이 모든것은 군사훈련자체에도 목적이 있었으나 동시에 군사를 국가적인 진법훈련에 동원함으로써 군사전반에 대한 통제를 강화하며 나아가서 시위패의 국가무력에로의 전화를 다그치려는것이였다.

1398년 3월 개국공신계렬의 대관료인 남은이 국왕에게 《왕조를 세운 초시기에는 여러 공신들로 하여금 군사를 장악케 한것이 옳았지만 지금 즉위한지가 이미 오래되였으니 마땅히 여러 절제사를(군사를) 없애고 그것을 합쳐서 관군으로 함으로써 만전을 기하여야 한다.》라고 하였다. 이 제의는 접수되여 실천에 옮겨지게 되였다.(《태조실록》 권13 7년 3월 정묘)

남은의 사병철폐제기에 대하여 국왕(리성계)은 《누가 남은이 부실하다고 하였는가. 이 말은 참으로 모두 교훈으로 된다.》고 한것으로 보아 그후 사병철폐가 실천되였다고 생각된다. 1398년 8월 26일 방원(태종)의 정변을 기록하면서 《이때 여러 왕자들이 거느린 시위패를 파하라고 명령한지 10여일이 지났는데 유독 방번이 전과 같이 병사를 거느렸다.》고 한 사실에 비추어 이해 8월 중순에 사병을 폐지하는 조치가 취하여졌다는것을 알수 있다.(《태조실록》 권14 7년 8월 기사)

이처럼 사병의 관군화가 다그쳐지는 과정에 개국공신계렬의 재상들과 왕자들사이에 날카로운 대립이 조성되였다.

1392년 8월 의흥친군위의 절제사로 방과, 방번, 리제가 임명되였다.(《태조실록》 권1 원년 8월 병진)

왕조수립초기에 의흥친군위와 같이 국왕을 직접 호위하는 부대의 책임자들을 왕자들로 임명하는것은 군사에 대한 통제권을 왕실에서 장악하려는 시도에서였다. 이것은 이듬해 의흥3군부가 설치되면서 더욱 굳어졌는데 이때에도 방과, 방번 등 왕자들이 3군부의 중군과 좌군의 절제사가 되여 군사면에서 강력한 권한을 가지였다.(《태조실록》 권4 2년 10월 기축)

군권을 행사하는데서 종친들이 재상들에 비하여 렬세한 위치에 놓이게 된것은 1394년초 삼사 판사 정도전이 의흥3군부의 판사가 된 이후였다. 그는 전국의 군대에 대한 의흥3군부의 통제를 강화하였고 군사제도개정안을 제기하고 실천에 옮기면서 시위패를 장악한 왕자, 장수들의 권한을 약화시키였다.

1394년 3월 시중 조준이 교주, 강릉, 서해, 경기 좌, 우의 5도 도총제사로 되고 삼사 판사 정도전이 경상, 전라, 양광의 3도 도총제사로 되면서 재상들은 정치, 군사의 모든 면에서 강력한 권력지반을 구

축하였다. (《태조실록》 권5 3년 3월 임인)

그들이 이처럼 큰 권력을 차지한것은 국왕 리성계의 지지와 동의가 있었기때문이였다. *

> * 리성계가 일부 재상들의 수중에 권력을 집중시킨것은 세자로 책봉된 방석(여덟째아들)이 왕자리를 유지하는데 뒤받침을 해줄수 있는 힘이 필요하였기때문이였다. 정도전을 비롯한 일부 재상들은 어린 왕자 또는 왕을 끼여야 권세를 부릴수 있었으므로 이러한 리해관계의 일치로 하여 량자사이에 은밀한 결탁이 이루어졌다.

이리하여 사병을 잃게 된 왕자들의 불만은 1398년 8월 방원의 정변으로 폭발되였다.

이 싸움에서 방원은 불의의 습격으로 적수들을 타도하고 정치적실권을 장악하였으나 아직 그의 세력은 압도적으로 우세하지 못하였다. 그리하여 그는 자기 형을 왕(정종)으로 앉히고 사병을 근본적으로 철폐하는 조치를 당장 취하지 못하였다.

1400년 1월 개성에서 일어난 방간의 반란과 그에 대한 진압을 계기로 사병의 철폐는 더는 미룰수 없는 당면한 과제로 나섰다.

그리하여 1400년 4월 마침내 사병을 철폐하는 결정적인 조치가 취하여졌다. (《정종실록》 권4 2년 4월)

사병을 철폐하기 위하여 취해진 조치의 중요한 특징은 우선 이미 있는 사병을 없앨뿐아니라 집에 무기, 무장을 두는것을 허락하지 않음으로써 사병이 생겨날수 있는 근원을 봉쇄한것이였다.

그 특징은 또한 매우 철저하게 진행된것이였다. 무기를 회수하고 패기를 거두는데 순순히 응하지 않은 참판3군부사 조영무, 참찬문하부사 조온, 지삼군부사 리천우 등 고위관료들을 일시 철직시킨 사실이 그것을 보여준다.

사병의 철폐는 우리 나라 봉건시대 군사제도사에서 일정한 의의를 가진다.

삼국시기에는 사병이 가병(가동)의 형태로 또는 부병의 외피를 쓰고 상당한 규모로 면면히 존재하였다. 고려시기에는 그 성립초기와 후반기 그리고 말기에 오래동안 존재하였다. 그런데 리조시기에는 그 존속기간이 불과 10년이였고 그 이후 다시 사병이 생겨나지 않았다. 이 모든것은 우리 나라 봉건사회가 사병의 존재를 허용하지 않는 집권화된 체제를 지향하여 전진하고있다는것을 보여주었다.

3. 중앙군소속부대의 정비와 신설

리조봉건국가수립직후 수도에 있던 부대 또는 무장조직의 실태를 류형별로 보면 다음과 같다.

첫째로, 고려이래 중앙군의 기본조직(또는 기구)이였던 2군, 6위(8위)를 들수 있다.

여기에는 제도상 상장군, 대장군으로부터 교위, 대정에 이르기까지 4 000여명의 각급 무관들이 소속되여있다. 그러나 2군, 6위는 그 인원에 비하여 전혀 전투력을 가지고있지 못하였다. 그 리유는 우선 고려말의 2군, 6위가 각급 무관을 망라한 중앙군의 기본조직이였으나 그 산하에 병사들을 가지고있지 못하였기때문이다. 다음으로 2군, 6위의 무관직을 차지하고있는자들은 군사로서의 자질을 전혀 갖추지 못한자들이였기때문이다.

둘째로, 성중애마를 들수 있다.

고려말 2군, 6위제가 문란해져 왕궁의 수비가 약해지자 한편으로는 상층량반관료들의 자식을 선발하여 국왕을 호위하도록 하고 그들을 홀치라고 하였다. 다른 한편 국왕의 시중을 드는 하급관리들로 부대를 편성하여 왕궁을 지키도록 하였다. 성중애마는 순수한 전투부대는 아니였으나 리조에 그대로 물려져 충용 4위, 근시 4위를 비롯하여 사순, 사의 등 여러 부대가 있었고 그 병력의 규모는 대체로 천수백명이였다.*

> *《정종실록》권6 태종 즉위년 12월 기유조에 의하면 별시위를 설치하고 사순, 사의를 없앨 때 그 수가 1 300명이였다고 기록되여있다.

성중애마가 당시 왕궁을 지키는 근시부대로서 논 역할은 무시할수 없는것이였다.

셋째로, 중앙군의 구성에는 시위패가 들어있었다.

시위패의 설치는 1390년 리성계일파가 과전법을 실시한것과 관련된다. 과전법에 의하면 수조지를 받은자들은 현직관리를 제외하고는 모두 수도에 올라와 왕실을 호위하여야 할 의무를 지니고있었다. 또 한량들에게는 소유하고있는 토지의 많고적음에 따라서 5~10결의 군전을 주고 군사복무의 의무를 지웠다.

과전법에 의하여 수조지를 받은자들을 수전패, 응당 수조지를 받아야 함에도 불구하고 그것을 받지 못하고 시위하는 전직관리들을 무수전패 그리고 일반량인농민으로서 군사복무의 의무를 지고 번상하는 군사를 보통 시위패라고 하였다. 수전패, 무수전패로 되여야 할 전직관리들은 그 수가 많지도 않았거니와 군사복무를 백방으로 회피하였으므로 시위패의 대부분은 량인농민으로 이루어졌다.

앞에서 본바와 같이 시위패는 그의 징발, 패기(군적)의 보관, 지휘 등이 모두 절제사의 권한에 속하였기때문에 사병으로 간주되였다. 그리고 1400년 사병이 철폐된 후에도 시위패의 병력은 그리 대단한것이 못되였다. 1410년까지만 하여도 경상도에서 200여명, 전라도, 충청도, 강원도 3도에서 각기 100명이 번상하였으므로* 4개 도에서 500명, 나머지 도의 번상하는 시위패를 더하여 1 000명미만이 수도에 주둔한것으로 된다.

* 《태종실록》 권19 10년 2월 신축

넷째로, 의흥친군위가 있었는데 정예한 대오로 꾸려졌을것이지만 그 병력은 수백명정도였다.

이와 같이 수도에는 여러 갈래의 부대가 존재하였으나 무장조직 또는 전투부대로써는 치명적인 약점을 가지고있었다. 그러므로 기존부대의 약점을 시정보충하는 개편사업과 함께 새로운 부대를 설치하는것이 중요한 과제로 나서게 되였다.

무엇보다도 신설된 가장 중요한 부대는 갑사였다.

1397년 4월 실록의 기사에 《지금 숙위의 임무는 다행히도 갑사가 맡고있다.》*라는 기록이 전하는것으로 보아 갑사는 사병이 폐지되기 이전에 설치되였으며 왕실을 경비하는데서 그 임무가 매우 중요시되였음을 알수 있다.

　　＊《태조실록》권11 6년 4월 정미

　　갑사와 관련된 다음과 같은 자료가 있다.

　《갑사는 비록 군직이나 역시 무반이며 벼슬은 대부에 이른다. 량반자식으로써 들어가는자가 또한 많다.》(《성종실록》권33 4년 8월 계해)

　《갑사는 정예하고 용감한자들을 취재시험을 쳐서 임명하며 록을 후하게 주어 기른다.》(《세종실록》권88 22년 2월 기묘)

　　이상의 사실을 통하여 갑사의 신분은 량반 또는 량인의 상층이였다는것을 알수 있다. 봉건국가는 그들가운데서 시취를 통하여 용감하고 무예가 뛰여난자들을 뽑아 갑사로 삼고 특별히 경비를 지출하여 키웠다.

　　그런데 사병을 철폐하기 이전시기의 갑사가운데는 왕족 또는 재상들의 영향밑에 있던자들도 적지 않았다. 개성에서 반란을 일으킨 왕자 방간의 휘하에 갑사가 많았으므로 1400년 6월 3군진무소 갑사 300명을 없애고 무기무장을 회수하여 의흥3군부에 보내였다＊고 한것과 1400년 12월 2 000명을 다시 두었다고 하였는데 이것은 어느 한때 갑사를 폐지하였다는것을 보여준다.

　　갑사를 폐지한것은 그 사병적성격을 없애기 위한 조치로 되며 갑사를 다시 설치한것은 1400년 4월 사병을 철폐하고 혼란된 국면을 정돈한 후에 실시된 조치였다.

　　＊《정종실록》권4 2년 6월 계축

　　봉건국가가 갑사를 특별히 중요시한것은 우선 그들이 중앙군의 기본조직인 10사의 중요무관직을 차지하였기때문이다.

　　1400년말 2 000명을 다시 두면서 1 000명은 여러 위의 벼슬자리에 임명하고 1년만에 서로 교대하도록 제도화하였다.

　　1394년 2월 의흥3군부 판사 정도전의 제의에 따라 10사의 편성이 고쳐지고 그 무관직과 정원이 달라졌는데 매 령에 사직(중랑장) 3명,

부사직(랑장) 5명, 사정(별장) 5명, 부사정(산원) 7명으로 고착되였다. * 그 무관직을 합하면 20개인데 10사 50령이므로 그것은 총 1 000명으로 된다. 이처럼 갑사는 우로는 상장군, 대장군, 장군, 아래로는 대장, 대부까지의 사이에 있었으므로 10사의 중견적지위를 확고히 차지하였다.

　　* 《태조실록》 권5 3년 2월 기해

　봉건정부는 정예군사 1 000명을 10위 각 령에 나누어 배치함으로써 무기력했던 10위에 활력을 불어넣는 한편 무관으로서의 자질을 갖추지 못한자들을 몰아내는 계기로 삼았다.

　봉건국가가 갑사를 특별히 중시한것은 또한 그것이 사병철페직후 왕궁수비와 도성순찰에서 중요한 역할을 놀았기때문이였다. 1402년 갑사 1 000명을 내갑사 400명, 외갑사 600명으로 가르고 내갑사는 좌, 우 각각 200명으로 하여 교대로 왕궁을 수비케 하였고 외갑사는 3패로 나누어 도성안을 순찰케 하였다. (《태종실록》 권3 2년 6월 계해)

　이처럼 갑사는 중앙군의 여러 부대가운데서 핵심적인 무장력이였다. 그리하여 갑사의 군액은 날로 늘어났다. 그 정형을 보면 표 8과 같다.

표 8　　　　　　　　　갑사군액변천표

년도	군액	자료출처
1400년	2 000	《정종실록》 권6 2년 12월 신묘
1408년	3 000	《태종실록》 권16 8년 10월 신축
1428년	3 000	《세종실록》 권39 10년 2월 을축
1440년	6 000	《세종실록》 권88 22년 2월 기묘
1445년	4 500	《세종실록》 권109 27년 7월 경인
1448년	7 500	《세종실록》 권119 30년 정월 을묘
1453년	9 450	《로산군일기》 권1 원년 정월 을묘
1475년	14 800	《성종실록》 권59 6년 9월 갑인

중앙군의 골간을 이루는 갑사가 늘어나는 과정은 중앙군제가 정비개편되는 과정이기도 하였다.

다음으로 성중애마가 폐지되고 근시부대인 별시위가 편성되였다.

1400년 12월 《처음으로 별시위를 설치하고 사순, 사의 등 1 300명을 없앴다. 별패, 조사를 시켜 사순의 임무를 대행케 하고 내시, 향상을 시켜 사이의 임무를 대행케 하였다. …삼군부에 명령해서 자제들을 선발하여 별시위에 충당하였다.》(《정종실록》권6 태종 즉위년 12월 기유)

이처럼 별시위는 성중애마의 축소 또는 명칭의 변경이 아니라 그것을 완전히 해산하고 량반자식들로 새로 조직한 부대였다. 병력의 규모도 크지 못하여 1419년에 200명정도였다.(《세종실록》권6 원년 12월 병자)

그후 1448년에 3 000명으로 늘어나 갑사 다음가는 병력을 유지하였다. 그러나 별시위에 합격하지 못한자들이 갑사로 되였다고 한 사실로 보아 그 비중은 갑사보다도 더 컸다는것을 알수 있다.(《성종실록》권86 8년 11월 무인)

1448년 중앙군부대의 군액이 전반적으로 늘어났을 때 그 부대와 병력을 제시하면 표 9와 같다.

표 9   1448년 중앙군 군액표

		병력	교대	실지 복무하는 수
1	갑 사	7 500	5	1 500
2	별시위	5 000	5	1 000
3	방 패	7 500	5	1 500
4	섭륙십	3 000	5	600
5	근 장	1 000	5	200
6	총통위	4 000	5	800
	계	28 000		5 600

(《세종실록》권119 30년 정월 을묘)

표 9에서 알수 있는바와 같이 1440년대 중앙군의 기본을 이루는 6개 부대의 군액이 2만 8 000명인데 5교대로 나누어져 복무하였으므로 실지 상비무력은 5 600명으로 된다. 중앙군에는 국왕의 근시부대인 내금위, 겸사복, 내시위[*1] 등이 포함되여야 하지만 그 병력은 많지 못하였다. 이러한 부대까지 합한다면 수도에는 6 000명 안팎의 상비군이 있는것으로 된다.

방패, 섭륙십[*2] 군장 등도 총 11 500명으로서 중앙군의 근 40%를 차지하였으나 이때 벌써 로역부대화되여 그 전투력은 보잘것없었다. 총통위와 같은 화포부대의 4 000명이 중앙군에 들어있는것은 중앙군제의 중요한 특징으로 되였다고 말할수 있다.

중앙군이 수천명으로부터 수만명으로 늘어난것은 봉건적중앙집권제도가 확립되고 토지와 인민에 대한 국가적지배와 장악이 강화된 결과이며 또한 그것은 군사제도가 정비강화된것의 반영으로도 된다.

동시에 중앙군군액의 급격한 확장은 리조수립초기 국왕을 호위하는것이 기본임무로 되였던 중앙군이 수도를 보위하는 무력으로, 더 나아가서 지방을 지키는 지방군으로 되여가는 과정이라는것을 보여주었다.

[*1], [*2] 《리조병제사》 민족보위성 군사출판처, 1953년, 25~26, 36~37페지

중앙군이 정비되고 부대가 신설되며 그 군액이 늘어나는 과정은 리조의 군대가 중앙군에서도 인민대중에 대한 계급적압박의 도구일뿐아니라 강제적으로 편성된 로역부대의 성격을 가지고있음을 보여주었다.

제3절. 지방군제의 개편

1. 영, 진군과 수성군의 설치

중앙군제가 개편되는것과 시기를 같이하여 지방군제도 개편되였다. 지방군제개편에서 봉건국가의 주되는 관심이 돌려진 지방은

경기이남의 여러 도였다.

 그것은 고려시기 5도에 해당하는 이 지대가 북방의 량계지방과는 달리 14세기 후반기 왜구의 침략이 격화되면서 국가방위의 제1선으로 되였으나 군사적토대가 본래 미약한데다가 봉건국가가 장악한 군정이 대폭 줄어들었으므로 필요한 수의 병력을 유지확보하기가 어려웠던 사정과 관련되였다.

 1394년 정도전은 《조선경국전》에서 중앙군을 10사소속의 부병과 번상숙위하는 시위패로 가르고 지방에 있는 군사를 륙수병(지방군), 기선군(수군)으로 구분하였다. (《삼봉집》 권8 조선경국전 하 정전 군제)

 여기에 보이는 륙수병은 륙지를 수비하는 군사 즉 지방군이였는데 그것은 아직 임무나 신분의 차이에 따라 여러 부대로 분화되지 않았다.

 지방군이 분화된것은 1397년 5월 전임 도절제사가 관할하는 군관구보다 작은 진을 설치한것과 관련되였다.

 이때 각 도에 2~4개의 진이 설치되였는데 그것을 들면 아래와 같다.

　　　경상도(4진) 합포, 강주, 녕해, 동래
　　　전라도(4진) 목포, 조양, 옥구, 흥덕
　　　충청도(3진) 강성, 람포, 이산
　　　풍해도(2진) 풍주, 옹진
　　　강원도(2진) 삼척, 간성

 진의 설치와 관련하여 다음과 같은 중요한 사실을 확인할수 있다.

 첫째로, 도관찰사가 관할하는 행정단위로서의 도, 전임도절제사가 지휘하는 군관구인 도보다 작은 군사단위가 설정되여 부근고을의 군사를 장악통솔하게 되였다는것이다.

 둘째로, 5도의 연해지역을 방어하는 군사거점이 설정됨으로써 진을 수비하는 진군을 출현케 하였다는것이다. 진군의 원천은 각 진에 소속되는 부근고을의 군사였다. 진군을 진속군이라고도 부른것은 진에 소속된 고을에서 군사가 징발되였다는것을 의미한다.

 진을 설치하면서 각 도의 병마도절제사를 페지하였다고 하였는데 이것은 림시적인 조치였다.

병마도철제사가 페지된지 1년 반도 못되여 그것은 다시 설치되였다. 다시말하면 1398년 10월 봉건정부는 료미를 받을수 있는 도절제사 산하인원의 수를 규정하였는데 이것은 도절제사의 존재를 전제로 하는것이였다. (《태조실록》 권15 7년 9월 무술)

당시 도절제사산하 인원과 그 수는 다음과 같다.

   군관반당 15명
   종   인 15명
     (크고작은 말 각각 15필)
   류영군관   50명
   종   인   50명
     (크고작은 말 각각 50필)
   군기타조공장 37명

여기에서 보이는 군관반당은 도절제사의 군무를 직접 보좌하는 인원들이였고* 류영군관은 도절제사영에 머무르면서 도안의 군무를 처리하는 임무를 지녔을것이다. 도절제사영에는 군기타조공이 37명이나 분속됨으로써 무기, 무장의 제작도 진행되였다.

  * 1394년 3월 도절제사에게 배속된 인원은 병마사 1명, 지병마사 1명, 병마부사 1명 그리고 판관과 반당이 각각 3명이였다. (《태조실록》 권5 3년 3월 을사)

소수의 군사지휘에 필요한 관리들을 거느리던 도절제사가 고정된 영을 가지고 방대한 인원을 소속시키면서 직속부대를 가지게 되였다. 도절제사영에 직속된 군사가 바로 영군이였다.

이렇게 되여 진군과 영군이 나누어졌으나 다같은 지방군이므로 합하여 영진군으로도 불렀다.

우선 영진군의 교대질서가 세워졌다.

《시위패에 속한외에 남은 군사는 각 진영에 소속시키는 동시에 영속군의 규례에 따라 4번으로 나누어 방어에 나가게 할것이다.》 (《세종실록》 권31 8년 정월 기해)

우의 기사를 통하여 지방의 장정은 시위패, 영군, 진군으로 구분되여 시위패를 우선적으로 선발하고 나머지 장정을 영속군에 소속시킨다는것, 영군과 진군은 모두 4교대로 나누어져 군역을 감당하였음을 알수 있다.

영진군은 수도에 번상하는 시위패와 처지가 비슷한 량인농민들이였다. 《또 영진류방군은 시위패와 다름이 없으며 그 군역이 과중하니 번상때에는 그 군호를 돌보아주어야 한다.》(《세종실록》 권36 9년 6월 을축)

이처럼 영진군은 의무병역으로 번상숙위하는 시위패와 사회경제적처지가 비슷하였다. 여기서 영진류방군이란 곧 영진군이였다.

영진군의 병력을 계통적으로 밝힐수 있는 자료는 없으나 다음과 같은 기록을 볼수 있다.

1439년-《중추원 동지사 리사검이 변방방어대책을 제의하였다. <신이 경상도방수의 형편을 살펴보건데 …륙지의 군사에서는 단지 도절제사영의 군사 50명이 4번으로 나누어져 지킬뿐이다.》(《세종실록》 권86 21년 9월 정미)

1450년-《다음과 같이 더 선발한다면 시위군 3만, 진군 3만, 선군 6만을 얻을수 있고 그 나머지 잡색군도 역시 5만~6만호를 확보할수 있다.》(《세종실록》 권127 32년 정월 신묘)

도절제사영의 병사가 50명이였다는것은 경상도 영군의 립역이 제도상의 규정대로 되지 않는 한심한 실태를 말하는것이다. 봉건국가는 1450년대 진군을 약 3만명 확보하려고 하였는데 물론 여기서 진군이란 영군도 포함되는것이였다.

영진군에게 차례진 봉족은 1404년에 정해진 규정에 의하면 토지 2결이하를 가진자에게 1호가 주어지도록 되여있었다. 그리고 립역기간에는 잡역을 면제하도록 하였다.

영진군과 함께 지방군으로서 수성군이 있었다.

수성군이라는 독립적인 부대가 처음 기록에 나타난것은 1398년 4월 개성류후사의 수성군관을 340명으로 정하였다는 사실이다. (《태조실록》 권13 7년 4월 임인)

이때 개성의 수성군관이 영진군과 대칭되는 수성군이겠는지는 의문시된다. 당시 경기에는 진영이 설치되지 않았으므로 영진군도 없었다. 그러나 1410년에 의정부가 《외방의 시위군과 진속군은 이미 정비되였다.》고 한 사실로 보아 대체로 1410년이전에 수성군도 그 체제를 갖추었다고 볼수 있다. (《태종실록》 권19 10년 2월 경자)

또한 1404년에 봉족배당액이 규정될 때 그 배당대상자속에 수성군이 들어있은 사실을 통해서도 확인할수 있다.

수성군은 시위군이나 영진군에 비하여 질이 떨어지는 군사였다.

그에 대한 자료로 1423년 병조의 제의를 들수 있다. 《재인, 화척은 …그 집을 보아 살림살이가 넉넉하고 무예가 있는자는 시위패로 삼고 그 다음가는 사람은 수성군으로 한다.》(《세종실록》 권22 5년 10월 을묘)

수성군은 봉족지급에서도 차별을 당하였다. 1404년에 제정된 봉족지급규정에 의하면 진속군은 토지 1~2결을 가진 경우 봉족 1호를 받았으나 수성군에게는 그것이 전혀 차례지지 않았다. 더우기 토지 3~4결이하를 가진자를 수성군으로 하고 5~6결이상을 가진자는 수성군으로 삼지 않았다.

같은 지방군이면서도 수성군이 영진군과 구별 또는 차별되는 점은 영진군은 기병이고 수성군은 보병이였다.

《다음 다시 더 선발한다면 시위군 3만, 진군 3만, 선군 6만을 얻을수 있고 그 나머지 잡색군 역시 5만~6만호를 확보할수 있다. 이와 같이 되면 지방의 기병, 보병은 각각 6만이 된다.》(《세종실록》 권127 32년 정월 신묘)

여기에서 지방의 기병 6만이란 시위군과 진군을 합한 수자이고 보병이란 잡색군을 가리키는것이였다.

다른 자료를 하나 더 들어보자.

《의정부가 병조의 보고에 근거하여 제의하였다. <각 도의 시위패와 영진속은 토지와 노비가 적은 변변치 못한 사람을 소속시키는것이 규례처럼 되였기때문에 군역을 감당하기가 힘들고 나아가서는 방어가 허술하게 됩니다.

각 고을에 살고있는 3품이하 6품이상의 이전 고을원들과 이전에 정식관리를 지낸 사람 및 정원수가 많은 관청에서 벼슬을 뜬 사람, 갑사나 별시위로 있다가 담당직무가 없이 된 사람, 리전으로 있다가 벼슬을 뜬 사람들을 모조리 찾아내여 시위패와 영진속에 충당할것입니다. 토지와 노비가 적어서 말을 마련할수 없는 사람은 수군에 옮겨 배속시킬것입니다.》(《세종실록》 권87 21년 12월 무인)

이처럼 시위패와 영진속은 기병이였다. 그들이 말을 마련할수 없는 경우에 선군(수군)에 배속시킬것을 제의한것은 보통의 경우 영진군이 마병으로 복무하였을것이라는것을 말하여준다.

영진속 즉 영군과 진군이 기병이였다면 그보다도 질이 떨어지는 수성군은 보병이였다.

다음으로 영진군과 수성군은 기병과 보병의 차이가 아니라 그들이 복무하는 장소에 따라 구별된다.

《병조가 충청도 병마도절제사의 공문에 근거하여 의정부, 6조와 함께 제의하였다. 〈비인현은 지켜야 할 가장 중요한 곳인데 전에 속하였던 수호군 152명으로는 약할것 같으니 바라건대 비인현부근 여러 고을에서 국역을 지지 않는 장정 50명을 뽑아 더 소속시키고 영진군의 규례에 따라서 평상시에는 4교대로 나누어 지키도록 하여야 한다.》(《세종실록》 권31 8년 정월 기유)

여기에서 수호군은 수성군을 가리키는것이다. 비인현을 지키는 수호군은 부근고을에서 징발된 군사였다. 4교대로 나누어졌으므로 1년에 3개월씩 복무하였다. 따라서 수호군 즉 수성군은 자기 고장에서 징발되였거나 또는 그 부근고을에 가서 복무하는 군사로 해석된다.

1460년대 경상좌도의 도절제사영에는 1 056명의 군사가 있었고 그중 실지로 복무하는 인원은 367명이였다. 이가운데 총통군과 같은 화약무기로 장비된 부대가 존재하였다는것은 지방군의 질적인 강화를 보여주는 중요한 사실로 된다.

각 도 영, 진의 군사배치정형을 보면 표 10과 같다.

표 10에서는 각 영, 진에 소속된 군인수를 기록함에 있어서 각이한 명칭을 제시하고있다. 그러나 군관, 정군, 류방군, 진속군, 패속군 등은 모두 영진군에 속한다. 《경상도지리지》를 보면 좌, 우 도내 상과 각 진에 소속된 군인수를 군관과 수성군으로 구분하였고 도내 시거조에서는 이것을 영진속과 수성군으로 나누었다. 군관총수와 영진속의 수가 비슷한것으로 보아 군관이 곧 영진속임이 분명하다.

표 10   각 도 영, 진의 군사배치표

도	영, 진명	군관	신백정	정군	수성군	류방군	패속군	진속군	조역군	장인	방패군	익군	계	비고
충청도	내상(해미현)	500	148		207	61							855	1 777
	순성진		58		50		300						469	
	람포진		39		51	63		300					453	
경상도	내상(창원)	500			438								938	2 867
	울산진	399			40								439	
	영일진	301			80								381	
	동래진	300			80								380	
	녕해진	300			80								380	
	사천진	300			49								349	
전라도	내상(강진현)			498	51				163	141			853	2 053
	옥구진			300									300	
	부안진			300									300	
	무장진			300									300	
	조양진			300									300	
황해도	내상(해주)													1 910
	풍천진				80	300					60		440	
	장연진				80	300					48		428	
	옹진진				80	362					60		502	
	강령진				80	400					60		540	
강원도	내상(강릉부) 삼척진 간성진													류방군은 없고 유사시 시위패로 충당

(《세종실록》지리지 도별 총론)

각 도 영, 진의 군사배치를 통하여 몇가지 사실을 알수 있다.

첫째로, 각 도의 영, 진이 해안 또는 그 가까이에 설정되여있는 것이다. 이것은 바다로부터 쳐들어오는 왜적을 륙지에 다가들새없

이 쳐부시는데서와 수군과의 협동작전을 보장하는데서 매우 유리하였다. 영, 진의 위치설정은 그것이 반봉건투쟁을 벌리는 농민폭동의 진압이 아니라 주로 왜적의 침습을 막기 위한 목적과 관련되였음을 보여준다.

둘째로, 영, 진에 배치된 무력은 아직 대규모로 쳐들어오는 적들을 물리치는데 충분한것이 못되였다는 사실이다. 강원도를 제외한 4개 도의 병력은 8 607명으로서 한개 도에 평균 2 150명정도이고 충청도 매 진에는 450명안팎이며 경상도 매 진에는 350～450명정도이고 전라도 매 진에는 400～500여명이였다.

해안지대를 강화한것은 합리적이지만 영, 진의 군사가 많지 못하고 그것이 바다가에 치우쳐있으므로 내륙지방에 대한 방어는 허술한 상태에 놓이게 되였다.

또 평균 800～900명이 소속된 도절제사영(내상)의 군사력을 합쳐도 사태가 근본적으로 달라질수는 없었다. 내륙지대의 방어를 위한 군사가 편성배치되지 못한것이 이 시기 지방군제의 약점이였다. 지방군제의 이러한 약점은 봉건통치제도와 군사제도가 아직 완비되지 못한데서 생기는 불가피한 측면도 있으나 그보다는 중앙군의 강화에 최우선권을 부여하여 왕실과 수도의 안전을 먼저 도모하려는 봉건통치배들의 리해관계와 관련된다.

다음으로 지방군인 영진군과 수도에 번상하는 시위패와의 관계이다.

같은 고장에 거주하지만 지방군은 영, 진에, 시위패는 수도에 가서 복무하기때문에 량자는 전혀 관계가 없었다. 그런데 새로 진은 설치되는데 군정은 부족하고 또 시위패가 교대로 번상하지만 지방에 머무르는 기간이 오래됨에 따라 점차 영진군으로 전화되였다.

1421년 황해도에 진을 설치하였으나 거기에 소속될 진군 300명을 확보할수 없게 되자 봉건정부는 무수전패를 여기에 소속시켰을뿐 아니라 다른 도에서도 군역을 회피하는자들을 군사로 뽑아올릴것을 지시하였다.(《세종실록》권11 3년 2월 병진)

이것은 중앙군제에서뿐아니라 영, 진의 구성에서도 새로운 변화가 일어나기 시작하였다는것을 보여준다.

2. 익군의 정비

　5도에서는 영진군과 수성군이 지방군의 주력을 이루었다면 서북면과 동북면에서는 익군이 지방군의 기본대오를 이루었다.
　리조봉건국가는 익군체제를 정비개편하는 과정을 통하여 도급 행정구역안에 몇개의 작은 군사단위인 군익도를 설정하였다. 그것을 거점으로 하여 적절히 군사를 배치하는 익군제도의 연원은 고려시기로 소급된다.
　량계지방은 이웃나라 및 다른 종족들과 린접하였고 력대로 외래침략을 반대하는 투쟁이 벌어지던 국가방어의 제1선이였다. 바로 그렇기때문에 고려정부는 이 지역에 대한 특별한 정책을 실시하였고 많은 군대를 주둔시키였다.
　특별한 정책이란 우선 지방관을 많이 파견하고 속현, 속군을 적게 둔것이였다. 서북면의 서경, 안북부를 비롯한 24주, 11진, 5개 현, 동북면의 안변부를 비롯한 7주, 9진, 15현 등은 거의 모두가 중앙으로부터 지방관이 파견된 고을들이였다. 주군(또는 주현)이 대부분인것은 이 지방에 대한 통제를 강화하려는 군사적목적과 관련되였다.
　다음으로 그 정책이란 개별적인 량반관료배들에게 수조지를 나누어주는 사전을 설정하지 않고 일체 조세를 관청에서 거두어들이여 군량으로 충당한것이였다. 이것은 이 지방에 많은 병력을 주둔시키려는 목적에서 취해진 조치였다.
　끝으로 특수한 정책이란 한번 사람들이 량계지방에 들어오면 빠져나갈수 없도록 각종 제한조치를 취한것이였다.
　량계에서 귀양죄, 류형죄를 범한자들을 그 고장에 그대로 두고서 처벌을 주도록 한것, 주, 진에 편입된 주민들이 중으로 되지 못하게 한것 등은 결국 군정의 원천을 확보하려는것이였다.
　이리하여 량계지방에는 10여만명의 군정이 배치되였는데 거기에는 방수(국경지방수비)를 위하여 남방 5도 및 중앙에서 파견된 군사가 무려 수만명이였고 백정을 비롯한 토착주민들로써 편성된 군대는 그보다 더 많았다.
　13세기에 들어와 격렬하게 벌어진 몽골침략군과의 싸움과

1350년대에 들어와 원침략세력을 몰아내고 옛 강토를 수복하게 됨에 따라 서북면일대는 다시 국방상 중요한 지대로 되였다. 그런데 서북면일대를 지키는데서 가장 큰 난관은 경군 및 남방 5도의 지방군을 서북면방수에 동원하던 고려 전기의 제도가 오래전에 헝클어졌고 왜구의 계속되는 침략으로 하여 남쪽 5도가 서북면에 못지 않게 국방상 비중이 커지여 동시에 두 방면에서의 방어를 조직하지 않으면 안된것이였다.

이러한 형편에서 서북지방인민들로써 방어군을 조직하기 위한 중요한 조치가 취하여졌는데 그것은 1358년 6월 군민만호부를 설치한것이였다. 즉 서북면의 정치군사거점인 서경과 안주를 중심으로 하여 2개의 군민만호부를, 동북면에는 화주(금야), 명주(강릉)일대의 군민을 통솔하는 군민만호부를 설치하였다. 그후 홍두적의 침략을 무찌르는 간고한 투쟁을 치른 고려정부는 1369년 서북면에 5개의 만호부를 설치하였다.

만호부의 명칭과 그에 속한 부대는 서경만호부 10군, 안주만호부 10군, 의주만호부 4군, 니성만호부 4군, 강계만호부 4군이다.

이 만호부에 소속된 부대들이 바로 익군이였다. 익군은 10진법에 따라 조직되였고 통일적인 지휘체계를 가지였으며 10명, 100명, 1 000명을 단위로 편성되였다. 그 최대의 단위가 천호가 통솔하는 1 000명이였다.

익군제하에서는 그 지역안의 모든 장정을 징발하여 동원상태에 두고 평시에는 농사를 짓게 하였다. 그리고 익군에는 군사복무이외에 다른 잡역은 면제시키였다.

매 익에 천호 한사람 즉 1 000명을 지휘하는 군사장관이 있었으므로 5개 만호부관하의 32군(익)에는 도합 32 000명의 병력이 있는것으로 된다.

익군제가 고려 전기의 지방군제 즉 주진군제와 다른 점은 과거에는 유사시에만 징발되던 광범한 층이 평시 징발의 대상으로 되여 군적에 오르게 되였다는것이다. 또한 고려 전기에는 군사들이 매개 성(주 또는 진)별로 골고루 배치되였다면 익군은 서경, 안주, 강계 등 전략적요충지대에 중점적으로 배치되였다는것이다.

동, 서북면의 익군조직은 고려말까지 그대로 존속되였고 리조봉건국가이후에도 오래동안 남아있었다.

1392년 대사헌 남재가 왕에게 말한데 의하면 《서북면은 나라의 울타리이기때문에 평양에 10익을 두고 안주에 10익을 두었으며 의주에 4익을 설치하고 적당한 사람을 선택하여 매 익에 천호 한사람을 두고 그로 하여금 병사들을 훈련시키고 무기, 무장을 마련케 하여 무사하면 농사짓고 유사시에는 나가 싸우게 하였다.》고 하였다. (《태조실록》권2 원년 9월 기해)

이 자료는 익군제가 리조수립을 전후하여 변화된 점이 있다는것을 보여준다.

첫째로, 5개 만호부 32익이던것이 평양, 안주, 의주의 24익으로 줄었다.

둘째로, 만호부라는 명칭이 없어지고 그것이 도로 바뀌여졌다. 그것은 이듬해 7월 서북면 도순문사 조온에게 명령하여 의주도의 군적을 고쳐 만들게 하였다는 사실을 통하여 알수 있다. (《태조실록》권4 2년 7월 을사)

이 의주도는 행정단위로서의 도가 아니라 군사적거점 즉 군사도였다.

군사도의 출현은 어느 고을을 군사적거점으로 하고 그 좌우고을에 소속된 병력을 배치하는 익군체제의 기틀이 마련되여가고있었다는것을 보여주었다.

리조봉건국가수립직후 동북면의 익군형편은 자세하지 않으나 1397년 정도전이 동북면 도선무순찰사로 되여 주, 부, 현의 경계와 명칭을 정하게 되면서 익군체제가 새롭게 정비되였다. (《태조실록》권13 7년 2월 경진)

우선 영흥(금야)도[안변이북－청주(북청)이남], 길주도 [단주(단천)이북－공주(경흥)이남] 등 군사도로서의 도제가 정하여졌다. 이것은 서북면의 의주도와 일맥상통하는것이였다.

다음으로 길주이하 6개 고을을 단위로 좌, 우익의 천호, 백호 및 통주가 지휘하는 군사들이 배치되였다. 그것을 보면 표 11과 같다.

표 11 **동북면 6개 고을 좌우익 편성표**

	익명	천호	백호	통주
길주목	좌익	1	6	12
	우익	1	6	12
단주	좌익	1	4	8
	우익	1	4	8
경성군	좌익	1	4	8
	우익	1	4	8
경원부	좌익	1	4	8
	우익	1	4	8
청주군	좌익	1	4	8
	우익	1	4	8
갑주	좌익	1	4	8
	우익	1	4	8

표 11에 의하면 매개 고을에는 좌익, 우익의 병력이 각기 골고루 배치되여있었다. 한명의 천호는 4~6명의 백호를 통솔하고 한명의 백호는 의례히 두명의 통주를 통솔한다. 병력이 규칙적으로 배치되였으나 10진법에 의해 편성된것은 아니였다.

좌익, 우익으로 나누어진 군사가 고을을 단위로 배치되였고 천호→백호→통주의 통솔체계가 서북면의 익군과 계통이 닿아있으리라는것을 짐작케 한다.

동, 서북면에 익군체제가 확립된것은 15세기초였다. 1407년 서북면에는 익군이 14익으로서 호수와 봉족을 합하여 2만 312명이 소속되여있었다. (《태종실록》 권14 7년 9월 임자)

당시 서북면의 군정이 호수, 봉족 합계 5만 4 837명이고 시위패가 호수, 봉족을 합하여 9 263명이였던것과 대비하면 익군은 서북면 전체 군정의 42%를 차지하였고 이 지방 시위패의 25배나 되였다. 이것은 익군체제가 서북면에서 1407년전에 이미 정비되였다는것을 보여준다.

1424년에 평안도에서는 지금까지 군익도편성에서 빠져있던 고을까지도 포함시켜 다시 정비하였다. (《세종실록》 권24 6년 6월 병진)

그리하여 삼화, 강동, 안주를 비롯한 여러 고을을 익에 소속시켜 익군체제를 충실히 갖추도록 하였다.

이때의 군사도 즉 군익도는 평양도, 안주도, 의주도, 삭주도, 강계도였다. 이 5개 도의 중익, 좌익, 우익에 소속되는 고을과 익군총수를 제시하면 표 12와 같다.

표 12   평안도 익군 편성표

도별	익별	소속군현	《관, 방》조의 익군수	《군정》조의 익군수
평양도	중익	평양	5 672	2 951
	좌익	중화, 상원, 삼등, 순안		1 313
	우익	강서, 룡강, 삼화, 함종, 증산		1 406
녕변도	중익	녕변, 박천, 안주, 순천	3 337	1 464
	좌익	은산, 성천, 양덕, 맹산		834
	우익	숙천, 영유, 강동		1 142
의주도	중익	의주, 정녕, 린산, 룡천, 철산	1 768	696
	좌익	선천, 곽산, 수천, 정주		958
	우익	가산		187
삭주도	중익	삭주, 태천	1 535	344
	좌익	운산, 개천, 창성		841
	우익	벽동		350
강계도	중익	강계, 려연, 자성, 무창, 우예	1 741	1 070
	좌익	회천, 덕천		669
	우익	리산, 위원		
총계			14 053	15 296

(《세종실록》지리지에 의거함)

표 12에서 알수있는바와 같이 평안도안의 모든 고을은 5개의 군익도에 나누어져 소속되였고 군정도 매 익을 단위로 장악되였다. 이것은 유사시에 전투도 중, 좌, 우익의 익을 단위로 진행할것을 예견한것이였다.

군익도가운데서 가장 중요한 자리를 차지한것은 평양도였다. 익군 총수 약 1만 5 000명중에서 그 3분의 1이상인 5 600여명이 평양도의 익

군이였다. 이것은 서북면방어의 중심이 평양일대였음을 말하여준다.

각 익에 속한 매개 군에는 천호 2명, 백호 4명, 익령사 6명이 있어 군사지휘관으로서의 임무를 담당하였다. 그리고 중익, 좌익, 우익에도 별도의 천호가 배치되여 각기 자기 익의 군사를 통솔하였다. *

> * 《리조가 제의하였다. 〈지금 새로 설치한 자성군은 강계도 중익에 속하였는데 다른 군의 례에 의하여 천호 2명, 백호 4명, 익령사 6명을 배치하되 천호 1명은 강계도 중익의 천호로 임명할것입니다.〉》(《세종실록》 권61 15년 9월 무술)

1413년에는 동북면 각 익의 천호, 백호의 수도 정하여졌다. (《태종실록》 권26 13년 7월 무술)

그에 의하면 각 익에 상천호 1명(5품), 부천호 1명(6품)이 배치되였고 매 령에 상백호 1명(7품), 부백호 1명(8품)이 있었다.

이러한 조치가 취해진데 기초하여 1425년에 함길도에서 각 익에 소속되는 고을들을 재편성하였는데 이때의 군익도는 함흥도, 화주도, 길주도였다.

그가운데서 함흥도를 실례로 들면 다음과 같다.

중익 함흥 - 별패, 정군, 수성군, 잡색군 모두 1 732명
좌익 정평 - 475명, 예원 131명
우익 북청 - 560명

그후 군, 현이 더 늘어나고 1439년에 함길도 도절제사의 군영을 길주로부터 경성으로 옮기게 되면서 경성도가 생겨났다. (《세종실록》 권86 21년 9월 기유)

경성도 중익 - 종성, 부거
　　　　좌익 - 회령
　　　　우익 - 경원, 경흥

또한 함길도 절제사영이 경성으로 옮겨지게 되면서 길주도에도 다음과 같이 좌, 우, 중익이 편성되였다.

길주도 중익 - 길주
　　　　좌익 - 갑산

우익 - 단천, 리성

그후 도절제사영이 경원에 이동되고 또 새로 부, 군이 설치됨에 따라 군익도의 편성에서는 다시금 변동을 가져왔다. 그것을 보면 표 13과 같다.

표 13　　　　　**함길도익군도표**

도별	익별	소속 군, 현	군정조에 실린 익군수
함흥도	중익	함흥	736
	좌익	정평, 예원	477
	우익	북청, 삼수	655
	소계		1 868
영흥도 (금야군)	중익	영흥(금야)	704
	좌익	안변, 의천	383
	우익	고원, 문천, 룡진	321
	소계		1 408
길주도	중익	길주	557
	좌익	갑산, 단천, 경성	980
	우익	경원도호부	
	소계		1 537
경원도	중익	경원	762
	좌익	온성, 경흥	1 023
	우익	회령, 종성	1 456
	소계		3 241
경성도	중익	부령	262
	총계		8 316

※ 《세종실록》지리지

함길도에는 익군총수가 8 000여명으로 된다.
이상과 같이 지리지를 통하여 평안도와 함길도의 군익도편성과 그 병력배치정형을 보았다. 평안도의 익군편성정형은 실록에 기재되여있으나 함길도의 그것에 대해서는 전혀 밝혀져있지 않다. 평안도와 함길도의 익군병력을 대비하면 평안도가 약 2배이상 많은것으로 되는데 이것은 고려시기에도 역시 그러하였던것으로서 평안도가 국가방어의 비중이 더 컸던것으로 설명된다.

지방군편성체계로서의 군익도는 그후 전국적으로 진관제가 실시될 때까지 대체로 유지되였다.

군익도체계하에서 지휘관계를 보면 평안도에는 본래 전임 도절제사가 없었고 도순문사가 그것을 겸임해오다가 1413년에 비로소 도절제사를 두었다. (《세종실록》권84 21년 정월 경인)

형편은 몇개 고을을 망라하는 중익이나 좌, 우익에서도 마찬가지였다.

1425년 리조에서는 함길도 군익도안의 부대와 군정수를 렬거하면서 지방관에게 각 익 단련사, 부사, 판관 등의 군직을 겸임시켜 파견할것을 제의하고있다. (《세종실록》권27 7년 2월 경신)

즉 평안도 의주목의 목사에게는 의주도 중익병마절제사를 겸임하도록 하자는것이였다. 그 겸임하는 군직은 고을원의 품계에 따라 다른데 2품인 경우 좌, 우익병마절제사, 3품인 경우는 병마단련사, 4품은 병마단련부사, 5~6품은 병마단련판관 등이였다. 평안도와 함길도의 모든 고을원은 각 군익도에 소속되여 군직을 겸임하였다.

행정관의 군직겸임을 제도화한것은 일반 행정체계와 군정체계를 일치시켜 군익도가 실제적인 군사단위로서의 기능을 원만히 보장하며 유사시 군사행동의 일치성을 보장하려는것이였다.

군익도체제하에서 행정장관이 군직을 겸임하도록 한것은 고려시기 진의 장관인 진장과 주의 장관인 방어사가 있었고 장군, 도령 등 군사지휘자가 있어 군정과 행정이 갈라졌던 사실과는 일정한 차이를 나타낸다. 또 고려시기 주진군이 주로 주를 단위로 편성되여 싸웠다면 군익도체제하에서는 몇개의 고을이 하나의 단위를 이루어 서로 협동하여 싸우도록 되여있었다.

군익도체제하에서 기본전투력을 이룬것은 익군이였다. 량계지방에서도 시위군, 수성군, 별패, 잡색군 등 여러 부대가 있었으나 군정수에서 가장 큰 비중을 차지한것은 익군이였다. 익군은 남쪽 5도의 영진군과 같은 역할을 하였다. 그들은 단련사를 겸임하는 고을원에 의하여 통솔되였고 몇개의 고을을 망라한 익을 단위로 편성되였으며 보다 큰 단위인 군익도와 련결되였다.

익군은 평안도와 함길도를 합하여 2만 4 000여명으로서 군정총수의 약 24%, 시위군의 1.6배나 되였다. 또 익군과 영진군의 수적대비는 2.2:1로서 이 2개 도의 지방군은 나머지 6개 도의 지방군보다도 훨씬 많았다.

익군은 사회경제적처지에서 영진군과 비슷하였을것으로 짐작된다. 그러나 총체적으로 보아 익군은 그 수가 많았던것으로 하여 빈약한 량인농민들도 적지 않게 군인으로 징발되였을것으로 인정된다.

또한 영진군은 그 거주지를 떠나 각 영, 진에 가서 군역을 져야 하였으나 익군은 주로 자기 고을에서 복무하였다.

물론 제고장을 떠나 구자에 나가 복무하는 군인들도 있었다. 구자란 고을과 멀리 떨어져있는 요충지대에 설치된 작은 요새였다.

평안도, 함길도는 주, 군의 소재지사이의 거리가 수백리씩 떨어져있는 경우도 있었으므로 읍성에 군사를 주둔시키는것만으로는 적들의 침공을 막아내기가 어려웠다. 때문에 적들의 침공이 예견되는 지점에 목책이나 성보를 쌓고 주변일대의 주민들을 이곳에 집결시켜 방어임무를 수행케 하였다.

그리고 읍성과 구자를 련결시키는 행성이 축조된 이후에는 강계, 려연 등 읍성은 겨울에만 수비하기도 하였다.

1430년대 읍성의 수비병력은 보통 기병 200명이상, 보병 100명이상이였고 구자인 경우에는 기병 100명이상, 보병 50명이상이였으며 그가운데서 각기 60명, 30명은 방패와 화포군이 차지하였다.

평안도, 함길도에서의 익군편성과 국경수비체계의 확립은 리조 지방군제정비의 중요한 계기로 되였다.

3. 잡색군의 편성

지방군제의 정비과정을 고찰하는데서 중요한 문제의 하나는 잡색군의 편성에 대하여 해명하는것이다.

잡색군에서의 《색》이란 신분을 의미하며 잡색군이란 잡다한 신분의 사람들로 이루어진 군사 또는 부대를 의미한다.

잡색군으로 징집되는 대상은 시위패, 수군을 비롯한 각이한 정규무력으로 되지 않는자들, 또 그들의 봉족으로 되지 않는 각계각층이였다.

잡색군을 편성하게 된 리유는 우선 봉건국가가 평시에는 물론이고 유사시에 징발할수 있는 모든 장정을 지배장악하려고 하였던것과 관련된다.

이것은 고려말 봉건통치체제와 병제가 헝클어지고 외적들이 끊임없이 쳐들어오는 긴장한 정세밑에서 인리(아전), 역졸, 관청, 창고, 궁사의 노비 및 사노비 등 평소에 군역을 지지 않던 각 계층을 자연호를 단위로 마구 징발하여 연호군을 편성하였고 또 한때의 효과를 본 경험이 참작된것이였다. 잡색군을 연호잡색이라고도 표현하는것이 바로 그것을 보여준다.

잡색군을 편성하게 된 리유는 또한 당시 지방군의 구체적인 형편과 관련되였다.

앞에서 본바와 같이 전국의 각지를 지켜야 할 임무를 직접적으로 지닌 영진군과 익군의 수는 3만명 남짓한데 그가운데서 경기를 제외한 5도의 영진군이 1만 1 000명이 조금 넘고 북방의 평안도와 함길도의 익군이 2만명가량 되였다. 특히 남방 5도지방의 성과적인 방어가 어려웠고 더우기 영진군이 도절제사가 있는 내상이나 진을 거점으로 해안에 치우쳐 배치된 조건에서 그밖의 내륙지방은 군사적으로 약한 고리로 되였다.

봉건통치배들은 왜적들이 상륙하였으나 도절제사와 각 진의 방어군이 도착하기 전에는 방어할 군사가 없으므로 적들이 깊이 쳐들어와 살륙을 감행할것을 우려하였다.

그리하여 영진군과 익군편성이 이루어지면서 동시에 잡색군이 조직되게 되였다.

봉건국가가 유사시에 동원할 장정을 별도로 장악하려고 한것은 일찍부터 시도되였다. 1393년 5월 군적을 작성하여 20만 800여명의 군정과 함께 향리, 역리 등 봉건국가에 직역을 지고있는 10만 500여명을 따로 장악한것이 바로 그러하다. 이처럼 리조수립초에 이미 착수되였던 잡색군의 편성은 1410년이전에 이루어졌다.

　　1410년 의정부에서는 다음과 같이 제의하였다.

　《금년 기후는 다른 해에 비하여 가물었다. 외방의 시위군, 진속군이 이미 정비되였는데 지금 잡색군을 점검하느라고 백성들을 소란케 하고 농사를 방해하고있다.》(《태종실록》권19 10년 2월 경자)

　　이때 잡색군의 점검이 진행되였다는것은 그전에 이미 그것이 조직되였음을 의미한다.

　　잡색군에는 신분적으로 량인, 신량역천 및 공사노비가 포함되였고 직업적으로는 농민, 수공업자, 향리, 각 관청의 하인 등 기타 여러 층이 포함되였다. 다시말하면 직업적인 국역을 지기때문에 군역에서 면제된자들, 공사노비로서 각종 천역을 부담하기때문에 군역의 의무가 없는자들이 포함되였다.

　　여하튼 현역관리와 3품이상의 벼슬을 한자들을 제외하고는 누구나 망라되는것으로 되였다.

　　그러나 이것은 제도상의 조치이고 실지로는 량반들이 잡색군에 참가하지는 않았다.

　　잡색군의 수는 수십만명으로 헤아려진다.

　　1425년에 편찬된《경상도지리지》에는 도내의 군정(인정)이 병종(부대)별로 자세히 기록되여있는데 별패, 시위패, 영진속, 수성군 및 기선군(수군)이 2만 2 363명 그 봉족이 5만 6 382명 합계 7만 8 745명이였다. 그런데 잡색군의 정군이 1만 6 574명, 봉족 4만 7 462명으로서 그 총수가 6만 4 036명이다. 경상도의 잡색군이 6만을 훨씬 넘을진대 전국 8개 도의 그 수는 봉족까지 합하여 30만이 훨씬 넘었으리라고 말할수 있다.

　　잡색군은 그후 여러차례 정비보강대책이 취하여졌다. 1418년 일반 정규병종가운데서 병사로 쓸모가 없는자들을 잡색군에 소속시키는 문제가 론의되였다. (《세종실록》권1 즉위년 9월 무진)

　　1439년에는 25명을 1대로 편성하고 그 지방에 따라 기병 또는 보병으로 하며 매 대에 패두와 색장을 두고 농한기에 활, 창, 검, 돌팔매 등을 연습케 하여 재간이 있고 실지 성과가 좋은자들에게는 요역

을 면제시키거나 환자곡을 덜어주는 등 여러 조치를 취하였다. (《세종실록》권86 21년 7월 병인)

1441년에는 50명을 1패로 하고 매 1패에 총패 1명을 두며 매 10명마다 소패 1명을 두는 등 규정이 달라진것으로 보아 확정된 편제가 수립되여있지 못한듯 하다.

잡색군은 주로 보병이였고 1패 안에서 5분의 3은 칼과 활을, 나머지는 창을 갖추어야 하였다.

잡색군에 대한 훈련과 지휘는 고을원이 담당하였다. 관찰사가 국왕의 승인을 받으면 고을원은 관하 잡색군을 동원하여 주로 겨울에 훈련을 실시하였다. 그리고 영군의 경우 도절제사가, 진군은 각 진의 첨절제사가 지휘하였으나 잡색군은 각 고을의 장관에게 그 지휘권이 맡겨져있었다. 이것은 유사시 군사를 지휘하여 적들과 싸우는데서 신속성을 도모하는데 편리한 조치였다.

1462년에는 지방뿐아니라 수도에도 잡색군을 두어 그 군액을 확장하려고 하였다. 1468년 수도안의 각 계층 장정을 장악등록하여 149려 7만 6 000명의 잡색군을 편성하였으나 얼마 안있어 해산되고 말았다.

잡색군의 편성이 중앙에서도 일시 있었으나 그것은 어디까지나 지방군제의 약점을 보강하기 위하여 조직된것이였다.

그러나 잡색군제는 나라의 방위력강화에 보탬을 주지 못하였다. 잡색군의 지휘권을 장악한 문관출신 고을원들의 무책임성, 군역은 부담하지 않았으나 기타 잡역을 지고있던 장정들의 집요한 기피, 직역을 부담하는 향리들의 은연한 저항 등은 잡색군을 전투나 훈련과는 인연이 없는 하나의 상징적인 존재로 되게 하였다.

리조의 잡색군과 고려말의 연호군은 일련의 공통점을 가지고있는데 그것은 아전, 역리, 공사노비 등 평시 군역을 부담하지 않던 신분층으로 이루어진것, 종전의 군인에 비하여 비교적 낮은 신분층으로 구성된데서 찾을수 있다.

그러나 차이점도 찾아볼수 있다.

우선 그 존재의 시대적배경이 각기 달랐다. 고려의 연호군이 전시에 군인이 부족되고 군정의 원천이 고갈된 조건에서 징발편성되였다면 잡색군은 평시에 지방군제의 결함을 메꾸기 위하여 조직되였다. 그 역할의 측면에서도 고려의 연호군은 어쨌든 전시의 동원군으로서 일정한 역할을 수행하였지만 잡색군은 이렇다 할 역할을 놀지 못하였다.

그 원인은 오랜 세월 전쟁이 없이 흐른데도 있겠지만 봉건통치배들의 비현실적이며 구태의연한 정책이 잡색군을 유사시를 위한 하나의 동원체제로 되게 한것이라고 인정된다.

그러나 전시가 아니라 평시에 전국 수십만의 비군역대상자를 군사적으로 지배장악하기 위한 체제를 세워놓았다는 점에서 잡색군편성은 봉건시대 군사제도사에서 특색있는 제도였다고 말할수 있다.

제4절. 수군건설의 추진

1. 수군의 증가

세면이 바다로 둘러싸여있는 우리 나라에서 바다로 쳐들어오는 외래침략자들을 물리치자면 강력한 수군을 건설하는것이 필요하였다.

수군은 이미 고려말에 확고히 재건의 길에 들어섰으며 왜구의 침략을 반대하는 바다싸움에서 위력을 과시하였다. 수많은 함선이 건조된것, 함선에 화포를 장비한것, 교대없이 근무하는 장기복무수병이 생겨난것 등은 고려말 수군건설에서 달성한 주요한 성과였다.

그러나 수군건설에서는 아직 일련의 부족점도 있었다. 그것은 수군기지가 강화, 교동 등 수도가까이에 꾸려지고 왜적들이 쳐들어올수 있는 3남지방의 연해 곳곳에 마련되지 못한것이였다. 1380년 진포해전에서 왜적을 무찌른 100여척의 고려함선도 례성강하구의 중앙수군기지에서 출동한 함대였다. 적들을 쳐들어오는 곳곳에서 제때에 무찌르기 위하여서는 더 많은 함선과 수병을 확보하여야만 하였다.

이리하여 리조시기에 들어와 대규모의 수군건설이 진행되였는데 여기에서 무엇보다도 중요한것은 수군을 편성하는것이였다.

1393년에 군적을 작성할 때 서북면과 동북면을 제외한 전국의 기병, 보병 및 배타는 군사가 20만 800여명이라는 기록이 나타나는데 수군의 구체적인 수자는 알수 없으나 적지 않았으리라고 짐작된다. 호구제도와 병제가 정비되고 장정에 대한 국가의 장악이 확대됨에 따라 모든 부문의 군액이 전반적으로 늘어났으나 그가운데서도 수군이 더욱 빨리 증가하였다.

봉건국가가 수군을 확장하는데 특별히 관심을 돌린것은 그것이 국가방위에서 노는 중요한 역할과 관련되였고 다른 하나는 수군이 위험하고 고된 군역이였으므로 그것을 기피하는 현상이 적지 않았기 때문이다.

봉건국가가 수군확보를 위하여 취한 대책은 첫째로, 수군으로 복무하면서 고기를 잡고 소금을 구워 그것을 생활에 보태도록 한것이다. (《태조실록》 권1 원년 7월 정미)

물고기와 소금의 리득을 보장해준 이 조치가 후에는 군사장관들의 수탈로 말미암아 오히려 수군의 부담으로 되였으나 초기에는 일정한 효과도 있었다.

둘째로, 수군을 대대로 고착시키는 조치를 취한것이다. 아버지가 배를 타다가 사망하면 그 아들, 손자들이 계속 이어가며 배를 타게 하였다. (《태종실록》 권13 7년 6월 계미)

이 조치는 량인신분의 가장 낮은 계층에게 수군으로서의 복무를 고정시키려는것이였다.

셋째로, 시위패, 영진군 등 수군이외의 병종으로서 무예에 능하지 못하거나 말을 마련하지 못한 경우에 수군에 옮겨 배속시킨것이다. (《세종실록》 권127 32년 정월 신묘)

수군이 가장 위험하고 힘든 군역이고 또 그 복무를 싫어하는 역이기때문에 일종의 처벌로 수군에 보내는 경우는 이밖에도 적지 않앉다. 이것은 마치 고려때 국방의 제1선인 서북면 주진군을 확보하기 위하여 취해졌던 여러 조치들과 류사한 점이 있었다.

끝으로 일본과 가까운 경상, 전라, 충청 3도의 군사총수에서 수군의 비중을 결정적으로 높이는 방향에서 지방군을 정비한것이다. 수군의 수가 얼마나 많았는가 하는것은 《세종실록》 지리지에 기록된 수군과 그 나머지부대사이의 군사수를 대비하면 잘 알수 있다.

봉건국가는 평시에 수군을 최대한으로 확보하는데 큰 관심을 돌리였을뿐아니라 유사시에 그 확대에도 류의하였다. 《세종실록》 지리지에 의하면 경기와 충청도에는 무군선 즉 수군이 없는 빈 배가 57척이나 있었는데 이것은 전시에 징발된 수군이 타고 싸울수 있도록 미리 마련한 예비함선이였다.

이처럼 봉건국가는 수군의 확보를 위한 여러가지 대책을 취하였다.

수군이 대대적으로 늘어난 시기는 대체로 1410년을 전후한 때였다.

우선 1408년에 전국 8도의 병선이 428척이던것을 613척으로 늘이였다. (《태종실록》 권15 8년 3월 경오)

또한 중앙군가운데서 갑사의 역할이 커지고 지방에서 번상하는 시위패의 중요성이 줄어들게 되면서 봉건국가는 1412년 각 도의 시위군사들로 하여금 교대로 수군에 복무하도록 하는 조치를 취하였다. (《태종실록》 권23 12년 정월 경술)

1413년 충청도에는 본래 수군이 5 537명이고 시위군이 2 754명이였는데 또 수군을 일시에 1 377명으로 늘이여 《연해의 시위군을 전부 배타는 군사로 충당하였으므로》 《왜적들이 쳐들어오면 어떤 군사를 가지고 막아내겠는가?》고 아우성칠 정도로 강행적으로 실시되였다. (《태종실록》 권26 13년 9월 정축)

이처럼 중앙군이던 시위패의 일부가 영진군이나 수군으로 옮겨지게 되였는데 그 압도적다수가 수군에 편입되였다.

그후 호적법이 철저하게 실시되고 인구가 늘어남에 따라 군액전반이 증가되면서 수군 역시 확장되였는데 그 결과는 《세종실록》 지리지에 나타난다. 그 정형을 보면 표 14와 같다.

표 14   각 도별 수군수

도별	군정조기록	도총론의 기록
경기	3 973	5 792
충청	7 858	8 414
경상	15 925	16 602
전라	11 173	10 703
황해	3 989	3 239
강원	1 384	1 103
평안	3 488	3 480
함길	1 059	1 069
계	48 849	50 402

표를 통하여 다음과 같은 사실을 알수 있다.

첫째로, 수군은 약 5만명정도인데 이것은 8도의 영진군 및 익군 약 3만명, 시위군 1만 5 000명을 륙가하고있다. 이러한 사실은 봉건국가가 수군의 강화에 얼마나 주력하였는가를 잘 보여준다.

둘째로, 수군 5만명 가운데서 3만명이상이 경상, 전라, 충청도의 3도에 배치된것이다. 이것은 수군건설이 바로 왜구의 침략을 막을 목적으로 진행된것임을 뚜렷이 보여준다.

끝으로 고려말에 생겨난 장기복무수병이 리조초에도 존재한것이다. 고려정부는 1380년경 전라도 바다가고을의 인민들을 강화도와 교동도일대에 옮기고 매 사람당 구분전 1결 50부를 주어 생계를 보장해주는 대가로 교대없이 수군에 복무하도록 하였다.

그 목적은 수도와 그 주변을 튼튼히 지키자는것이였고 또 화약무기로 장비된 함선이 늘어나는것과 관련하여 그것을 능숙히 다룰수 있는 수군을 고정시키려는것이였다.

《세종실록》 지리지에 의거하여 그 배치정형을 제시하면 표 15와 같다.

표 15   장기복무 수군배치표

도총론에 의함		군정조에 의함	
강화 정포 만호영	246	강화	279
교동 음암량 만호영	295	교동	249
남양 좌도첨절제사영	69		
안산 초지량 만호영	8		

이처럼 장기복무수병 600여명이 경기수군에 포함되여있었다. 전체 수군가운데서 큰 비중을 차지하는것은 아니였으나 그들은 리조수군의 골간이며 정수였다.

《경국대전》 병전에 의하면 수군정원은 4만 8 800명, 조졸은 5 960명으로서 그것을 합하면 《세종실록》 지리지에 기록된 병력보다 약 10% 늘었던것으로 되지만 전함수는 737척으로서 오히려 92척이나 줄어들었음을 보이고있다. 이 모든 사실은 리조수군의 기틀이 이미 15세기 전반기에 확고히 마련되였음을 의미한다.

2. 함선의 건조 및 배치

봉건시대에도 함선건조는 수군편성과 동반되는 사업이며 중요하고 어려운 일로 되였다. 리조봉건국가는 초창기부터 함선건조에 많은 힘을 기울이였다.

1393년 7월 봉건국가는 1389년 쯔시마를 정벌할 때 고려원정함대의 사령관이였던 박위를 양광도에 파견하여 싸움배를 건조하도록 하였다. (《태조실록》 권4 2년 7월 무신)

함선을 건조하는 중심지역은 경기, 충청 및 전라도일대였다. 병선의 건조사업이 상당히 진척되여 1395년과 1396년 두차례에 걸쳐 전함을 조사등록하는 점고사업이 진행되였다.

봉건국가는 성능이 좋은 신형의 함선을 만들어내는데도 관심을 돌리였다.

1397년 8월 한성 룡산강에서 새로 건조한 병선의 성능시험이 진행되였다. (《태조실록》 권12 6년 8월 정해)

1403년에는 왜선을 추격하는데 편리한 빠른 소형함선을 만들어냈다. (《태종실록》 권5 3년 6월 정사)

당시까지만 하여도 조선전함은 무겁고 커서 왜선을 추격할수 없었는데 새로 만든 소형쾌속선은 성능이 우수하여 각 도에 쾌속선 10척씩 만들어 비치하도록 하는 조치를 취하였다.

이러한 성과에 토대하여 1408년 전국적으로 함선을 대대적으로 건조하는 사업이 벌어졌는데 그 정형을 보면 표 16과 같다.

표 16   1408년 전함증가표

도별\전함수	본래전함수	새로 늘인 전함수	계
경기	51	25	76
전라	81	30	111
경상	137	50	187
풍해	26	20	46
강원	16	10	26
충청	47	30	77
서북면	40	15	55
동북면	30	5	35
계	428	185	613

(《태종실록》 권15 8년 3월 경오)

표 16에서 보는바와 같이 전국 8도의 병선이 428척이던것을 185척을 더 건조하여 613척으로 늘이였다.

613척의 병선확보, 이것은 함선건조사업이 본격적인 단계에 들어섰고 수군건설의 토대가 확고히 마련되였다는것, 봉건국가가 왜적의 침략을 방어하는 사업에 국력을 기울이였다는것을 보여주었다.

함선의 량적증가와 함께 그 질적개선이 강화되였다. 1413년 림진강에서 우리의 거북선이 왜선과 싸우는 훈련이 진행되였다. (《태종실록》 권25 3년 2월 갑인) 이것은 리순신장군이 거북선을 창제하여 왜적을 무찌르기 170여년전에 우리 선조들이 이미 성능이 높은 싸움배를 가지고있었다는것을 말하여준다.

림진강에서 거북선과 싸운 왜선이란 조선배와 성능을 비교해 보기 위하여 귀화한 왜인 평도전이 왜인들의 식대로 만든 배로 한강에서 그 속도를 시험해본바 있는 배였다. (《태종실록》 권25 13년 정월 갑오)

유감스럽게도 당시 거북선의 실물은 물론 구조와 성능을 구체적으로 알려주는 기록은 전혀 전하지 않는다.

그런데 한가지 주목되는 사실은 1415년 좌대언 탁신이 군사문제를 제기한 내용가운데 다음과 같은 구절이 있는것이다.

《거북선의 전법은 많은 적(선)과 충돌하여도 적들이 해칠수 없으니 승리를 거둘수 있는 좋은 방도로 된다고 볼수 있습니다. 더 견고하고 정교하게 만들게 하여 전승의 무기로 갖추게 할것입니다.》 (《태종실록》 권30 15년 7월 신해)

병선의 기술적개조를 위한 사업에서 특기할 사실의 하나는 외국의 배무이기술과 경험을 도입섭취하려고 한데 관심이 돌려진것이다. 1415년 봉건정부는 병선이 빨리 썩는것을 방지하기 위하여 명나라 배무이기술자를 전라도에 파견하여 배를 만들게 하였다. 이 사실자체만으로도 우리 선조들이 우수한 병선건조에 얼마나 고심하였는가를 엿볼수 있다. (《태종실록》 권30 15년 11월 임자)

함선건조에서 이룩한 중요한 성과의 하나는 속도가 빠른 병선을 만들어내는데 완전히 성공한것이다.

왜선보다 빠른 병선을 만들게 된 경위와 그 결과는 다음의 자료가 보여준다.

《상왕(태종)이 양화나루에 가서 전함을 보았다. 그전에 여러 도의 전함이 왜선을 추격하였는데 왜선의 속도가 빠르기때문에 미치지 못하였다. 상왕이 이것을 유감스럽게 여겨 대호군 윤득민에게 명령하여 쾌선 3척을 건조케 하고 귀화한 왜인으로 하여금 왜선에 타게 하고 먼저 10여보 앞서게 한 다음 윤득민을 비롯한 여러 군사들을 각기 배에 타게 하여 뒤쫓았는데 매번 우리 배가 왜선을 따라앞섰다.》 (《세종실록》 권10 2년 11월 신사)

함선건조의 이러한 새로운 성과에 토대하여 1423년부터는 비거도선을 대대적으로 만들어 경상좌도 각 포구에 배치할수 있게 되였다. (《세종실록》 권19 5년 정월 정해)

비거도선이란 속도가 빠른 작은 배를 의미하는데 큰 전함을 뒤따르면서 각이한 정황에서 기동적으로 전투임무를 수행하였다. 1425년에 제주도에서는 28척의 비거도선을, 전라도에서는 49척의 비거도선과 맹선 26척을 건조하였으며 1428년에는 속도가 빠른 중맹선이 또한 만들어졌다.

1434년에는 토산물을 바치러온 류뀨국사람들로 하여금 병선을 만들게 하고 우리 배와 속도를 비교하기도 하였다. 이처럼 당시 우리 나라에서는 명나라, 류뀨국, 일본 등 아시아적판도에서 각국의 배무이기술을 널리 섭취하여 전함건조기술을 발전시키기에 노력하였다.

이리하여 15세기 질적으로 우수하고 다양한 수많은 병선을 건조할수 있게 되였다. 그것을 《세종실록》 지리지에 의거하면 표 17과 같다.

표 17   전함의 종류 및 각 도 배속수

전함종류 도별	병선	중대선	맹선	쾌선	무군선	왜별선	대선	중선	별선	중맹선	무군중대선	추왜별맹선	강선	추왜별선	계
경기	4	11	4	30	47	1									97
경상	285														285
전라			14				8	103	40						165
충청	92	6		4	4				4	18	6	6		2	142
황해	41														41
강원													17		17
평안	41														41
함길	41														41
계	507	17	18	34	51	1	8	103	44	18	6	6	17	2	829

표 17에서 알수 있는바와 같이 전함에서 주력을 이룬것은 병선 (507척), 중선(103척)이였다. 그 나머지는 각이한 사명을 지닌 싸움배였다. 그 종류를 보면 무군중대선과 무군선을 제외하면 12종을 헤아리는데 이것은 당시 높은 배무이기술수준과 함께 어떠한 정황에도 대처할수 있게 바다싸움준비를 원만히 갖추고있었다는것을 말하여준다.

각 도에 배치된 전함의 수적비률을 따져보면 표 18과 같다.

표 18

전함수,비률 \ 도별	경기	충청	경상	전라	황해	강원	평안	함길	계
전함수	100	142	285	165	41	17	41	41	832
총수와의 비률 (%)	11.7	17.1	34.4	20	4.9	2.1	4.9	4.9	100

일본과 가장 가까운 경상도에 전함의 3분의 1이상이 배치되였고 경상, 전라, 충청 3도에는 70%이상의 전함이 배치되였다. 함선의 배치를 통하여서도 15세기 조선수군은 전적으로 일본의 침략을 막기 위하여 건설되였음을 알수 있다. 봉건국가는 방대한 함선건조목표를 내세우고 막대한 력량과 자재를 투입하였으며 인민들에게 커다란 고통을 들쒸우면서 그것을 강행적으로 진행하였다. 봉건통치배들까지도 《각 도의 포구마다에서 배만드는 장인들은 사시장철 병선을 건조하느라 고생하였다.》고 한것은 당시 인민들의 형편을 그대로 보여준다. (《세종실록》권19 5년 2월 기묘)

대함대의 건설은 왜적의 침범을 막고 나라를 지켜내려는 우리 인민들의 애국심과 지혜의 산물일뿐아니라 그것을 위하여 바쳐진 인민들의 피와 땀의 결실이기도 하였다.

《세종실록》지리지에는 8도의 병선총수 829척, 배타는 군사총수 5만 169명으로 기록되여있으나 그보다 40~50년후에 간행된 《경국대전》제도 병선조에는 표 19와 같이 기록되여있다.

표 19 각 도 병선표

병선의 구분 \ 도별	대맹선	중맹선	소맹선	무군 대맹선	무군 중맹선	무군 소맹선	계
경기도	16	20	14			7	57
충청도	11	34	24			40	109
경상도	20	66	105			75	266

표계속

병선의 구분 도별	대맹선	중맹선	소맹선	무군 대맹선	무군 중맹선	무군 소맹선	계
전라도	22	43	33			86	184
강원도			14			2	16
황해도	7	12	10			10	39
영안도		2	12			9	23
평안도	4	15	4	1	3	16	43
계	80	192	216	1	3	245	743

 무군선이란 평시에는 군사가 타지 않고 두어두는 예비선이였다. 대맹선은 정원이 80명, 중맹선은 60명, 소맹선은 30명으로서 대맹선 80척에는 6 400명, 중맹선 192척에는 1만 1 520명, 소맹선 216척에는 6 480명이 승선하므로 총 2만 4 400명이 요구되는데 이것은 복무중에 있는 수군에 해당된다.
 리조의 수군은 세조통치년간에 기틀이 마련되고 《경국대전》이 반포되던 15세기 말엽에 제도적으로 완비되였다.

3. 수군의 신분과 립역

 봉건국가는 약 5만명의 수군을 편성하여 왜구의 침입이 예견되는 3남연해에 집중적으로 배치하였다.
 수군의 신분은 량인이였지만 신량역천적존재들이였다. 물론 여기에는 노비들도 더러 입대하였으나 신량역천이였다는 점에서 일반 시위군 및 영진군과 구별되였다.
 1405년 음죽현 국농소를 철페하고 거기에서 일하는 《간》이라고 부르던 농민들을 배타는 군사로 만들었다. (《태종실록》 권9 5년 3월 계해)
 처간(곳한), 염간 등 《간》이라고 불리우던 층은 해척, 양수척 등

《척》으로 불리우던 사람과 함께 신량역천이였다. 수군은 반드시 신량역천은 아니였다 하더라도 량인의 하층이 대부분이였다. 수군의 이러한 신분상처지는 수군복무가 천역화되고 그들의 신분이 떨어진 결과 생겨난 현상은 아니였다.

그 원인은 고대이래로 또 동서방을 막론하고 수군은 힘들고 위험한 복무로 되기때문이다. 하기에 고려 말기에도 귀양간자들에게 배를 타고 왜적들과 싸워《속죄》케 하는 조치를 취하였고 밀무역을 하는자들을 체포하여 그 두목을 처단하는 한편 나머지 사람들을 수군에 강제로 입대시키기도 하였다. 이것은 벌써 고려말에 수군역을 천역으로 간주하고 수군복무자를 천시하는 경향이 생겨날수 있었다는것을 말하여준다.

각 군항의 수군은 본래 만호의 지휘밑에 무기와 군량을 배에 싣고 배를 타면서 대기근무를 하는것이 원칙이였다. 이러한 근무는 륙지에서 지방군의 복무에 비하여 매우 간고하였다.

더우기 그 립역은 2교대로 나누어져 한달씩 복무하였으므로 정병에 비하여 2배나 군역을 감당하지 않으면 안되였다. 수군은 이밖에도 제도적으로 다른 지방군에 비하여 더 오래 복무할것이 강요되였다.

병선마다 진무(감독관), 령선두목(선장), 지인(사관장격의 군사) 등의 장교 또는 사관층이 있어 수군군사들을 감독통제 하였다. (《세종실록》권68 17년 6월 무신)

수군의 립역이 고통스러웠던것은 그들이 또한 량식을 비롯한 모든것을 자체로 부담하였다는데 있다.

1402년 풍해도 관찰사는 수군에게는 국가로부터 량식이 공급되지 않기때문에 그 가족들이 먹을것을 날라다주는데 병선을 타고 멀리 나간 경우에는 굶주리게 된다고 하였다. (《태종실록》권3 2년 4월 신유)

수군이 늘어나고 왜구의 침습이 없어짐에 따라 수군에 대한 보장은 더욱 소홀해졌다.

1418년 강화, 교동에 사는 수군이 교대없이 장기복무하는 대가로 받았던 구분전 1결 50부가운데서 봉건국가는 겨우 터밭을 50부만 주고 그외에는 모두 회수하는 조치를 취하였다. (《세종실록》권1 즉위년 9월 을해)

구분전을 회수한 대신 수군을 좌, 우 두패로 나누어 교대로 복무케 하였으나 수군의 생활은 그전에 비하여 훨씬 어려워졌다.

　이밖에도 수군은 소금굽고 고기잡으며 둔전에 종사하는 등 각종 부역에 혹사되였다. 물론 립역하는 대다수의 군인이 로역에 내몰리였으나 그가운데서도 수군은 가장 가혹한 부담을 지게 되였는데 이것은 수군의 강화발전을 저애한 주되는 요인의 하나로 되였다.

　선상근무를 임무로 하는 수군외에 중앙관청인 사재감에 소속된 수군도 있었다. 리조봉건국가수립초기에 사재감과 사수감이 설치되였는데 사재감은 강과 바다, 산과 호수에서의 생산물을 맡은 관청이였고 사수감은 전함건조를 감독하는 기관이였다. 그런데 《경국대전》에는 사재감이 생선, 물고기, 소금, 땔나무, 홰불 등을 맡았다고 한것으로 보아 사재감수군은 왕실에 생선, 물고기, 소금 등 해산물을 주로 공급하는 수군으로서 해상전투를 목적으로 편성된 부대는 아니였다.

　15세기 수군의 건설은 비록 봉건통치배들의 리해관계의 추구로 하여 더 큰 결실을 보지 못하였지만 국가방위의 중심이 남쪽으로 옮겨진데 맞게 제때에 군사적대책이 취하여졌으며 국가적규모에서 대함대가 건설되고 거기에 화포를 장비하는 거창한 사업이 수행되였다는것을 보여준다.

　따라서 15세기 수군건설은 리조시기 군사제도의 정비강화에서뿐아니라 우리 나라 봉건시대 수군건설사상에서도 중요한 의의를 가진다.

　《세종실록》 지리지에 실린 각 도별 전함 및 수군수를 보면 표 20~27과 같다.

표 20　　　　　　　　　**경기수군배치표**

번호	수군기지명	전함수	수군수
1	남양 좌도수군첨절제사영	26(그중 무군선 13)	1 666(그중 장번수군 69)
2	남양 영종포만호영	7(그중 무군선 3)	510
3	안산 초지량 만호영	9(그중 무군선 4)	615
4	인천 제물량 만호영	8(그중 무군선 4)	510
5	교동 우도수군첨절제사영	26(그중 무군선 13)	1 313(그중 장번수군 295)

표계속

번호	수군기지명	전함수	수군수
6	강화 정포만호영	21(그중 무군선 10)	1 170(그중 장번수군 246)
	계	97(그중 무군선 47)	5 784(그중 장번수군 610)

표 21   <u>충청도 수군배치표</u>

번호	수군기지명	전함수	수군수
1	보령 도안무처치사영	40(그중 무군선 6)	1 766 (그중 선직 114)
2	태안 좌도도만호영	15(그중 무군선 2)	1 400
3	람포 우도도만호영	19(그중 무군선 1)	1 302
4	장암 서천포만호영	16	797
5	보령 고만량만호영	10	661
6	서산 파치도만호영	16(그중 무군선 1)	790
7	당진 만호영	13	790
8	신평대진 만호영	13	794
	계	142(그중 무군선 10)	8 300

표 22   <u>경상도 수군배치표</u>

번호	수군기지명	전함수	수군수
1	동래 좌도수군안무처치사영	33	1 779
2	울산 염포도만호영	7	502
3	울산 서생포만호영	20	767
4	녕해 축산포만호영	12	429
5	영덕 오포만호영	8	353
6	홍해 통양포만호영	8	218
7	장기 포이포만호영	8	589

표계속

번호	수군기지명	전함수	수군수
8	경주 감포만호영	6	387
9	울산 개운포만호영	12	420
10	기장 두모포만호영	16	843
11	동래 해운포만호영	7	589
12	동래 다대포만호영	9	723
13	거제 우도수군안무처치사영	28	2 601
14	고성 가배량도만호영	22	1 122
15	김해 제포만호영	9	882
16	거제 영등포만호영	8	700
17	고성 견내량만호영	20	940
18	고성 번계만호영	15	722
19	진주 구량량만호영	16	748
20	진주 적량만호영	13	720
21	진주 로량만호영	8	568
	계	148	10 386

표 23　　　　　　전라도 수군배치표

번호	수군기지명	전함수	수군수
1	무안 수군처치사영	24	1 895(초공 21)
2	보성 좌도도만호영	18	1 012(초공 19)
3	순천 내례만호영	12	766(초공 6)
4	순천 돌산만호영	8	518(초공 4)
5	고흥 축두만호영	8	512(초공 4)
6	장흥 록도만호영	8	483(초공 4)
7	장흥 회령포만호영	8	472(초공 4)
8	강진 마도만호영	8	510(초공 4)
9	령암 달량만호영	9	519(초공 4)

표계속

번호	수군기지명	전함수	수군수
10	해진 어란만호영	4	480(초공 4)
11	함평 우도도만호영	18	1 055(초공 9)
12	무안 목포만호영	8	490(초공 4)
13	무안 다경포만호영	8	479(초공 4)
14	령광 법성포만호영	8	493(초공 4)
15	부안 검모포만호영	8	455(초공 4)
16	옥구 군산만호영	8	461(초공 4)
	계	165	11 600

표 24
황해도 수군배치표

번호	수군기지명	전함수	수군수
1	옹진 수군첨절제사영	9	516
2	해주 룡매량만호영	6	411
3	강령 순위량만호영	7	500
4	장연 대곶량만호영	6	502
5	장연 아랑포만호영	4	400
6	풍천량만호영	4	400
7	은률 광암량만호영	5	510
	계	41	3 239

표 25
강원도 수군배치표

번호	수군기지명	전함수	수군수
1	평해 월송포만호영	1	70
2	양양 속초포만호영	3	210
3	고성 강포구만호영	3	196
4	삼척포만호영	4	245
5	울진 수산포만호영	3	191

표계속

번호	수군기지명	전함수	수군수
6	련곡포만호영	3	191
	계	17	1 103

표 26 평안도 수군배치표

번호	수군기지명	전함수	수군수
1	삼화 평양도수군첨절제사영	11	1 000
2	안주 첨절제사영	15	1 380
3	의주도첨절제사영	15	1 100
	계	41	3 480

표 27 함길도수군배치표

번호	수군기지명	정박지명	전함수	수군수
1	량성포등처수군만호영	안변부 랑성포	9	330
		룡진현 조지포	5	120
		영평부 림성포	7	202
2	도안등처수군만호영	예원군 도안포	16	350
		북청부 장자지	4	67
		계	41	1 069

제5절. 군사행정기관 및 명령지휘체계의 정비

1. 군사행정기관의 정비

리조시기에도 군사행정기관으로서 가장 중요한 위치에 있던것은 병조였다.

고려 전기의 병조는 중앙관청가운데서 리조다음 두번째 자리를 차지하였다. 그런데 그 후기에 들어와 군정기관으로서의 병조의 위치는 보잘것없게 되였다. 그 원인은 무신정권이 무너진 후에도 무관배치권은 상서사 정방에 속하였고 그것이 고려말에 이르러 제도화되였으며 또 도평의사사의 권한이 확대됨에 따라 6조의 하나인 병조의 행정적기능이 약화되였기때문이다.

리조초에도 도평의사사의 권한은 컸으며 문무관의 임명권은 여전히 상서사에서 차지하였고 더우기 군령기관으로 만들어진 의흥3군부가 군사행정까지 좌우하는 강력한 권력기관으로 대두함에 따라 병조의 위치는 상대적으로 약해질수밖에 없었다. 군사행정기관으로서의 병조의 기능이 약화될수밖에 없었던 다른 하나의 중요한 사정은 아직 사병이 철페되지 않은 형편에서 군적의 작성, 보관과 같은 군사행정업무가 개별적인 권신에 의해서 좌우되였기때문이다.

이처럼 행정적으로는 도평의사사에 눌리우고 군사적면에서는 의흥3군부에 치워서 병조는 군사행정기관으로서 자기 구실을 할수 없었다.

병조의 기능이 확대된 배경은 사병의 철페, 의정부(도평의사사)에 비한 6조의 기능이 강화된것이였다.

병조의 기능이 강화된 결정적계기는 1405년 1월에 진행된 관제개정이였다. (《태종실록》 권9 5년 정월 임자)

그 내용을 보면 첫째로, 병조는 6조의 다른 관청과 함께 정2품의 장관을 두는 관청으로 승격되였다. 이것은 종래 정3품의 관청으로부터의 단순한 승격이 아니라 봉건정부의 주요 사무에 크게 관여하게 되였음을 의미하였다.

둘째로, 병조는 의흥3군부의 후신인 승추부를 통합함으로써 종래 승추부가 가졌던 기능까지 행사하게 되였다.

셋째로, 병조는 무관의 선발배치권을 장악하게 되였다. 당시까지 문무관의 임면권을 상서사가 쥐고있었는데 이때에 이르러 무관의 임면권은 병조에, 문관의 임면권은 리조에 옮겨졌다. 이 모든것가운데서 가장 중요한것은 4 000여명에 달하는 무관의 임면권을 병조가

장악하였다는 사실이다.

 병조의 기능이 더욱 확대된 또 하나의 계기는 같은 해 3월 6조의 직무분담 및 속아문제도가 결정되면서 병조의 임무가 확정되고 그것을 나누어맡은 3개의 사 및 병조에 소속되는 여러 군사관계 관청이 정하여진것이였다. (《태종실록》 권9 5년 3월 병신)

 그에 의하면 병조의 주요임무는 무관의 임면, 군사의 징발 및 훈련, 무기무장의 관할 등이였고 그것을 다시 무선사, 승여사, 무비사의 3개 소속부서가 나누어 맡았다. 그리고 중, 좌, 우의 3군과 10사, 훈련관, 사복시, 군기감 등 군정관계 관청들이 속아문으로 지정되였다.

 이처럼 병조는 군정기관으로서의 기능이 커졌을뿐아니라 승추부를 흡수하고 3군(3군도총제부)을 속아문으로 되게 함으로써 군령기관으로서의 역할도 수행하게 되였다. 1405년에 실시된 관제개정으로 군사행정기관으로서의 병조의 체제가 기본적으로 마련되였고 그것은 《경국대전》에 고착되였다.

 병조의 임무 및 그 각 사의 기능은 다음과 같다.

 병조는 무관을 선발하고 군무를 처리하며 호위를 담당하고 역참을 맡아보며 무기와 무장, 의장기물을 주관하고 수도의 성문과 민가의 경비 및 궁궐문의 열쇠를 관리한다.

 이것을 각 사가 맡은 임무로 나누어보면 다음과 같다.

 무선사; 무관, 군사 및 잡직의 임명, 임명장과 록봉증서, 무관의 과오에 대한 기록, 휴가 및 무과시험에 대한 일을 주관한다.

 승여사; 임금의 행차때 사용하는 의장, 수레, 사복시의 마구, 지방의 목장, 리정과 역참, 보충대, 조예, 라장, 반당 등에 관한 일을 주관한다.

 무비사; 군적, 군마의 대장, 무기, 싸움배, 군사의 점검, 무예의 훈련, 군영의 숙직, 순찰, 성곽, 보루의 방위, 외적에 대한 정벌, 군사의 파견과 교대, 무기의 수여, 휴가, 봉족급여, 늙은 부모를 모실 자식을 군적에서 빼는것, 부역면제, 화포, 봉수, 철따라 불씨를 바꾸며 불을 금지하는것, 병부와 인장 및 야간순찰패쪽 등의 일을 맡는다.

 각 사의 여러 임무가운데서 주되는것만을 추려보기로 한다.

무선사의 임무는 6개 사항으로 되여있으나 그가운데서 가장 중요한것은 무관의 임면 및 무과를 주관한것이였다. 무과를 주관한것도 무관의 선발 및 임면을 위한 수단이였다고 볼수 있다.

《경국대전》권4 병전 무과 시취조에 의하면 매 식년(과거보기로 지정된 해)마다 수도에서는 훈련원에서 70명을 뽑고 각 도에서는 병마절도사가 각각 합계 120명을 선발하면 병조는 훈련원과 함께 복시(두번째 치는 원시험)를 치르어 28명을 뽑는다. 합격된 28명이 국왕앞에 나가 전시(국왕의 참가밑에 진행되는 최종시험)를 치르면 갑과 3명, 을과 5명, 병과 20명의 등급이 정하여진다. 매 식년마다 진행되는 무과이외에도 취재라고 하여 각 부대별로 필요한 수를 시험쳐서 선발하는데 이것도 역시 무선사에서 담당하였다.

승여사도 맡은 임무는 여러가지였으나 가장 중요한것은 역참을 관할하는것과 국왕의 의장을 맡은것이였다.

무비사는 직접 군사와 관련된 여러가지 일을 맡은 부서였다. 그 가운데서도 군적의 보관은 매우 중요시되였다. 각 고을에서 만들어진 군적은 매 도의 병마절도사영과 병조에 비치되였다. 그밖의 훈련, 무예, 성보구축과 전투준비 및 수행 등도 담당하였다. 한마디로 말하면 병조의 3개 사가운데서도 군사행정의 가장 중요한 부문을 담당하였다.

병조에는 정2품의 판서, 종2품의 참판, 정3품의 참의 및 참지* 등 4명이 당상관이였다. 그리고 정5품의 정랑과 정6품의 좌랑이 각기 4명씩 있었다.

> * 6조가운데서 참지는 오직 병조에만 있었다. 당상관 1명이 다른 관청보다 더 있는것은 병조의 업무량이 많았기때문이다.

판서가 병조라는 관청의 장관이라면 무선사, 승여사 및 무비사를 맡은 정랑들은 국장에 해당하였다.

군정을 맡은 기관으로서 병조의 격이 높아지고 기능이 확대되고 그 임무가 명확해지고 분사와 속사의 체계가 마련된것은 15세기 군사제도의 기틀전반이 마련되는데서 중요한 의의를 가진다. 그러나 병조의 관리로 임명된자들은 대부분이 문관들이였다. 그리고 6조의 격이 전반적으로 승격되였으나 6조안에서 병조의 위치는 제4위로 낮아졌다.

끝으로 15세기에 병조의 격이 높아지고 무관임면권을 장악하게 되자 봉건정부는 정승을 병조 판사 또는 겸병조판서로 임명하기도 하였다. 1400년에 우의정 민제가 겸판병조사가 된것을 시작으로 하여 그 이후에도 그러한 실례는 적지 않았다.

군사행정기관으로는 병조외에 훈련관, 중추원 및 군자시 등이 있었다.

훈련관은 무예의 훈련, 병서와 진법을 가르치는것을 임무로 하고있었는데 1394년 1월 중군군후소를 자체에 통합한 후 군정기관으로서 일정한 역할을 하였다. 여기에는 장관으로서 사 1명(정3품), 국자제주 2명(종3품), 사마 4명(종4품), 사직(후에 판관) 4명(종5품), 부사직(후에 주부) 4명(종6품), 참군 4명(종7품), 록사 6명(정8품)이 있었는데 그중 사직, 부사직은 각기 1명만 내놓고는 모두 겸직이였다. (《태조실록》권1 원년 7월 정미)

훈련관은 명칭그대로 군사들의 훈련을 주관하였다. 그러므로 훈련을 위한 교장(교련장)을 가지고있었다. 진법훈련이 강화되고 무관들에게 병서를 읽도록 함에 따라 그 역할은 더욱 커졌다. 그리하여 1417년 훈련관에 토지를 떼주어 성균관에서처럼 병서를 읽게 하고 무사를 양성할데 대한 문제가 론의되기까지 하였다. (《태종실록》 권33 17년 윤5월 기미)

이 문제는 비록 실시되지 않았으나 무관을 양성하는 학교를 설립할데 대한 주장은 군사사상사에서는 일정한 의의를 가진다고 말할 수 있다.

이외에 무기무장을 담당한 군기감, 군량을 취급하는 군자감이 있어 각기 맡은 분야의 군정을 주관하였다. 그러나 그것들은 관리수에 있어서나 군정업무의 중요성으로 보아 병조와 대비될수 없었다.

그리고 고려때 제도를 이어받은 중추원은 군기와 국왕의 명령, 지시를 내리고 받아들이는 군정기관이였으나 군령기관인 의흥3군부의 권한이 매우 컸던 관계로 군사문제에는 관여하지 못하였다. 그리하여 줄곧 왕명의 출납기능을 수행하다가 승정원이 나오면서 그 기능이 승정원에 이관되고 그후 중추원은 중추부로 되여 소임(맡은 임무)이 없는 고위관료들을 대우하기 위한 기관으로 되여버렸다.

2. 군령기관의 정비

고려말에 이르러 10여명의 합좌성원을 가졌던 도병마사가 60~70여명으로 구성된 도평의사사로, 상설적인 최고의 행정기관으로 됨에 따라 군령기관으로서의 면모는 희미하여졌다.

도평의사사는 그 기구와 기능이 비둔하여지고 운영질서가 어지러워져 군령업무를 신속히 처리하는데 적응한 기관으로 더는 존재할 수 없었다.

1388년 위화도회군을 계기로 정치적실권을 장악한 리성계일파는 1391년 1월 전문군령기관인 3군도총제부를 설치하고 전국의 군대를 여기에 집결시켰다. 고려말 상설적인 군령기관이 생겨난것은 반침략투쟁을 활발히 벌려야 할 정세의 요구와도 관련되였고 다른편으로는 왕권탈취의 군사적디딤돌을 만들려는 리성계일파의 정치적야망의 산물이기도 하였다.

1393년 3군총제부는 의흥3군부로 고쳐지고 새로운 관원들이 임명됨으로써 군령기관으로서의 체제를 갖추었다. 그런데 1392년 7월 리성계가 왕이 된 다음날《의흥친군위를 세우고 도총중외제군사부를 철폐하였다.》는 기록이 나타난다. (《태조실록》권1 원년 7월 정유)

이것은 고려말 도총중외제군사부와 3군도총제부라는 두개의 군령기관이 병존하였다는것을 말해준다.

도총중외제군사부가 설치된것은 1388년 위화도회군을 계기로 리성계가 정치적실권을 장악한 직후였다.

《고려사》에는《태조가 전국의 군사를 총관하게 하였다.》라고 하였다. (《고려사》권137 우왕 14년 8월)

도총중외제군사부는 군대에 관한 일을 주관한 기구였다. 물론 이 기구의 책임자는 리성계였다. 그런데 명칭상으로는《중앙과 지방의 군사를 담당》한다고 하였으나 실지로 안팎의 군사를 관할하지는 않았다. 도총중외제군사부가 존속한 기간은 불과 4년간이였다.

이와 같이 의흥친군위는 리성계의 사병에 관군의 외피를 씌운 군사기구였다.

3군도총제부가 설립될 때 《전군과 후군을 없애고 중군, 좌군, 우군만을 두고 3군도총제부를 세웠는데 중앙과 지방의 군사를 통제하였고 군전을 받은 전직관리 및 옛 경기와 경기(수도부근)에 사는자, 42도부 각 성중애마를 나누어 소속시켰다.》라고 한것을 통하여 다음과 같은 사실을 알수 있다.

첫째로, 5군가운데서 전군과 후군을 줄이고 3군만을 두었다고 하였는데 이것은 전시 5군을 편성하기 위하여 수도에 설치하였던 군사기구를 3군편제로 바꾸었다는것, 둘째로, 과전법에 의하여 수조지를 받은 옛 경기와 새 경기의 전직관리들이 3군에 속하였다는것, 셋째로, 하급관리인 성중애마가 숙위의 임무를 담당한 중앙군이였다는것이다.

이처럼 3군도총제부는 전국의 군대를 통제하려는 처음 의도와는 달리 주로 중앙군을 통솔하는 기구로서의 역할을 수행하였다.

리성계일파는 도총중외제군사부를 틀어쥐였고 다른편으로는 수도에 있는 제반 군대를 통솔하는 3군도총제부를 장악하고 왕권탈취의 야망을 실현한 후 곧 도총중외제군사부를 폐지하고 의흥친군위를 설치하였으며 이 의흥친군위를 중앙군의 핵심무력으로 하여 다시 3군총제부를 없애고 의흥3군부를 설치하였던것이다.

이리하여 의흥3군부는 리조수립후 최초의 군령기관으로 발족하였다. 여기서 처음 3군의 매 군에 각기 절제사를 두고 그후 장관격인 판사를 임명하여 전군을 통제케 하였는데 그 자리는 리조성립에서 리성계의 오른팔역할을 한 정도전이 차지하였다.

의흥3군부는 진무소라는 실무를 담당한 기관을 가지고있었고[*1] 독립적인 청사도 가지고 의정부와 대치한 강력한 군령기관으로 되였다.[*2]

[*1] 《삼봉집》권7 조선경국전 상 치전 군관
[*2] 《증보문헌비고》권216 직관고 3 의흥3군부

의흥3군부의 기능에서 우선 중요한것은 번상한 시위패에 대한 지휘통솔이였다.

《매개 도에 절제사를 두고 그 주, 군의 병사들이 번상숙위하는것은 중앙과 지방이 서로 의지하자는것이고 그것을 의흥3군부 진무소에 속하게 한것은 안으로써 밖을 통솔하자는것이다.》(《삼봉집》권7 조선경국전 상 치전 군관)

각 도주, 군에서 번상한 병사를 의흥3군부에 소속시킴으로써 의흥3군부에 의한 시위패의 감독, 통제가 일정한 정도로 진행되였다. 그러나 시위패군적의 작성, 보관과 그들에 대한 징발권이 절제사의 수중에 장악되여있는 형편에서 의흥3군부는 여러 절제사를 통하여 그들을 진법훈련이나 기타 국가적인 목적에 동원하였다.

다음으로 10사에 대한 감독, 통제도 의흥3군부의 중요한 기능의 하나였다. 10위(10사)는 상장군이하 대정에 이르기까지 4천 수백여명의 무관들을 망라한 기구로서 사병이 철페되기 이전에는 중앙군에서 중요한 자리를 차지하였다.

《군사는 엄격한것을 기본으로 하는것인데 명령과 지시에 복종하지 않는자와 부대의 질서를 위반한자는 의흥3군부로 하여금 심문케 하고 엄중한자는 국왕에게 보고하고 담당관청에 넘겨 처리한다.》(《태조실록》권5 3년 2월 기해)

사병의 성격이 질은 시위패와는 달리 국가의 무력인 10사의 무관들에 대한 의흥3군부의 감독통제권은 더욱 강하였다.

이밖에도 의흥3군부는 궁궐을 숙위하는 여러 부대, 병종 등에 대한 지휘, 통제에도 관여하였다.

의흥3군부의 제한성은 지방군에 대한 감독, 통제의 기능을 수행하지 못한것이였다. 번상하여 수도에 머무르는 시위패를 일정하게 통제하였으나 하번중에 있는 시위패, 도절제사가 장악하고있는 영, 진군에 대해서는 그 어떤 명령도 내릴수 없었다.

그러나 중앙군에 대한 감독, 통제에서는 도평의사사를 제껴놓고 재상들을 무력하게 만들면서 왕권을 강화하는 방향으로 이끌어갔다.

1398년 방원의 정변에 의하여 정도전이 살해되고 1400년에 사병이 철페된 후 군령기관과 군령체계에서는 일련의 변화가 일어났다.

그 변화에서 중요한것은 첫째로, 1400년 4월 관제를 전면적으로 개정하면서 군령기관으로서의 의흥3군부의 지위를 낮추고 그 권한을

약화시킨것이였다. (《정종실록》권4 2년 4월 신축)

우선 도평의사사를 의정부로 고치고 중추원의 관리를 3군부에 편입시키면서 3군부의 직책을 맡은 관료는 의정부에는 참가하지 못하도록 하였다. 그리고 의정부를 통하여 국왕의 명령이 3군부에 전달되는 군령체계를 확립하였다. 이리하여 지금까지 의흥3군부의 판사는 도평의사사의 합좌성원으로 되였으나 도평의사사의 문하부 재신과 중추원의 고위관료들은 군사문제에 관여하지 못하던 사태가 시정되고 군령체계상 3군부는 의정부의 밑에 놓이게 되였다. (《과학원학보》1954년 3호, 66페지)

또한 3군부에 소속된 중, 좌, 우 3군의 매개 부대별로 각기 총제를 두어 군사를 분할하여 통솔하도록 하였다. 이것은 병권이 확대되여 일어날수 있는 반란의 《화근》을 제거하자는것이였다.

둘째로, 1401년 의흥3군부를 승추부로 개편하고 승추부에 강력한 권한을 부여한것이였다. (《태종실록》권2 원년 7월 경자)

1400년의 조치가 군권을 한 기관에 집중시켜 단독으로 행사하는데서 생기는 폐단을 방지하는것이였다면 1401년의 개편은 군권을 분산시켜 통일적으로 통솔할수 없게 된데서 발생하는 약점을 극복하자는것이였다. 그리하여 의정부의 정승이 승추부의 장관을 겸임하는 제도가 실시되였고 좌정승 하륜과 우정승 리무가 각기 겸판승추부사로 임명되였다. 승추부의 장관을 2명으로 한데서도 군령체계를 집권화하면서도 호상 견제케 하여 있을수 있는 《화근》을 방지하려는 기도를 엿볼수 있다.

셋째로, 1403년 3군의 매개 군별로 도총제부가 설치되고 승추부와는 군령계통을 달리한것이다.

《3군에는 각각 도총제부를 설치하고 도총제 1명, 총제 2명, 동지총제 2명, 첨총제 2명을 두었으며 이전에는 승추부 아무군 총제라고 하던것을 지금 각각 독자적인 도총제부를 설치하면서 승추부에는 종속되지 않으나 군사에 관한 일은 종전대로 승추부에서 통제하도록 하였다.》(《태종실록》권5 3년 6월 을해)

이 조치에서 가장 중요한것은 승추부로 하여금 3군의 매개 군을 대상으로 하여 명령을 내리도록 한것이였다. 다시말하면 3군전체를 통일적으로 장악통솔하지 못하도록 한것이다. 3군의 각 도총제는 승추부의 지시를 받으면 그것을 자기에게 소속된 10사의 몇개 사에 전달하였다. 그리고 승추부는 의정부의 명령과 지시를 직접 전달받도록 되여있지 않았으나 의정부의 정승이 승추부의 높은 관직을 겸임하고있었으므로 어차피 내용상으로는 의정부의 통제를 받았다.

군사에 관한 권력을 집중시키면서도 분산시키고 분산시키면서도 집중시켜 상하좌우로 하여금 서로 견제케 하여 반란이 일어날수 있는 원천을 봉쇄하려는것이 군령체계를 정비개편한 근본의도였다.

1405년 6조의 격이 높아지고 그 기능이 강화되면서 승추부가 병조에 통합됨으로써 병조는 군령기관으로서의 역할도 하게 되였다.

1405년 3월 6조의 직능이 정해지고 그 속아문제도가 나왔을 때 중군, 좌군, 우군과 10사, 훈련관 등이 병조에 소속되였다. (《태종실록》권9 5년 3월 병신)

이것은 3군의 총제부가 각기 병조에 소속되여 그 명령과 지시를 받게 되였음을 의미하였다.

3군이 병조의 소속으로 되였다는것은 우선 3군의 무관이 병조 문관의 명령과 지시를 받는 체계가 확립되였다는것을 의미하였다. 태종이 《병조는 모두 문신들로 찼기때문에 군사를 지휘하기에는 적합치 않다.》고 할 정도로 병조의 관원은 대부분 문신으로 임명되였다. (《태종실록》권18 9년 8월 경술)

이와는 대조적으로 3군의 지휘관들은 거의다 무관들이였다. 리왕조수립에 참가하여 《개국공신》으로 된 무관들은 이때까지 큰 권력을 가지고있었는데 그들은 주로 고위군사지휘관으로 되여 군대에 세력지반을 두고있었다. 그러한 무관들로 리숙번, 조영무, 조온 등을 들수 있다.

1400년 2월 3군부의 절제사를 임명할 때 조영무는 우군 절제사로, 조온은 지중군절제사로, 리숙번은 중추원 부사, 동지좌군절제사로 되였다. 그들은 그후 정승으로 되였을 때에도 오래동안 지휘통솔하던 군대와 련계를 끊지 못하고있었다. 봉건통치제도가 째이고 왕권이 점차 강화되여감에 따라 그들의 강한 세력이 오히려 왕권의 강화를 저애하는 세력으로 될수도 있었다. 하여 왕권을 온전히 유지하자면 나약한 문관의 밑에 두는 제도적인 조치를 취하여야만 하였다.

3군총제부를 병조에 소속시켰다는것은 또한 정권에 참가하고있던 종친, 외척들의 세력을 약화시키는 제도적조치를 취하였다는것을 의미하였다. 리왕조수립직후 군사분야에서 실권을 쥐고있던자들가운데는 국왕의 친족, 친척들이 많았다. 1399년 11월 중앙과 지방의 군사를 통솔하던자들은 리방원(강원도와 동북면), 리방의(경기와 충청도), 리방간(풍해도와 서북면), 리저(경상도와 전라도)였다.

이밖에 참찬문하부사 리거이, 조영무, 참지문하부사 조온, 동지중추원사 리천우 등이 병권을 장악하고있었다.

이 8명가운데 방원, 방의, 방간은 리성계의 아들이며 리저는 리성계의 사위였고 리천우는 리성계의 조카였다. 이것은 왕족과 친척들이 군사분야에서 얼마나 큰 실권을 가지고있었는가를 잘 보여준다.

《옛날부터 정권과 병권은 한사람이 겸임해서는 안되였다. 병권은 마땅히 임금의 집안에서 가져야 하고 정권은 마땅히 정승들에게 있어야 한다.》고 한 봉건시대의 원칙이 그대로 적용되였다고 말할수 있다. (《태조실록》 권6 3년 11월 경자)

1400년 리저는 판3군부사, 좌군절제사로, 리천우는 지우군절제사로 되여 의흥3군부의 실권을 가진자들가운데도 역시 왕의 친척들이 들어있었다. 1400년 4월 사병이 철폐된 이후에도 왕족들이 군사적실권을 쥐고있는 사태는 달라지지 않았다. 3군도총제부를 병조에 소속시켰다는것은 또한 3군도총제부가 병조로부터 명령을 받아 그것을 10사에 전달하는 체계가 세워졌다는것을 의미하였다. 군사를 실지로 장악하는데서 3군도총제부의 위치는 비록 무시할수 없는것이였으나 그것은 이미 병조의 명령을 받아서만 움직일수 있는 존재로 되고말았다. 이리하여 군권을 쥔 왕족들, 무관들은 병조를 통하여 문신의 절제를 받지 않으면 안되게 되였다.

3. 3군진무소의 설치

광범한 권한을 행사하던 병조의 지위는 1409년 8월 3군진무소가 설치됨으로써 일시 약화되였다.

3군진무소를 설치한 목적은 첫째로, 태종이 왕위에서 물러난 이후에도 병권을 계속 장악하기 위하여서였다. 그리하여 병조와는 별도로 3군진무소를 설치하고 찬성사 리천우를 도진무로, 도총제 박자

청을 상진무로, 풍산군 심구령을 부진무로, 상호군 차지남 등 27명을 진무로 임명하였다.(《태종실록》권18 9년 8월 경술)

태종은 병조는 문관들이 가득찬 관청이기때문에 군사를 설계하고 집행하는데 적당치 않다는 구실을 붙였으나 그 진의도는 자신이 병권을 계속 틀어쥐는데 필요한 새로운 군사기구를 설치하려는것이였다.

3군진무소를 설치한 목적은 둘째로, 그 기능과 권한이 비대해진 병조의 독단을 막으며 더 나아가서 병조를 일정한 정도로 견제하려는것이였다. 태종이 《지금 진무소를 설치한것은 군사에 관한 권한을 어느 한곳에만 치우쳐서 집중시키지 말아야 한다는 옛사람의 견해를 따라가자는것이다.》라고 한것은 그 설치의 목적을 그대로 드러내준다.(《태종실록》권18 9년 8월 정묘)

3군진무소는 설치된지 한달이 못되여 의흥부로 명칭이 바뀌여졌는데 그때 병조와 의흥부의 군무가 명백히 구분되였다. 즉 병조는 무관의 배치, 국왕행차때의 의장, 임금의 명령을 청하는것, 공문의 접수 및 발송 등을 맡았고 의흥부는 수직하는 군사명단의 검열, 순패의 출납, 국왕의 명령을 받아 군령을 내리는것 등의 임무를 맡았다.(《태종실록》권18 9년 8월 정묘, 10월 을축)

여기에서 가장 중요한것은 병조는 주로 군사행정을, 의흥부는 군사명령과 관련된 사업을 담당한것이다. 그리고 의흥부가 군사를 선발하면 병조로 하여금 그것을 살피게 하여 서로 견제하도록 제도화한것이였다.

의흥부에는 2품의 겸판사, 지사, 동지사가 각각 1명, 3품이하의 진무가 설치되였는데 그후 2품의 고위관직은 배로 늘어났다. 군령기관으로서의 의흥부의 지위가 확고해짐에 따라 의흥부→3군도총제부→10사의 체계를 따라 명령이 하달되였다.

군령체계를 세우는데서 가장 중요한것은 10사를 직접 지휘장악하고있는 3군에 누가 명령을 내리는가 하는 문제였다. 3군에 대해서는 병조와 의흥부가 함께 국왕의 명령을 받아서 군령을 전달하고 긴급할 때에는 의흥부가 국왕의 명령을 단독으로 하달하도록 군령체계가 수립되여있었다.

이처럼 군령체계상 의흥부는 병조의 상급기관은 아니였으나 더 많은 실권을 가지고있었다고 말할수 있다.

그러나 1412년 7월 의흥부는 일시 철폐되여 군사명령은 병조→중, 좌, 우의 3군→10사의 체계로 바뀌여졌다. (《태종실록》권24 12년 7월 무신) 약 2년후 3군진무소가 다시 설치됨에 따라 군령관계의 업무는 병조로부터 3군진무소로 넘어왔다.

그후 3군진무소는 병조와 함께 군령기관으로서 중요한 역할을 하였다. 3군진무소의 장관인 도진무는 의례히 무관출신으로 임명되였다. 1425년 맹사성이 문관으로서 처음으로 도진무로 임명되였는데 그전에는 줄곧 무관이 도진무의 자리를 차지하였다. (《세종실록》권29 7년 8월 경진)

3군진무소는 군령체계상 중요한 위치에 있었으나 왕권을 위협할 수 있을 정도로 실권을 가진 존재는 아니였다.

첫째로, 3군진무소의 장관인 도진무는 의금부의 장관과 마찬가지로 전임관이 아니라 겸임관으로 임명되였다. (《세종실록》권59 15년 2월 을사)

둘째로, 3군진무소는 군령을 단독으로 집행하거나 전달하지 못하고 항상 병조와 함께 처리하였다. 즉 중요한 군사명령인 경우에는 병조의 당상관과 도진무가 함께 국왕으로부터 명령을 받았으며 그렇지 않은 경우에는 병조의 랑관과 진무가 같이 승정원에 가서 왕명을 전달받았다. 태종이 왕위를 물려주고 상왕이 된 후에도 병권을 그전과 같이 장악하게 되자 진무는 병조에 가서 왕명을 받았다.

셋째로, 군령상의 문건발송권한을 가진 병조는 3군진무소를 거치지 않고 직접 3군에 문건을 보내기도 하였다. 이것은 제도적인 규정에 의하여 그렇게 한것은 아니였으나 군령분야에서 병조의 우위를 보여주는 실례로 된다.

1432년 9월 3군진무소로부터 군령과 관계되는 한 3군진무소의 진무는 병조의 랑관과 같이 승정원에 가서 그것을 전달받아야 한다는 것, 군사명령은 병조가 3군에만 전달하고 3군진무소에 알리지 않는 일이 없어야 한다는 의견이 제기되였다. 그러나 왕정에서는 3군진무소는 군령체계상 병조보다 낮은 지위에 있는것이 마땅하다는것이 주장되였고 세종은 3군진무소가 병조에 소속되여서는 안되지만 군사상의 명령과 지시는 병조가 전달받은 다음 3군진무소에 내려보내야 한다고 하였다. (《세종실록》권59 15년 정월 경오)

이처럼 리조의 봉건통치배들은 군사행정기관에는 물론 군령기관의 요직에도 무관이 아니라 문관을 배치하였고 군사통솔에서도 무관은 문관의 절제를 받도록 하였다. 이러한 정책은 왕권을 위태롭게 할수도 있는 무관들의 세력을 약화시키려는것이였다. 이것은 결국 리조봉건통치배들이 강한 군사력을 마련하여 민족적자주권을 수호하는것보다 저들의 정권을 유지하는데 선차적인 고려를 돌렸다는것을 의미하였다.

군사행정기관과 군사지휘의 요직을 차지한 문관들은 군사지식이 없는데다 군사력강화에도 이렇다할 관심이 적었으므로 나라의 방위력을 강화하는데 부정적작용을 하는 경우가 적지 않았다.

4. 5위도총부의 설치

1409년에 설치된 3군진무소는 병조와 함께 군령기관으로서의 역할을 수행하였다. 1457년 3월 3군이라는 부대편성이 없어지고 5사가 5위에 합쳐져 부대조직과 진법체제가 일치되면서 3군진무소는 없어지고 5위진무소로 개칭되였다. (《세조실록》권7 3년 4월 갑오)

종전에는 중군에 3개 사가 속하였고 나머지 2개 사가 좌, 우군에 각각 소속되였으나 3군이 철폐되고 5위가 설치된 조건에서 5위진무소는 3군진무소의 기능을 그대로 수행하였다. 1466년 5위진무소는 5위도총부로 개칭되면서 5위를 통솔하는 군령기관으로 되였다. 《경국대전》에 의하면 5위도총부에는 도총관(정2품), 부총관(종2품)이 합하여 10명 있었다. 이들은 3군진무소의 도진무에 해당되였다. 그밖에 경력(종4품), 도사(종5품)가 각각 4명이 있었다. 도총관과 부총관은 모두 다른 관청의 관리로 겸임시키고 1년이 되면 교체하도록 되여있었다.

5위도총부의 기본임무는 5위의 군무를 맡아서 다스리는것이였다.

5위도총부가 리조 전기 봉건국가의 전체 상비군을 통솔하던 최고의 군사통수기관이라고 보는것은 그릇된 견해이다.

5위는 수도에서 복무하는 중앙군의 입직, 순찰 등의 군무를 담당한 기관이지 전체 군대를 소속시키고있던 기구는 아니였다. 앞서 고찰한바와 같이 5위의 각 위에 8도진관의 군사들이 속한것으로 규정된것은 지방의 군사가 5위의 절제를 받는다거나 번상한 정병이 소속위에 가서 립역한다는것이 아니라 유사시 5위진법에 의하여 열병, 훈련대오를 편성할 때를 념두에 둔것이다.

따라서 5위도총부는 중앙군대의 부대조직인 5위의 군무를 장악통제하는 관청, 다시말하여 중앙군에 대한 지휘통제권을 가진 기관이였다.

5위도총부가 제도상 5위에 대한 군령기관으로서의 위치를 차지하고있었음에도 불구하고 그 기능이 약하였던것은 3가지 측면에서 볼수 있다.

우선 그것은 5위가 병조의 속아문으로 되여있기때문이다. 다시 말하면 병조는 군정상 5위의 상급의 위치에 있었다.

병조는 5위장, 상호군, 대호군을 비롯하여 5위와 5위도총부무관들의 인사권을 장악하고있었다. 또한 병조는 창덕궁 금호문밖에 내병조를 두고 국왕의 시위를 조직하는데 관여하고 국왕의 의장에 대해서도 주관하였다.

병조와 5위는 상하관계에 있었고 병조와 5위도총부는 횡적관계에 있었으므로 5위도총부가 병조의 절제를 받는 기관은 아니였다. 그러나 5위에 대한 5위도총부의 권한은 병조에 의하여 제약되는 점이 적지 않았다.

또한 5위도총부의 각급 관직을 대부분 문관인 고위관료들이 겸임하는것이였고 경력과 도사도 실권을 가진 관리들은 아니였기때문이다.

5위도총부는 비록 정2품관청에 해당하여 그 격으로써는 6조와 비등하였으나 관리들의 구성자체가 군사관계 관청으로서의 역할을 놀수 있도록 갖추어지지 않았다.

따라서 5위도총부의 임무는 5위에 소속된 군사들의 궁궐수비, 수도순찰 등 이른바 입직과 행순을 맡은것이 주되는 임무였는데 그것마저도 병조에 의하여 제약되는 측면이 없지 않았다.

5위도총부의 설치는 제도상 중앙군에 대한 지휘통제권을 가진 군령기관이 생겨났다는 의미에서 15세기 군사제도정비의 중요한 사변으로 된다고 볼수 있으나 그 출발부터가 전국의 상비군에 대한 통일적인 지휘, 장악을 목적으로 한것은 아니였다.

제2장. 15세기 중엽 봉건적의무병제의 확립, 중앙 및 지방군제

리조봉건국가는 그 존립의 전기간 중문경무정책을 실시하면서 문관들을 내세우고 무관들을 낮게 대우하였으며 인민들속에서 전통적으로 내려오는 상무적기풍도 말살하였다.

중문경무정책, 다시말하면 문존무비정책은 나라의 방위력을 강화하는것보다도 왕권의 대내적안전을 우선적으로 보장할수 있게 꾸려진 리조군사제도에 그대로 반영되였다.

제1절. 신분제도와 군역, 봉건적 의무병제의 내용

1. 신분제도와 군역

리조의 봉건통치배들은 저들의 통치를 보장하며 그 특권을 합리화하기 위하여 신분제도를 만들어내여 유지하였다.

리조봉건국가의 군대 역시 계급신분관계에 토대하여 편성되고 유지되였다.

리조의 신분제도가 고려의 그것과 차이나는 점은 무엇이며 매개 신분의 군역부담관계가 어떠하였는가를 먼저 지배계급신분에서 살펴보면 첫째로, 량반지배층안에서 문무간의 차별, 적서간의 차별, 지방적차별이 더욱 심하여진것이였다.

리조시기에 들어와 량반지배층안에서 문무간의 차별이 더욱 심하여졌다.

왕권이 더욱 강화되고 자주성을 위한 인민들의 투쟁이 치렬하게 벌어지는데 맞게 리조의 량반신분은 약간의 다른 모습을 가지게 되였는바 그것은 바로 문무간의 차별이 더욱 심하여진것이였다. 중문경무제도는 물론 고려시기에도 존재하였으며 그것은 끝내 무신들의 정변을 야기하기까지 하였다. 그러나 그것이 제도화된것은 량반이 하나의 신분으로 고착된 11세기 초중엽이후였고 고려봉건국가의 성립과 후삼국통합을 전후한 시기에는 오히려 개국공신계렬의 무관들이 왕정안에서 우세를 차지하기까지 하였다. 그런데 리조봉건국가는 그 수립초기부터 중문경무정책을 일관하게 실시하였다. 같은 품계의 량반관료이지만 무관은 문관에 비하여 낮은 대우를 받았으며 심지어 천시되기까지 하였다. 국가권력의 요직에는 물론 군사행정과 지휘의 모든 권한을 문관들이 차지하도록 제도화하였으므로 실지 군사를 거느리고 싸워야 할 무관들은 문관의 통제와 감시밑에서 부차적인 역할을 하였다.

이러한 중문경무제도는 외적의 방어보다도 정권을 위태롭게 할 수 있는 무관들의 세력을 약화시키려는데 그 목적이 있었다. 중문경무정책의 실시는 고구려이래로 이어져오던 상무적기풍을 말살시키고 나아가서 나라의 방위력을 약화시키는 막대한 해독적작용을 하였다.

리조시기에 들어와 량반신분층안에서는 적서간의 차별이 심하여졌다.

리조시기에 들어와 반동적인 성리학이 보급되고 이른바 조상의 제사를 받들고 재산을 물려받을 적자(본처의 자식)계통이 중시됨에 따라 첩의 자식인 서자들은 아무리 학식과 재주가 뛰여나도 벼슬을 하지 못하게 되였다. 량반첩자식들의 벼슬길을 차단하는 《서얼금고》는 그 리유가 어떠하였든지간에 량반신분의 권력독점을 지향한것이였다. 그것이 첩의 절대다수가 량인출신의 량첩 또는 노비신분의 천첩이였으므로 어머니편으로 따져서 피지배계급신분의 자식들이 관료대렬에 끼여들어 《량반의 순결성》을 흐리게 하지 못하도록 한 제도적조치였기때문이였다.

물론 아버지벼슬의 높이에 따라서 량첩의 자식도 일정한 벼슬자리를 차지할수 있었다. 그러나 그것은 사역원, 관상감, 전의감, 내수사, 혜민서, 도화서와 같은 기술실무를 담당한 벼슬자리였고 권력을 직접 행사하는 관직은 아니였다. 이러한 적서차별제도는 량반신분의 갈등과 대립을 더욱 복잡하게 하였다.

리조시기에 들어와 량반지배층안에서는 지방적차별이 더욱 강화되였다.

고려시기에는 후백제령역에서 살던 전라도사람들이 높은 벼슬자리에 등용되지 못하는것외에 특별한 지방적차별이란 없었다. 그런데 리조에 들어와서는 평안도, 함경도출신의 벼슬길이 막히였고 개성과 제주도량반들도 천시되여 중앙의 벼슬자리를 차지하지 못하였으며 리조 중기이후에는 전라도, 경상도량반들도 차별을 당하여 중앙의 높은 벼슬자리에서 제외되였다. 이리하여 중앙의 고위관직은 경기와 충청도량반들의 독점물로 되고말았다.

량반신분안에서 생겨난 변화는 대체로 이상과 같다.

량반과 군역과의 호상관계를 보면 우선 현직관료들이 군역에서 면제되였다.

품계를 가진 관료로 된다는 자체가 특전의 표시이며 량반신분의 징표로 되였으므로 그들은 군역뿐아니라 일체 다른 국가적부담에서도 면제되였다.

또한 성균관 4부학당(동, 서, 남, 중)의 학생 및 향교의 교생들이 군역에서 면제되였다.

물론 고려말~리조초의 일정한 기간 3품이하의 전직관료들이 군사로 복무하였다. 1391년에 실시된 과전법에 의하면 량계를 제외한

6도의 한량관리 즉 전함품관(품계를 가지고있던 전직관리)들에게 군사복무의 의무를 지우고 그 대가로 그들이 본래 가지고있는 토지의 많고 적음에 따라 5~10결의 군전(수조지)을 주었다. 바로 이들이 수전패였다.

번상숙위할 의무를 졌으나 군전을 받지 못한 량반층을 무수전패라고 하였다.

리조봉건국가는 벼슬등급은 가지고있으나 관직을 가지지 않은 채 지방에 거주하는 량반들에게 군역의 의무를 지워 수도에 번상케 함으로써 왕조에 반감을 가질수 있는 전함품관들을 회유통제하려고 하였다.

량반들만이 복무할수 있는 특권적인 부대들도 있었다.

왕족들만이 들어갈수 있는 부대로는 족친위가 있었고 내금위, 겸사복은 군역을 부담한다기보다도 무반의 벼슬자리였고 공신의 자식들로 편성된 충의위, 충찬위, 충순위 그리고 별시위, 갑사 등은 군사복무가 비교적 헐하였을뿐아니라 일정한 기간 복무하면 관료로 진출할수 있는 길이 열려져있었다.

이처럼 량반은 군사복무에서 특권을 받거나 합법적으로 면제받을수 있는 특권을 가지고있었다.

상무적기풍이 억제되고 문존무비가 국가정책으로 제도화된 조건에서 량반의 상층은 대부분 군사복무 또는 무관으로의 출세를 바라지 않았다. 그리하여 그 처지가 저락된 하층량반들도 군역부담을 백방으로 회피하였다.

이것은 군대의 전투력강화와 반침략투쟁에서 심중한 부정적인 후과를 가져오게 하였다.

둘째로, 리조시기에 들어와 지배신분에서 생겨난 중요한 변화는 중인이 하나의 신분으로 고착된것이였다.

고려시기에도 기술학에 종사할 관료의 후비는 고려때 국자감에서 유학과 함께 교육되였고 기술학은 유학에 비하여 큰 차별을 받지 않았다. 또한 그들은 주로 하층량반과 량인출신이였으나 크게는 문반에 속하였으므로 아직 하나의 신분층으로 고착되지 않았다.

15세기에 이르러 역관, 의관, 천문관, 산관, 률관 등은 하나의 신분층으로 굳어졌다. 리조때 기술학에 종사하는 관료들은 주로 량반신분에서 떨어져나온 서얼들과 량인출신으로 이루어졌다. 그들은 량반보다는 낮은 신분이였으므로 차별을 당하였고 그들의 직업과 기능은 유교성리학에 비하여 천시되였다.

량반이 상층지배계급신분이였다면 중인은 하층지배계급신분이였다. 량반이 정책작성자라면 중인은 기술문화지식으로써 그것을 직접 집행하는 중하층관료였다. 중인은 량반의 지배를 받고있었으나 경제적생활과 기술지식에서는 량반을 릉가하는 경우가 적지 않았다. 그들의 벼슬은 대체로 정3품당하관에 머물렀고 당상관벼슬에 오른다 하여도 량반들로부터 차별을 당하였다.

봉건국가는 기술학에 종사할 관료들을 확보하기 위하여 중앙과 지방의 각 관청에서 생도들을 교육하였다. 15세기 기술학생도는 중앙에 285명, 지방에 6 436명 총 6 700여명이 있었다. 이 수자는 결코 적은것은 아니였으나 같은 시기 유학을 공부하는 생도가 수도에 600명, 지방에 1만 5 070명으로서 기술학생도의 두배를 릉가하였다는것을 념두에 둘 때 기술에 관한 학문이 유학에 비하여 얼마나 홀시되였는가를 알수 있다.(《경국대전연구》 과학, 백과사전출판사, 1986년, 570~571페지)

중인들의 군역부담관계를 보면 중인들은 그 기술과 지식으로 봉건국가에 복무하였으므로 군역과 요역을 비롯한 온갖 국역에서 면제되였다.

그러나 낮은 급의 기술관들인 화원, 도류, 의생, 률생 등은 잡색군에 소속되였다.

잡색군은 고정된 인원도 없고 훈련조차 제대로 실시된적이 없는 병종이였으므로 중인의 군역부담은 상징적이고 형식적인것이였다고 말할수 있다.

셋째로, 리조시기 지배계급신분에서의 변화는 아전의 신분적지위를 놓고볼수 있다.

아전은 봉건국가통치의 말단에서 행정실무를 직접 담당한자들로서 서리라고도 불렀다. 중앙 각 관청에서 일하는자들을 경아전, 지방에서 복무하는자들을 외아전 또는 향리라고 하였다. 고려시기 아전은 중앙에서 벼슬하는 량반과 그리 큰 차별이 없었다. 그들은 수도에 올라가 벼슬하는데 큰 장애를 받지 않았고 중앙에서 벼슬하던 관료가 자기 출신고을에 내려와 향리노릇을 하기도 하였다. 고려 후기에 이르러 량반신분과는 차이가 있게 되였으나 향리출신으로서 과거에 합격하여 중앙관료로 진출한자들이 많았다.

그러나 리조에 들어와 중앙집권화정책이 강화됨에 따라 향리의 신분은 급격히 낮아지게 되였다. 봉건정부는 향, 소, 부곡과 속군을 철폐하고 고을들에서의 통치권을 중앙에서 파견된 원이 장악하게 함으로써 향리들을 지방통치의 단순한 실무자로 되게 하였다. 또한 지방통치제도정비의 일환으로 군, 현이 재편성되고 고을의 소재지가 이동되면서 향리들도 타고장, 타고을로 옮겨짐에 따라 그들은 대대로 내려오면서 닦아놓았던 세력지반을 잃게 되였다.

봉건국가는 향리의 옷, 모자 등에서도 량반과 차별을 두었다.

지배계급신분으로서의 아전 특히 향리의 처지에서는 일정한 변화가 있었으나 봉건통치기구의 실무를 담당하고 인민들을 직접 억압수탈하는 하층관료라는 점에서는 고려시기의 향리와 별반 차이가 없었다.

향리는 지방 각 관청의 행정실무 즉 향역을 세습적으로 담당하였고 이밖에도 수도에 올라가 중앙 여러 관청의 땔나무와 숯을 보장하는 기인역도 부담하였다. 그러므로 향리는 군역의 의무가 없었다. 그들은 잡색군에 소속되였으나 그것은 정식 군사복무는 아니였다.

이것은 고려때 향리가 지방군의 장교직을 겸임하던것과는 일정한 차이로 된다. 리조의 향리가 지방군을 지휘하는 장교로서의 권한을 상실한것은 토호적측면이 타격을 받은것과 함께 그들의 세력을 약하게 만든 주요한 원인의 하나로 된다.

리조시기에 장교라고 하여 지방의 각 군영과 지방의 각급 관청에서 군무를 담당하는자들이 있었다. 이들도 향리와 마찬가지로 품계를 가지지 못한 낮은 급의 군관 또는 하급사관층이였다.

향리는 비록 인민들을 억압수탈하는데서 량반관료들의 앞잡이 노릇을 하였으나 그들로부터 천대를 받았다.

넷째로, 지배계급신분에서 일어난 변화는 지배계급신분의 하나로 들수 있는 중의 사회경제적지위가 리조시기에 들어와 급격히 떨어진것이다.

고려봉건국가는 불교를 인민들을 사상적으로 지배하는 중요한 수단으로 삼았으므로 절간의 중들은 특별한 대우를 받았고 그들은 량반과 거의 같은 신분적지위에 있었다.

절간의 중은 대지주였고 대 노비소유자였다.

리조봉건통치배들에게는 왕조를 유지공고화하는데 고려왕실과 뿌리깊이 얽혀져 정치적리해관계를 같이하고있던 절간과 중들이 큰 장애로 되였다. 그리고 왕권을 강화하는데서도 불교보다는 유교가 유리하였다.

이리하여 리조봉건국가는 15세기 초엽 3~4차례에 걸쳐 절간소유의 토지와 노비를 대량적으로 몰수하는 조치를 취하였다. 그 결과 10만결에 가까운 토지가 몰수되여 국고에 소속되였고 거의 8만~9만명의 절간노비가 공노비로 전화되였다.

리조봉건국가는 절간의 물질경제적지반을 약화시키는것과 함께 중들의 활동에 갖가지 제한을 가하였다. 중들은 수도에서 말을 타고 다닐수 없었으며 특별한 경우를 내놓고는 일반주민들의 집에 숙박하는것이 금지되였다. 또한 봉건국가는 도첩제를 실시하여 량인과 노비가 중으로 되는것을 극력 제한하였다.

고려시기 량반과 거의 동렬에 서있던 중은 리조시기에 들어와 그 상층을 제외하고는 사회적으로 천대를 받는 신분으로 되고말았다. 그러나 리조봉건통치배들은 불교를 인민들을 지배하는 사상적도구로 여전히 리용하였다. 다만 중앙집권적인 통치체제를 확립하는데 장애로 되는 측면에 타격을 가하였을뿐이였다.

중들은 고려시기보다는 훨씬 못하나 여전히 봉건국가의 부담으로부터 여러가지로 면제를 받는 대상으로 되였다.

봉건적억압과 착취가 가혹하여짐에 따라 그것을 피하여 중으로 되는자들이 급격히 늘어나 15세기 후반기에 전국의 중은 30만~40만명에 달하였다. (《성종실록》권111 10년 11월 경술)

엄밀한 의미에서 리조때 승려의 소수 상층은 지배계급신분에, 그 하층은 피지배계급신분에 속하였다.

그들은 평시 군역의 의무를 부담하지 않았으며 유사시에 징발되기도 하였으나 정규군으로서의 역할을 하지는 않았다.

이상에서 본바와 같이 지배계급신분은 군사복무, 군역부담에서 부차적역할을 하였다.

다음으로 피지배계급신분과 군역과의 관계이다.

먼저 량인신분에 대하여 본다면 15세기에 이르러 상당한 변화가 일어났다.

그것은 첫째로, 량인신분의 인민들이 그전시기에 비하여 크게 늘어난것이였다.

자주성을 위한 인민대중의 줄기찬 투쟁으로 향, 소, 부곡이 철폐되고 그것들이 일반 군, 현으로 승격되거나 다른 군, 현에 편입됨으로써 오래동안 천민의 처지를 강요당하던 주민들이 량인으로 되였다. 바로 어제날의 부곡민이 량인신분의 지위를 얻음으로 하여 그 대렬은 크게 늘어났다.

둘째로, 자기 소유토지를 상실한 량인농민이 늘어난것이였다. 본래 량인이 량인으로 된 근거는 그가 농민인이상 자기 경작지의 소유자였기때문이였다.*

* 《조선봉건시대 농민의 계급구성》과학원출판사, 1957년, 175페지

량인농민은 대대로 내려오면서 자기 땅을 자기 로력으로 부치고 살아온 농민이였으나 봉건통치배들의 가혹한 수탈로 하여 제땅을 잃고 남의 땅을 경작하고 지대를 바치는 소작인으로 되였다.

우리 나라 봉건사회의 성립과 함께 생겨난 소작제도는 15세기에 들어와 더욱 확대되였다. 병작관계는 국가소유토지와 개인지주들의 경리에서 광범히 적용되였으며 농업생산이 장성하고 토지매매가 합법화되면서 소작농으로 되는 량인이 늘어났다.

1406년 봉건국가가 전국의 호를 대호, 중호, 소호, 잔호, 잔잔호의 5등급으로 나누었는데 그중에서 잔잔호가 절반을 훨씬 넘고있는것으로 보아 이 잔잔호가운데 자기 토지가 없거나 적은 농민이 대부분을 차지하고있었을것이다.

이처럼 근로인민대중은 자주성을 위한 줄기찬 투쟁을 통하여 봉

건사회를 전진시키고 생산력을 발전시켰으나 정권과 생산수단을 봉건지주계급이 차지하고있던 조건에서 그들은 파산몰락하여 소작농민으로 굴러떨어졌다.

셋째로, 량인농민이 봉건국가의 속박을 더욱더 받게 된것이였다. 량인농민은 신분상 그 누구에게 예속되지는 않았으나 결코 자유로운 존재는 아니였다. 호패법, 오가작통법, 린보제 등이 실시되고 신분적차별이 엄격해짐에 따라 량인농민에 대한 봉건국가의 지배와 장악은 더욱 철저해졌다.

봉건국가는 량인신분안에서 일어난 이러한 변화를 고려하면서 그들에게 무거운 군역부담을 들씌웠다.

량인은 군역의 주되는 담당자였다.

량인내부에서도 세분된 신분규범이 있었으므로 그들은 거기에 해당한 각이한 군역의 부담을 강요당하였다.

륙군과 수군가운데서도 수군은 륙군에 비하여 천시되였으며 같은 량인중에서도 경제적처지가 나은 량인은 호수로서 정식군인으로 복무하였고 그렇지 못한 량인은 봉족으로 되였다.

고려때에는 평시 잡역을 지거나 유사시 징발의 대상으로는 되지만 평시 군인으로 될수 없었던 백정층이 있었으나 15세기에는 봉족 또는 보를 설정하여 모든 량인장정에게 군역을 부과시키였다.

봉건국가는 량인농민을 철저히 지배장악한데 기초하여 보다 많은 장정에게 군사복무를 강요하였다.

피지배계급신분으로는 또한 신량역천을 들수 있다.

그들은 국가나 개인의 소유물이 아니였기때문에 법제적으로 보면 량인에 속하였지만 그들이 지는 역은 천한것으로 인정되였다. 신량역천에 속하는 사람들은 도자기를 굽는 사기간, 소금을 굽는 염간, 철체련에 종사하는 철간, 조세로 거두어들인 낟알을 경창으로 운반하는 조졸, 왕의 무덤을 지키는 수릉군, 봉화를 올리는 봉화간, 국가목장의 목부 등이 여기에 속하였다.

15세기이후 수군에 복무하는 군정, 중앙군의 하사관격이던 대장, 대부 등도 역이 천시되면서 신량역천의 취급을 당하였다.

신량역천도 군역에서 제외되지 않았다. 중앙과 지방의 신량역천은 1415년 3월에 설치된 보충군에 소속되였다. (《태종실록》권29 15년 3월 병오) 그들에게는 군사본래의 임무보다도 힘든 로역이 차례졌다.

보충군에 편입되지 않는 경우에는 대체로 잡색군에 소속되였다. (《경국대전》권4 병전 잡류)

다음으로 피지배신분으로서 15세기에도 가장 천대받던 신분은 노비였다. 리조에 들어와 노비의 구성에서는 일정한 변화가 있었는데 그것은 절간노비가 대폭 줄어들고 공노비가 늘어난것이였다.

15세기 초엽 봉건국가는 3차례에 걸쳐 절간노비를 몰수하여 그 대부분을 공노비로 만들었다. 그리하여 1484년 중앙 각 관청에 소속된 공노비의 수는 26만 1 984명에 달하였다. 그리고 각 고을과 역참에 소속된 노비는 9만 581명이였다. 35만명이 넘는 국가노비는 물론 개별적인 량반지주들이 가진 사노비에 비해 많은것은 아니였다. *

* 《조선봉건시대 농민의 계급구성》과학원출판사, 1957년, 34페지

15세기 공노비는 늘어났으나 사노비는 오히려 전에 비하여 줄었다.

자주성을 위한 노비신분인민들의 치렬한 투쟁에 의하여 노비들은 량인의 지위를 얻기도 하였고 노비제도가 해이된것을 리용하여 자취를 감추어 그 신분적지위를 상승시켰으며 봉건국가의 량인확보정책에 의하여 압량위천되였던 인민들이 다시 량인으로 되였다.

노비는 원칙적으로 군역의 대상자는 아니였다. 더우기 사노비에게 군역을 지우는것은 그 상전인 량반관료들의 리익을 침해하는것이므로 봉건국가는 군역을 비롯한 온갖 군역을 부담시키지 않았다.

그러나 노비들은 잡색군, 장용대와 만강대, 화포군 등에 들어가 군역을 지기도 하였다.

우선 사노비들은 잡색군에 소속되였다.

잡색군에 소속된 사노비는 군사로 징발되여 일정한 기간 복무하는것은 아니였고 한해에 몇차례 소집되여 군사훈련을 하는것이 고작이였으나 그나마 제대로 실시되지 않았다.

또한 노비들로 이루어진 부대로써 장용대와 만강대를 들수 있다.

장용대는 1459년에 조직되였는데 노비들가운데서 힘이 세고 무술이 뛰여난자를 시험쳐서 합격된 사람들로 편성되였다. 봉건국가는 그들에게 군량을 보장하였고 복무를 마치면 공노비인 경우에는 그 역을 면제해주고 사노비인 경우에는 공노비를 상전에게 주고 그자신은 량인이 되도록 하였다.

만강대는 1462년에 각이한 병사들가운데서 힘이 센자를 선발하여 편성한것이였는데 1467년 천인이나 노비로서 120근짜리 센 활을 당기는자도 소속시키도록 하였다. 그리고 활을 잘 쏘는자는 장용대에 편입시키고 년말에 그 성적이 우수한자들을 량인으로 만들도록 하였다. 이때 만강대와 장용대의 정원은 1 350명이였다. (《세조실록》 권42 13년 4월 기해)

그후 얼마 안되여 여기에는 량인을 입대시키고 천인이 소속되는것을 금지하기도 하였으나 평시에 노비들로 이루어진 부대가 존재하였다는것은 특기할 사실로 된다.

또한 노비들은 화포군에도 들어갔다. 물론 노비만으로 이루어진 부대는 아니였으나 고려말~리조초의 화포군에는 절간노비, 관청노비가 많이 들어있었다.

그것은 화약과 화약무기를 다루는 일이 고되고 위험하며 또 싸움의 선봉에 서야 하였으므로 봉건통치배들은 관청노비와 절간노비들을 징발하여 화포를 다루는 군역을 강제로 부담시켰다.

리조에 들어와 노비의 일부가 평시에 정규군인으로 될수 있은것은 우선 봉건국가가 자주성을 위한 노비들의 투쟁이 치렬하게 벌어지고있는 형편에서 그들에게 매우 좁기는 하지만 량인으로 될수 있는 길을 열어줌으로써 노비들의 투쟁기세를 눅잦히려고 한것과 관련된다.

봉건통치배들은 노비들에게 군역을 지우는 경우 지망자가운데서도 시취에 의하여 그 힘과 무예를 따져보고 소속시키였다. 100만명 안팎의 공사노비가운데서 군사복무의 대가로 몇백명을 종량(방량, 량인으로 만드는것)시킨다는것은 하나마나한노릇이였으나 노비들에게 종량될수 있다는 환상을 조성할수 있었다.

그것은 또한 봉건국가가 육체적으로 건장하고 생활의 악조건에서 단련된 시위군사를 확보하려는데 있었다. 장용대나 만강대에 노비들을 입대시킨것은 국왕이 행차할 때 시위의 임무를 담당케 하려는것이였다. 국왕을 호위하면서 장기간의 도보행군과 로천에서 숙영하는데는 그 어느 계층보다도 나쁜 조건에서 살아온 건장한 노비들이 적합하였다.

그것은 또한 량인의 하층과 노비상층의 사회경제적처지가 서로 접근하여진 력사적사실과도 관련된다.

신분적으로는 량인과 노비간의 차이란 매우 큰것이였다. 15세기 생산력의 발전과 봉건국가와 지주의 수탈로 하여 제땅을 가지지 못하였거나 적게 가진 량인농민이 생겨나고 비록 미미하나마 자기 토지를 소유하였거나 다른 상전의 땅을 경작하는 예속적노비들이 생겨났는데 병작농민 즉 전호적농민과 예속적노비사이의 처지란 비슷한것이였다. 이리하여 15세기에 처음으로 노비로 이루어진 병종(부대)이 평시에 생겨날수 있게 되였다.

2. 봉건적의무병제의 내용

지금까지 리조병제에 대해서는 국민개병제, 부병제도, 봉건적의무병제 등 여러가지로 불러왔다.

먼저 리조군사제도를 국민개병제로 보는 견해이다.

《리조 초기 국역편성의 기저》에서는 리조 초기의 병제가 부병제라고 하여 국민개병제원칙에 립각하였음을 강조하였다.(《진단학보》제14호)

국민개병제란 유사시에 싸울수 있는 모든 장정이 병사로 동원된다는것이다. 그런데 유사시에 모든 국민이 싸움판에 나서기 위해서는 평시에 각 신분 모든 계층이 군사복무의 의무를 지지 않으면 안 된다.

리조시기에는 각이한 신분, 각이한 계층이 군역을 부담하였다. 물론 군사복무가 신분을 향상시키고 벼슬길로 나갈수 있는가 아니면 무거운 부담으로 되는가에는 큰 차이가 있었다. 또 정규군인으로 되는가, 봉족으로 되는가 그리고 상비병으로 되는 경우와 예비군인, 잡색군으로 되는가 하는데도 차이가 있었다.

봉건국가가 각계층 사람들을 군사적으로 편성한 리유는 많은 군정을 확보하려는데도 목적이 있었겠으나 그것이 인민들을 지배장악하기 위한 가장 효과적인 방법으로 되였기때문이다. 그리고 인민들의 로동력을 무상으로, 체계적으로 수탈하려는데도 목적이 있었다.

군역을 담당하는 각 신분의 수적인 비률을 보면 군역의 주되는 담당자는 량인신분이였다.

1475년 9월 병조가 보고한 부대별 군정수는 표 28과 같다.

표 28에서 볼수 있는바와 같이 15세기 말엽 봉건국가는 약 15만명의 정규군인을 장악하고있었다. 그가운데서 량반이라고 볼 수 있는 갑사, 별시위는 합하여 1만 6 000명정도인데 여기에 겸사복, 내금위, 족친위, 충의위, 충찬위, 충순위 등 장번(교대없는 복무)의 량반출신군인을 합하여도 2만명이 넘지 않는다. 그 나머지 량인이 13만여명인데 그가운데서 1만명가량이 신량역천에 해당된다.

그러므로 량인의 상층인 한량도 들어있는 갑사를 전부 량반이였다고 가정하더라도 량반출신으로 구성된 군인이란 15%를 넘지 못한다. 만강대, 장용대 등 노비출신의 정규군인은 가장 많았던 때가 1 350명이고 《경국대전》에 규정된 장용위는 그 정원이 600명이였으므로 그 총수는 대체로 1 000명안팎이였다. 따라서 군인으로서의 노비의 역할은 거의 무시하여도 무방하였다. 문제는 량반의 군사복무를 어떻게 보아야 하겠는가 하는것이다. 여기서 류의해야 할 점은 첫째로, 봉건국가가 제도상 량반신분에게 군사복무의 의무를 부과시켰

표 28 **병종에 따르는 군정수**

	병종	군액수	신분
1	갑사	14 800	량반
2	별시위	1 500	량반
3	파적위	2 500	신량역천
4	팽배	5 000	신량역천
5	대졸	3 000	신량역천
6	조라치	640	신량역천
7	태평소	60	신량역천
8	친군위	40	량반
9	정병	72 109	량인
10	수군	48 800	량인
	계	148 449	

(《성종실록》권59 6년 9월 갑인)

다는것과 실지 형편과의 차이를 옳바로 인식하는것이다.

왕권이 보다 강화된 리조봉건국가에서는 량반들에게 현직관리가 아닌 이상 그들에게 군역을 부과시켰고 또 그것을 요구할수 있었다.

《지금(1413년) 충당된 시위군안에는 전날 높은 벼슬을 지낸자들과 량부(사헌부, 사간원) 벼슬아치의 자손들도 다 들어있다.》(《태종실록》권26 13년 9월 정축)

1458년에는《정병으로는 귀천을 가리지 않고 일찌기 대간벼슬을 지낸자들도 모두 군적에 등록되였다. 군적에 오르지 않는자는 재상들뿐이였다.》고 하였다. (《예종실록》권2 즉위년 12월 병신)

우의 기사는 봉건국가가 어느 한때 군액을 확장하면서 전직관료 또는 현직관료의 자식들에게 군사복무의 의무를 부과하였다는것을 보여준다.

그러나 실지 형편은 제도상의 규정과는 달랐다.

1452년의 자료에는《옛 제도에는 3품이하의 벼슬을 하다가 지방에 거주하는자들을 모두 시위패에 속하게 하여 돌림으로 숙위하도록 하였는데 근래에 법이 해이되여 대체로 직무가 없는자들을 긁어모아 충당시키고 전직 3품이하의 관리들은 모두 한가로이 지내고있다.》고 하였다. (《문종실록》권12 2년 3월 정유)

이 기사가 보여주는바와 같이 시위패에 속하여 번상숙위할 임무를 지녔던 3품이하의 전직관리들은 모두 군사복무를 회피하였다. 그리하여 아전으로 있다가 거관한(벼슬을 뜬)자들과 량인들이 그 대신 군역을 지는 형편이였다. 세조통치년간에 군액을 늘이기 위하여 량반들에게 군사복무의 의무를 지웠으나 그들이 각방으로 회피하였으므로 량반을 군대에 끌어들이려던 봉건국가의 기도는 수포로 돌아가는 경우가 많았다.

량반의 군사복무를 평가하는데서 류의해야 할 점은 둘째로, 갑사에 대한 리해를 옳바로 가지는것이다.

갑사는 왕궁과 수도의 호위를 담당한 고급병종으로서 여기에는 량반 또는 량인의 상층이 속하였다. 그들은 중앙군의 가장 전투력있는 대오를 이루었고 번상하여 10사의 중견무관으로 되였으며 그 수도 1만 5 000명 가까이 되였다. 갑사의 존재는 량반출신도 군인으로 되였던 사실을 확증하는 유력한 증거로 된다. 그런데 갑사는 시취라는 무예시험을 거쳐서 합격자만이 소속되는 병종이였다. 갑사는 정5품 사직이하의 각급 무관직을 차지할뿐아니라 록봉도 받으며 일정한 복무기일을 마치면 고을원으로 나갈수도 있는 벼슬자리와도 련관되여있었다.

따라서 갑사는 강제에 의하여 의무적으로 복무해야 하는 일반군역과는 구별되는 병종이였다. 이로부터 시위패에 소속되는 전직 3품이하의 관리들을 념두에 두지 않는다면 량반에게는 군역이 의무로 강요되지 않았으며 군사복무를 하는 경우에도 그것은 특권으로, 영예로도 되는 병종에 소속되였다고 말할수 있다.

제도상으로 형식적인 면에서 볼 때에는 16~60살의 각 신분의 장정은 무관, 일반군인, 예비군인, 잡색군 등 어느 하나에는 소속되게 되여있었다. 그러나 공노비, 사노비나 아전들이 주로 소속되는 잡색군은 훈련에조차 제대로 소집되지 않는 명목상의 부대였으며 량반은 15세기 한때 병역의 의무를 부담한적이 있었으나 그것이 현실적으로 집행되지 않았다.

그러므로 리조의 군사제도를 국민개병제로 본 견해는 국민개병제가 모든 신분의 인민들에게 병역부담을 지울수 있다는 의미에 비추어 조건부적으로 리해하거나 수정되여야 한다고 생각된다.

리조의 군사제도를 국민개병제로 보는 견해가 시정되여야 할 다른 하나의 근거는 그것이 상무적기풍과 결합되지 않았다는데 있다.

문존무비가 국가의 제도로 고착되여 군인은 물론이고 무관조차 차별과 천대를 받았으며 일상적으로 무술을 련마하고 몸을 단련하는 기풍이 국가적으로 장려되지 않는 형편에서 아무리 많은 장정을 군사적편제에 얽매여놓는다 하더라도 소기의 성과를 이룩할수 없었다.

그러므로 국민개병제라기보다는 량인농민의 개병제 또는 량인농민의 의무병제라고 표현하는것이 사실에 더 근사하리라고 인정된다.

다음으로 리조군사제도는 부병제도였다고 하는 견해이다.

리조초의 관료인 간관 전백영 등은 《지금 수도에는 3군부를 설치하고 지방에는 호위하는 각 부대를 두어 3군부에 소속시켜 교대를 나누어 오르내리게 하였는데 이것은 부위제도가 남긴 법이였다.》고 하

였다. (《태조실록》 권6 3년 8월 기사)

전백영은 지방의 시위패가 3군부에 소속되였다는것 그리고 시위패가 수도에 번상한다는것을 념두에 두고 그것이 부병제도가 남긴 법이였다고 하였는데 여기서 한가지 명백히 할것은 당나라 부병제하에서의 부병은 지방에 있는 절충부에 소속되였으나 리조의 시위패는 중앙에 있는 3군부(의흥3군부)의 통제를 받았다는 사실이다. 군부를 설치하고 군사를 편성한다는 설부취병의 원칙에서 실시된 당나라부병제와는 다른 병제가 리조에 존재하였다는것은 이 군부-절충부가 없었다는 사실에서도 찾아볼수 있다.

지방의 시위패가 중앙에 번상한다는 사실에 근거하여 리조의 부병제를 론의하는것은 당나라 부병제에 대한 피상적고찰에 기초한 그릇된 주장으로 된다.

당나라 부병제하에서는 일부 농민장정이 조, 용, 조를 면제받는 대가로 부병으로 되였으며 모든 장정이 의무적으로 군역을 감당한것은 아니였다.

그러므로 노비를 제외한 모든 남자장정이 의무적으로 군역을 부담하던 제도를 부병제라고 하였고 그러한 군인을 부병이라고 하였다는 견해는 재검토되여야 한다. *

* 《조선봉건시대 농민의 계급구성》 과학원출판사, 1957년, 181페지

《국가의 수도에는 부병과 주, 군에서 번상숙위하는 군인이 있었으며 지방에는 륙지를 지키는 병사와 기선군이 있었다.》(《삼봉집》 권8 조선경국전 하 정전 군제)

우에서 본바와 같이 정도전은 부병을 중앙군의 일부로 리해하였다. 다시말하면 지방군과 기선군은 물론이고 중앙군의 주요구성을 이루는 지방에서 번상하는 시위패까지도 부병에 포함시키지 않았다. 그러므로 리조초의 부병이란 10사에 소속된 군인, 다시말하면 10사의 골격을 이루는 수천명의 무관을 말하였다.

정도전은 리조봉건국가를 세우고 초기 정치군사제도를 정비하는데서 모사적역할을 하였던만큼 부병에 대한 그의 견해가 잘못되였

다고 보기는 어렵다.

부병이 의무적으로 동원된 병사일반이 아니라 중앙군의 특정한 일부였다는 사실은 다음과 같은 자료에 의하여서도 확인할수 있다.

《하번중에 있는 갑사들이 부병임에도 불구하고 고을원들을 깔보고 자기 집에 고을원이 부역을 공평하게 하려고 강하게 요구하면 빈번히 모욕을 가하며 또 봉족에 대해서는 제 집 종과 같이 부리고있다.》(《태종실록》권24 12년 7월 임자)

우의 기사는 군역을 의무적으로 감당하는 병사일반이 아니라 특정한 군인이 부병이라고 자칭할수 있었다는것을 말해준다.

특정한 군인을 부병이라고 한 사실은 다음과 같은 기사에서도 찾아볼수 있다.

《승추부가 부병과 수전패를 격구장에 집합시키고 명령에 따라 늙고 젊으며 굳세고 약한 병사들을 갈라놓았다.》(《태종실록》권2 원년 11월 무신)

우의 기사에서 명백한바와 같이 부병과 의무적으로 번상하는 군사인 시위패는 엄격히 구별되였다.

여기에서 부병이란 10사 50령에 소속된 각급 무관들이였다. 정4품 아래급의 무관들, 다시말하면 갑사들이 차지했던 정5품이하의 각급 무관들이 부병이였다는것은 확실하다.

참고로 정도전이 고려의 부병제를 어떻게 리해하였는가를 보기로 하자.

《(리조의)부병제도는 대체로 고려의것을 계승하였다. 고려가 강성하였을 때에는 오직 부병외에 다른 군호란 없었다. …규모가 작은 적이면 중랑장이하를, 규모가 큰 적이면 상장군, 장군을 파견하여 이를 막게 하고 할수 없는 경우에야 고을들의 군사까지 징발하여 밖으로 치기도 하고 안에서 막기도 하면서 400여년이나 나라가 유지되였으니 당시 부병의 강함을 알만 한것이다. 무사한 때에는 병법을 익히고 유사시 출동할 때에는 5진을 형성하였다.》(《태조실록》권5 3년 2월 기해)

정도전은 고려의 부병을 중앙군 즉 상장군, 장군, 중랑장 등이 거느리는 2군, 6위산하의 군사로 인정하였다. 주군병 즉 부득이한 경우에 징발되는 지방군은 부병이 아니였다. 이와 함께 부병은 농민이 아니였다. 다시말하면 그들은 유사시에 싸움판에 나가는것은 물론이고 평시에도 농사를 짓는것이 아니라 병법을 련마하는 직업군인이였다.

따라서 의무적으로, 강제적으로 징발된 량인농민은 부병이였고 그러한 제도가 부병제도였다는 견해는 시정되여야 한다.

고려, 리조시기의 부병이란 군인일반이 아니라 중앙군가운데서도 특정한 군인을 의미하였으므로 부병제를 국민개병제로 리해하거나 량인농민의 의무병제와 같은것으로 보아서는 안될것이다.

15세기의 군사제도는 시취를 통하여 무술이 뛰여나거나 건장한 군인을 선발하는것을 기본내용으로 한 부병제와 주로 량인농민을 강제로 군역에 망라시키는 봉건적의무병제가 결합된것이였다.

제2절. 중앙군제, 5위제의 확립

1. 5위제도의 성립

리조중앙군제의 기본으로 된 5위제도의 기틀은 1451년 5사가 형성된 후 6년이 지난 1457년에 마련되였으며 5사는 5위로 명칭이 바뀌여졌다. (《세조실록》 권7 3년 3월 기사)

사를 위로 이름을 고친 리유는 우선 고려이래로 중앙군의 가장 큰 부대단위인 8위(2군과 6위)의 강인한 전통과 관련되는것 같다.

그러므로 리조에 들어와 고려의 8위가 10사 또는 12사로 개편된 이후에도 사와 위는 뒤섞여 쓰이였다.

실례를 들면 1451년 6월 12사를 5사로 고치자는 국왕의 주장을 반대한 신하들의 제안에 5사를 5위라고 한 사실에서 찾아볼수 있다.

《그리고 새로 <진도>를 만들었는데 12개 사에 나누어 소속시킨다고 하여도 장애로 될것이란 조금도 없습니다. 이제 5위, 5부를 만들고 그 인원수를 정했지만 군사들을 나눌 때에 반드시 서로 옮겨놓는 폐단이 있을것입니다.》(《문종실록》 권8 원년 6월 경오)

이처럼 5사를 5위라고도 표현한것은 고려의 8위나 리조의 5사가 다같이 중앙군의 가장 큰 부대단위였으므로 뒤섞여 쓰이였다는것을 의미한다.

　이름을 고친 리유는 또한 진법에서 말하는 5위와 부대의 명칭을 의미하는 5위를 일치시키기 위한 의도와도 관련된다. 정도전이 만든 진법을 비롯하여 세조가 왕의 자리에 오르기 전에 지은 진법서들에는 중위, 전위, 후위, 좌위, 우위의 5위진법이 기본으로 되고있는데 이 진법에서 말하는 5위와 중앙군의 기본조직으로서의 5위의 명칭을 통일시키기 위한데 그 개칭의 리유가 있었다.

　5사를 5위로 고친것은 단순한 명칭상의 변경만이 아니라 내용상에서도 큰 변화가 있었다는것을 의미한다.

　첫째로, 종전에는 갑사, 별시위, 총통위, 방패, 섭륙십 등 몇몇 부대만이 5사에 소속되였고 그 나머지는 3군에 배속되였거나 아무데도 소속되지 않은것도 있었다. 그러나 5위에는 갑사를 비롯하여 12개의 부대가 소속되였다. 그리하여 무술훈련을 하거나 진법을 익히거나 행군을 할 때 비로소 부대들을 갑자기 소속시키면서 생겨나는 혼란이 극복될수 있었다.

　둘째로, 5사체제하에서는 갑사, 별시위, 총통위 등 여러 부대가 25령에 골고루 소속되였다면 이제는 각 부대가 5위의 한 위에 통채로 소속되였다.

　례를 들면 갑사와 근장은 의흥위(중위)에, 충순위와 방패는 호분위(우위)에만 배속되였다.

　셋째로, 종전에는 3군이 있어 중군에는 의흥사, 충좌사, 충무사 3개 사가 속하였고 좌군에는 룡양사, 우군에는 호분사가 속하였고 또 5사에 속하지 않는 부대들은 3군에 속하는 등 관계가 복잡하였는데 이제는 3군을 없애고 3군진무소를 5위진무소로 고치여 부대소속을 명백히 하고 지휘체계를 단일화하였다. (《세조실록》 권7 3년 4월 갑오)

　넷째로, 매개 위는 각각 5부로 나누어졌고 매 부는 다시 4통으로 나누어졌다. 종전의 5사 25령은 5위 25부로 되였다.

　다섯째로, 경시위패, 별군, 섭륙십은 비록 5위에 소속시켰으나 전과 같이 수직을 세우지 않고 시위패는 번상하기도 하고 올라오지 않을 때도 있으며 또 수도에 머물러있는 날이 얼마 되지 않으므로 5위에 소속시키지 않았다.

5사를 5위로 고치면서 생겨난 변화의 주요내용은 이상과 같았다.

그러나 5위로 개편되면서 취해진 조치는 제도상의 규정대로 제대로 실시되지 않았다. 그것은 1469년 병조 참판 한의 등이 제의한 다음과 같은 사실을 통하여 확인할수 있다.

《그전 규례로는 군사들을 자기가 거주하는 지역별로 나누어 수직하게 하였기때문에 25부에 소속된 각종 군사들의 수효가 고르롭지 못하였습니다. 이제 정병의 규례에 따라 갑사와 대졸은 의흥위에, 별시위, 친군위, 족친위는 룡양위에, 충의위, 파적위는 충좌위에, 충찬위, 정병, 장용대는 충무위에, 충순위, 팽배는 호분위에 골고루 갈라 소속시킬것입니다.》(《예종실록》권5 원년 5월 경인)

이 기사는 수직하는 군사들이 25부에 소속되였는데 그것이 고르롭게 배치되지 못하였으므로 고르롭게 군사를 배치하기 위한 방안을 제기한것이다.

5위의 각 위에 배치된 부대들을 대비적으로 고찰하면 표 29와 같다.

표 29 5위소속부대일람표

위 \ 년도	1457	1469
의흥위 (중위)	갑사	갑사
	근장	대졸
룡양위 (좌위)	별시위	별시위
	섭륙십	친군위
		족친위
호분위 (우위)	충순위	충순위
	방패	팽배
충좌위 (전위)	충의위	충의위
	수전패	파적위
	총통위	
충무위 (후위)	충찬위	충찬위
	경시위패	정병
	별군	장용대

표 29에서 보는바와 같이 1457년 5위제도로 개편되였던 당시나 1469년 그 소속부대를 달리하자고 제의한 때나 경비근무에서 주요한 역할을 놀던 부대들에는 아무러한 변화가 없었다. 즉 갑사, 별시위, 충순위, 충의위, 충찬위는 그 소속이 전혀 달라지지 않았다. 달라진것은 근장, 섭륙십, 수전패, 총통위, 경시위패, 별군이 5위의 구성에서 빠졌고 그 대신 대졸, 친군위, 족친위, 파적위, 정병, 장용대가 새로 5위에 소속된것이였다.

새로 소속된 부대가운데서 량반신분이라고 볼수 있는 친군위는 정원이 수십명에 불과하였고 족친위는 정원이 설정되지 않은 소수의 인원이였으므로 결국 달라진것은 국왕, 수도보위와는 관련이 적은 파적위, 팽배, 장용대 등의 로역부대들이였다.

경비(전투)를 담당한 부대와 로역을 담당한 부대를 배합하여 5위에 소속시키는것, 이것이 5위의 부대편성의 중요한 원칙의 하나였다.

그것은 5위제를 법적으로 고착시킨 《경국대전》에도 그대로 나타났다.

5위제도는 1457년에 이루어졌고 약간의 변화를 거쳐 《경국대전》에 고착되였다.

이리하여 5위제는 중앙군의 기본적인 부대 또는 부대조직으로 되였다.

2. 5위소속부대

《경국대전》 병전 5위조에 의하면 5위에는 다음과 같은 13개 부대가 속하였다.

의흥위(중위) — 갑사, 보충대
룡양위(좌위) — 별시위, 대졸
호분위(우위) — 족친위, 친군위, 팽배
충좌위(전위) — 충의위, 충찬위, 파적위
충무위(후위) — 충순위, 정병, 장용위

1) 갑 사

갑사는 15세기 중앙군의 골간을 이루고있던 부대였다.

1397년 사간원의 관리가 《지금 숙위의 임무는 다행히도 갑사가 담당하고있다.》라고 말한 사실로 보아 갑사는 벌써 리조초부터 있었던것을 알수 있다. (《태조실록》 권11 6년 4월 정미)

갑사는 10위(10사), 12사 등에서 사직(5품)으로부터 부사정

(8품)에 이르는 중견무관직을 차지하였고 복무기간 서반체아직을 받았다. 국왕의 호위를 담당하였던 갑사로는 량반과 한량들가운데서 시취를 통하여 무예가 뛰여난자들이 선발되였다.

갑사는 1400년에 정원 2 000명이던것이 1440년에 6 000명으로 늘어나면서 그 지위가 낮아지기는 하였으나 그 임무는 주로 국왕을 호위하는 위병의 역할을 하는것이였다.

※ 갑사는 10사, 5사의 사직이하의 무관직을 차지하였으므로 오래 동안 록을 타는 대상이였으나 1445년경부터는 1달에 봉미 20말을 타는 대상으로 되였다. (《세종실록》 권109 27년 7월 경인)

《경국대전》에 규정된 갑사의 정액은 1만 4 800명이였다. 여기에는 평안도, 함길도에 살면서 수도에 번상하지 않고 그 지방에서 번을 드는 량계갑사 6 800명과 범잡는 착호갑사 440명이 포함되였다. 갑사는 5교대로 나누어져 6개월씩 복무하였으므로 실지 복무하는자는 2 960명인데 착호 및 량계갑사를 제외하면 수도에서 복무하는 인원은 약 1 500명정도였다.

갑사는 상번자가운데 2 000명이 종4품이하 종9품이상의 체아직을 받았으며 벼슬자리를 뜨는 경우에는 종4품실직을 주기로 되여있었다.

2) 별시위

별시위는 1400년 12월 사순, 사의 등 고려말이래의 성중애마부대를 해산시키고 새로 조직한 부대였다.

그 임무는 국왕의 가까이에서 호위를 보장하는것이였다. 주로 량반자식들과 전직관리들가운데서 시취를 통하여 무술이 뛰여난자들이 선발되였다.

별시위의 비중은 처음에는 갑사보다 못하였으나 후에는 오히려 갑사보다 더 중시되였다. 1460년에 병조가 제의한 취재규정에 의하면 1등 합격자가 내금위에, 2등 합격자가 갑사에, 3등 합격자가 별시위에 소속되는것으로 되여있었는데 1471년 취재때에는 별시위에 합격되지 못한 사람을 갑사에 옮겨놓는다고 한 사실로 보아 갑사보다도 중시되였음을 알수 있다. (《세조실록》권20 6년 5월 을유,《성종실록》권3 2년 3월 병자)

별시위는 총인원 1 500명이 5교대로 나누어져 300명이 6개월씩 복무하였다. 번상자전원에게 종4품이하의 체아직이 차례졌고 보(봉족)는 배당되지 않았다.

48일간 근무하면 벼슬등급이 하나씩 올라가 종3품에서 거관(벼슬을 뜨는것)하는데 산직을 가지거나 고을원, 만호 등 실직벼슬길로도 나갔다.

3) 친군위

정원이 40명이였고 영안도사람들이 소속되였다. 두 교대로 나누어져 20명이 1년씩 복무하였다. (《경국대전》권4 번차도목 친군위)

친군위의 설치경위와 임무에 대해서는 1451년 전농시 소윤 최유가 국왕에게 올린 글에 잘 나타나있다.《함길도로 말하면 우리 왕조의 조상들이 태여난 고장이고 릉들이 있는 곳입니다. 본래부터 따라다니던 사람들과 친척들 그리고 세 부류의 공신들은 태조를 도와 싸움마다에서 이기고 집안을 나라로 만들도록 하였습니다.

태종이 왕위에 오른 다음 시위하는 군사들가운데는 이 도의 젊은이들이 많았는데 그가 현역이면 <친군위>라고 부르고 록봉을 주었으며 그전에 벼슬한자들은 <별군>이라고 부르고 료미를 주었습니다. 또 본궁에 소속된 <가별치패>도 번상시위하였습니다. 이렇게 되자 군사 또는 조정반렬에 널려있는자들이 무릇 수백명이나 되였습니다. 이로부터 민간의 리해와 관계되는 문제들이 즉시 임금에게 보고되였습니다.》(《문종실록》권7 원년 5월 임인)

이 기사는 첫째로, 친군위란 태종이 리성계의 출신도인 함경도지방의 군사들을 우대하기 위하여 조직된것이라는것을 보여준다. 둘째로, 그것은《민간의 리해와 관계되는 문제들이 즉시에 임금에게 보고되였다.》고 한데서 짐작할수 있듯이 국왕에게 필요한 정보를 제공하여주는 특수한 임무를 수행하였다.

《경국대전》에 친군위는 시취를 통하여 선발한다고 규정되였으나 그 이전에는 무예를 고려하지 않고 뽑았으므로 호위에 적합하지 않은자들이 많았다. (《세조실록》 권46 14년 5월 임오)

그리고 한교대에 복무하는 인원이 20~30명에 불과하였다.

이와 같이 친군위는 국왕을 호위하는 임무보다도 특수한 임무, 국왕가까이에 있으면서 정보를 제공하는 임무를 수행하는 기관이였다.

상번자전원이 종4품이하의 체아직을 받았으며 종3품에서 벼슬자리를 떴다.

4) 파적위

파적위는 1459년에 새로 조직된 부대였다. 평지보다도 산악지대가 많은 우리 나라의 지형조건으로부터 기병보다도 보병이 필요된다는 주장에 따라 주로 량인출신자로 편성되였다.

시취에서는 궁술이외에 달리기, 힘쓰기 등을 시험하여 합격된자들이 소속되였고 체아직을 받지 못하여 1보(2정)가 배당될뿐이였다.

2 500명이 5교대로 나누어져 500명이 4개월씩 복무하였다. 갑사가 될것을 바라는자는 시험쳐서 합격되면 옮겨배치하였다. 그 임무는 행순과 입직 등 여러 부대가 수행하는것과 별다른 차이가 없었고 장용위와 함께 화포를 다루는데서 차이가 났다.

《매해 네철의 마지막달마다 본조 도총부의 당상관과 군기시의 제주 1명이 교외에 나가서 화포를 쏘는 련습을 시키며 장용위와 파적위에서 각각 20명씩 선발하여 화포쏘는 련습을 시킨다.》(《경국대전》 권4 병전 교열)

화약무기를 전문적으로 다루는 화통군이 철페된 후 그 기술은 파적위에 전승되였다.

5) 장용위

장용위는 1459년에 공노, 사노가운데서 궁술과 달리기, 힘쓰기를 시험쳐서 편성한 부대였다. 처음명칭은 장용대였다. (《세조실록》 권17 5년 9월 정유)

총인원은 600명이고 5교대로 나누어져 120명이 6개월씩 복무하였다. 그들의 임무는 특별히 밝혀져있지 않으나 신분이 종이였고 건장하였던탓으로 하여 어렵고 힘든 역사에 많이 동원되였으리라고 짐작된다. 파적위와 함께 화약무기를 다루었다는것은 앞에서 이야기한 바와 같다.

6) 대 졸

대졸의 전신은 1415년에 만들어진 섭륙십이였다. 각 령의 륙십 즉 대장, 대부가 역군으로 되여버리자 그와는 별도로 매 1령에 섭대장 3명, 섭대부 7명을 10사 40령에 두게 되여 섭륙십의 총수는 400명으로 되였다. (《태종실록》 권29 15년 6월 임오)

이때의 규정에 의하면 교대없이 립역한 부병은 거관할 때에는 비첩의 자식 또는 간, 척으로 불리우는 신량역천가운데서 건장한자들이 보충되였다. 그후 1448년에 1 800명으로 늘어났다.

《경국대전》에 의하면 그 정원은 3 000명이였고 5교대로 나누어져 600명이 4달씩 복무하였다. 팽배와 같이 달리기, 힘쓰기 등을 시험쳐서 선발하였다. 다른 부대들과 함께 경비근무에도 참가하였으나 주로 사령군노릇을 하거나 힘든 로역을 부담하였다.

7) 팽 배

팽배는 방패를 의미하며 그것은 곧 방패로 무장한 부대를 가리킨다. 방패를 사용하는 군사는 이전에도 있었지만 그것이 하나의 부대로 편성된것은 1415년이였다.

나라가 창설된 초기에 옛 제도를 본따서 이미 마병-갑사를 두었고 을미년(1415년)에 대장, 대부들로 방패를 조직하였다.

대장, 대부란 고려의 2군, 6위 각 령의 오위(40명), 대정(20명)을 의미하는것으로서 리조에 들어와 우와 같은 명칭으로 바뀌여졌는데 그들을 합하여 륙십이라고도 하였다. (《세종실록》 권82 20년 9월 계축)

방패의 전신이 바로 대장, 대부였다. 리조초에 사직~부사정급으로 갑사를 편성함에 따라 그 이하의 대장, 대부는 자연히 하나의 부대와 같이 되였는데 로역에 동원되는 경우가 많았다.

그리하여 1415년에 대장, 대부로 정식 방패군을 조직하고 대우도 일정하게 하였다. *

> * 《각 령의 방패들에게 복무할 때에는 록을 주고 하번시에는 잡역을 면제하여 대우를 후하게 하였다.》(《세종실록》 권5 원년 10월 임오)

《방패는 진을 지키고 적을 막아내는 정병이였다.》(《세종실록》 권24 6년 4월 신해) 그러나 1464년 당시의 관료이며 학자인 량성지가 방패를 역군이라고 한 사실로 보아 정예한 보병이였던 방패가 역군으로 떨어졌다는것을 알수 있다. (《세조실록》 권34 10년 8월 임오)

5 000명이 정원이였고 5교대에 따라 1 000명이 4개월씩 복무하였다. 주로 신량역천, 량인의 하층가운데서 힘쓰기, 달리기를 시험쳐서 선발하였다. 잡직의 체아직이 차례졌고 1보(2정)가 배당되였다.

이상은 시취를 통하여 선발되는 부대들이였다.

8) 정 병

정병은 지방의 의무번상병인 시위패가 1459년에 명칭이 바뀌여진것이였다.

그 명칭을 고친 목적은 평안도, 함길도에서는 정군으로, 나머지 도들에서는 시위패로 각기 다르게 불리우던것을 통일시키자는데 있었다.

그전에는 량반으로서 과전법에 따라 군전을 받고 번상시위하는 수전패, 량반이지만 군전을 받지 못하고 시위하는 무수전패, 거주지를 수도에 둔 경시위패(또는 시위경패), 량인농민이 의무병역으로써 수도에 번상하는 시위패 등 그 갈래가 복잡하였는데 정병이라는 단일한 명칭으로 고착되였다.

※　경시위패를 수도에 올라가서 시위하는 부대로 해석할수도 있다. (《리조병제사》 민족보위성 군사출판처, 1953년, 29페지) 그런데 《예종실록》 원년 5월 경인조에 경시위패는 5위에 소속시키되 전과 같이 수직을 세우지 않으며 시위패는 제대로 번상하지도 않고 수도에 머무르는 기일이 짧기때문에 5위에 소속시키지 않는다고 하였다. 따라서 시위패가 지방에서 번상하는 군사였다면 경시위패는 수도에 거주하는 장정들로 무어진 군사들이였다.

　1464년에 각 지방의 영진군이 정병과 합하여졌다. (《세종실록》 권34 10년 9월 경오) 그리하여 수도에 올라와 복무하는 번상정병과 지방의 각 요해처를 지키는 부방정병으로 구분되게 되였다. 평안도와 영안도의 정병은 전원이 류방 (자기 도에 남아서 군사복무하는것) 하였다. (《경국대전》 권4 병전 류방)

　《경국대전》에는 정병의 정원이 밝혀져있지 않으나 1472년의 실록기사에 의하면 전국의 정병총수 4만 8 000명가운데서 류진군 5 500명을 제외하면 번상정병은 4만 2 500명으로 된다. 그들은 8교대로 나누어져 2개월씩 복무하였으므로 수도에 번상하는 정병은 5 310명이였다. (《성종실록》 권15 3년 2월 무진)

　이처럼 정병은 중앙군을 이루는 여러 부대가운데서 가장 많은 수를 차지하고있었다. 그러나 실지형편은 제도상의 규정과 큰 차이가 있었다.

　1493년에 상번한 정병은 2 000여명이였다. 이것은 확보해야 할 인원의 절반도 못되는것으로서 당시 정병의 번상이 얼마나 어려웠는가를 말하여준다. (《성종실록》 권278 24년 윤5월 기미)

　봉건국가가 흉년에 정병의 번상을 면제하는 경우가 적지 않았는데 이것은 군역을 부담하는자들을 위하여서가 아니라 그들이 실지 번상할 능력이 없었기때문이였다. 의무병역으로서 수도에 번상하는 량인농민의 경우에 더욱 그러하였다. 경시위패, 수전패는 5위에 소속되였으나 일반 시위패가 5위에 들지 못한것이 그것을 보여주었다.

　정병가운데는 기정병과 보정병의 구분이 있어서 기정병에게는 1보1정 (3명), 보정병에게는 1보 (2명) 가 배당되였다.

정병은 체아직은 없고 제정된 근무를 마치면 종5품 영직 즉 벼슬이름만 있고 실지 직무는 없는 명예직을 받았다. 갑사가 종4품의 실직(실지 벼슬자리)을 차지한것과는 큰 차이가 있었다.

9) 충순위

충순위는 1445년에 3품이상의 고위관료들의 자손들을 위하여 설치한 부대였다. (《세종실록》 권109 27년 7월 경인, 8월 경술)

처음에는 시취를 통하여 600명을 선발하고 4교대로 하여 150명이 왕궁안에 들어가 경비하도록 하였다. 일정한 복무기일을 채우면 고을원벼슬을 할수 있었다. 충순위복무는 고위량반들의 자손이 손쉽게 벼슬을 얻을수 있는 관문이였다.

그러므로 성균관, 5부학당에 적을 둔 나어린 생도들이 학업을 버리고 다투어 충순위에 들어가는 폐단이 생겨 그 나이를 25살이상으로 제한하지 않으면 안되였다. (《세종실록》 권109 27년 9월 병신)

1459년에 충순위는 폐지되였고 1469년에 려정위가 설치되여 문반6품이상, 무반4품이상 그리고 문무과출신 생원, 진사, 조상의 덕으로 벼슬을 얻어할수 있는 자격을 가진자들이 여기에 속하였다. 같은 해에 려정위는 충순위로 개칭되였다.

《경국대전》에 의하면 충순위에는 왕과 성이 다른 친척, 왕비의 먼 친척, 실직, 전직을 지낸 문무관료들이 소속되였다. 그리고 려정위에 소속될수 있었던 생원, 진사를 비롯한 각이한 량반출신이 속하였다. 정해진 인원은 없으며 7교대로 나누어 2개월씩 복무하였다. 체아직은 없고 종5품 영직에서 벼슬자리를 떴고 거관후에 고을원으로 될수 있었다.

정병이 주로 량인신분의 중층과 하층이 소속되는 부대였다면 충순위는 벼슬을 하였거나 아직 하지 않은 량반의 중하층이 소속되는 부대였다.

충순위는 시취에 의하여 선발되지 않았으며 같은 량반출신의 부대치고는 격이 다소 떨어지는 부대였다.

그러나 열병할 때 국왕을 호위하는데서는 중요한 역할을 하였다. 1455년 열병때에 5사에 속하지 않고 내금위와 더불어 국왕의 측근에 있었다. (《세조실록》권2 원년 10월 임술)

10) 족친위

족친위는 국왕, 왕비의 친척들이 속한 부대였다. 군사복무는 일종의 행세거리로 되였기때문에 시취로 선발하지 않았다. 장번이였고 (교대가 없고) 정원은 없었다. 종5품 체아직을 받았으며 보는 배당되지 않았다.

11) 충의위

충의위는 1418년에 개국, 정사, 좌명의 3부류공신자손으로 무어진 부대였다. 3부류공신의 자손으로 18살이상이 된 사람은 시취도 치르지 않고 그대로 소속되였으며 그 전투력이란 보잘것없었다.

실례로 1457년 국왕이 사냥나가서 산판에 올랐으나 뒤따르던 충의위는 산기슭에 멈추어서서 더 올라가지도 못하였다. (《세조실록》권7 3년 3월 계사)

봉건국가는 애당초 그들에게 군사로서의 역할을 기대하지 않았다. 국왕이 가장 믿을수 있는 공신의 자손들에게 군복을 입혀 시위케 하는것을 중요시했을뿐이였다.

정해진 인원은 없었고 장번으로서 체아직을 받았다.

12) 충찬위

충찬위는 1456년 원종공신의 자손들로 이루어졌다. 원종공신자체가 등수권안에 들지 못하는 공신이였으므로 충찬위는 3부류공신의 자손이 소속되는 충의위에 비하여 격이 떨어졌을뿐 부대의 성격과 기능에서는 특별한 차이가 없었다.

《경국대전》에 의하면 정액이 없었고 5교대로 나누어져 4개월씩 복무하였다. 시취를 치르지 않고 선발하므로 그 전투력이란 보잘것 없었다.

13) 보충대

1415년 3월에 《보충군》이라는 명칭으로 편성된 보충대에는 주로 신량역천 량반관료들의 서자, 사재감 수군에 속하여있던자, 량인과 노비사이에 난 장정들이 소속되였다. 설치당시의 정원은 3 000명이였고 그 봉족은 6 000명이였다.

보충대는 군인으로서의 임무보다도 힘든 로역에 혹사되는 경우가 많았다. 봉건국가는 보충대로서 일정한 기간 복무하면 량인으로 인정한다는것을 선포하였으나 실지로는 하나의 세분된 신분이라는 대우를 받는것이 보통이였다.

《경국대전》의 규정에 의하면 량반관료들의 천첩자손이 아닌 일반 신량역천의 경우 1 000일동안 복무하여야 량인으로 될수 있었다. 그런데 4교대로 나누어 4달씩 복무하였으므로 순조롭게 교대와 복무가 진행되여도 량인이 되려면 약 10년이 걸려야 하였다. 나이가 60살이 된 사람과 벼슬을 뜨기 전에 사망한 사람의 출근일수는 다같이 그 자손들이 이어받게 해서 함께 계산하도록 규정된 사실은 량인신분을 얻는다는것이 대를 이어 복무하여야만 되는 힘든 일이였음을 말하여준다.

보충대는 규제상 그 봉족까지 합하여 거의 1만명에 달하였으나 정액을 채울수 없어 《경국대전》에는 정해진 인원을 밝히지 않았다. 보충대는 봉건통치배들이 주로 신량역천신분을 량인으로 해준다고 회유기만하여 군역을 부담시키기 위한 제도상의 산물이였다.

중앙군으로는 5위에 포함되지 않는 부대로서 내금위와 겸사복이 있었다.

내금위는 정원이 190명으로서 많지는 않았으나 국왕의 신변을 호위하는 친병이였으므로 매우 중요시된 부대였다.

그 설치유래를 보면 1407년 궁중애 숙직하던 내상직을 내금위로 고침으로써 편성되였다. 이와는 별개로 1409년에 내시위를 설치하고

120명이 3교대로 나누어 40명씩 근무하도록 하다가 1424년에 내금위에 통합하였다. 내금위는 설치당초부터 3군에 소속되였으나 10사(10위)에는 소속되지 않았다.

그 설치당시에는 국왕의 신임만이 선발의 기준으로 되였고 무예는 고려되지 않았다. 또 결원을 보충할 때에 거주하는 사람들을 대상으로 하였다. 한성사람들을 받아들이지 않은것은 국왕을 반대하는 큰 량반관료들의 사촉을 받은자들이 내금위에 끼여드는것을 방지하기 위한 조치였다. 그리고 1420～1470년대 내금위의 일부 성원이 량계에서 번을 섰던 사실은 영안도, 평안도의 사람들을 우선적으로 내금위에 소속시켜 숙위와 부방의 두가지 효과를 노린것으로 된다.

처음 내금위가 설치될 당시에는 그 수가 60명정도였고 그후 200명가까이로 늘어났으나 정예하지 못하다고 하여 1441년에 60명으로 축소되였고 그후 《경국대전》에 190명으로 고착되였다.

그들은 교대없이 근무하였고 전원이 체아직을 받았다.

겸사복은 정원이 50명이였는데 그가운데서 10명은 평안도와 영안도의 젊은이들을 시취를 통하여 선발하였다. 그들도 역시 교대없이 근무하였고 전원에게 체아직이 차례졌다.

겸사복과 내금위에는 정3품이하의 현직 및 산직관료들도 들어갔고 장번복무였으므로 그들은 보통병사가 아니라 벼슬아치로 간주되는 존재였다. 그 수가 많지 않으므로 중앙군의 주력은 5위에 소속된 부대들이였다.

3. 5위의 성격

중앙군의 부대 또는 부대편성단위로서의 5위의 성격을 밝히기 위해서는 먼저 어떤 원칙에서 5위에 부대를 소속시켰는가를 해명해야 하며 그다음 5위와 지방군과의 호상관계를 해명하여야 한다.

우선 5위의 매개 위에 부대를 배치한 원칙을 보면 첫째로, 매개 위에 시취를 통하여 선발되는 군인과 시취를 통하지 않고 군인으로 되는 층이 배합되여 소속된것이다.

갑사, 별시위, 대졸, 친군위, 팽배, 파적위, 장용위는 시취에 의하여 합격한자들이 소속되는 부대였고 그 나머지는 시취를 거치지 않고도 소속될수 있는 부대였다.

시취를 통하여 소속되는 부대는 크게 둘로 갈라볼수 있다. 그 하나는 갑사, 별시위, 친군위, 파적위, 장용위와 같이 무예를 시험쳐서 뽑는 부대이고 다른 하나는 대졸, 팽배와 같이 달리기, 힘쓰기를 시험하여 건장한자를 소속시키는 부대였다.

7개 부대가운데서도 군대로서의 면모와 전투력을 갖춘 부대는 팽배와 대졸을 제외한 5개 부대였다. 팽배와 대졸은 군인이라기보다 사령군이나 힘쓰는 일에 부릴 목적에서 조직한 부대였다.

7개 부대의 군액은 5 500명인데 거기에서 량계갑사와 착호갑사 약 1 500명을 제외하면 약 4 000명이 된다. 이 4 000명안팎의 군대가 5위의 주력이였으며 그가운데서도 갑사가 골간을 이루고있었다.

시취를 통하지 않고 편성된 부대도 크게 둘로 갈라볼수 있다.

그 하나는 족친위, 충의위, 친군위, 충찬위와 같이 왕실의 피줄을 이은자, 공신자손 등 명예로, 특권의 상징으로 군사복무를 하는자들로 구성된 부대였다. 그들은 형식상의 복무를 마치면 대다수가 벼슬길로 나갔으며 따라서 군사복무란 벼슬자리에 오르기 위한 발판에 불과하였다. 그러므로 그들에게서는 애당초 무술의 련마를 기대할수 없었고 그들자신도 시취에 응하지 않았다.

정병도 시취의 대상이 아니였다. 정병은 주로 량인농민출신으로서 의무적으로 군역을 부담하였으므로 그들은 무예나 힘내기를 시험쳐서 선발하는 대상으로 될수 없었다. 4만 수천여명의 정병이 8교대로 나누어져 번상하였으므로 수도에는 5 000여명의 정병이 있은것으로 된다.

그러나 정병은 중앙군의 주력 또는 핵심으로 되지는 않았다. 정병은 지방에서 번상하였는데 제도상의 규정대로 그 인원이 징발된적은 없으며 흉년이 들었을 때에는 수도에로의 번상이 중지되는 때가 많은데다가 시취를 통하여 선발되지 않았으므로 그 전투력은 갑사에 미칠수 없었다.

둘째로, 5위의 매개 위에 극히 불균일하게 병력이 배치된것이였다. 그 정원을 잘 알수 없는 부대를 제외하고 시취를 통하여 선발되는 부대의 병력을 대비하여도 그 실태를 잘 알수 있다.

의흥위에 소속된 갑사는 2 960명이였는데 여기에서 평안도, 함경도지방에 머무르는 량계갑사 600여명을 제외하여도 2천 수백명이 된다. 그런데 룡양위에는 별시위와 대졸을 합하여 900명의 군사가 있었으므로 의흥위에는 보충대를 내놓고도 룡양위의 2배가 넘는 군사가 있는것으로 된다. 이처럼 매 위에 불균일하게 병력을 할당한것은 5위를 내올 때 그 인원이 많고적음은 전혀 고려하지 않았다는것을 말하여준다.

이러한 병력의 배치는 매개 위가 하나의 독자적인 전투단위로 될수 없게 하였다. 20명뿐인 친군위와 주로 로역에 동원할것을 목적으로 편성된 1 000명의 팽배로 이루어진 호분위가 자립적으로 전투임무를 감당할수 없으리라는것은 명백하였다.

셋째로, 5위의 매개 위에는 례외없이 지배신분출신의 군인과 피지배신분출신의 군인이 배합되여 소속된것이다.

《경국대전》에 그 정액이 밝혀져있지 않으므로 정확한 수자는 알수 없으나 보충대와 정병만을 념두에 두어도 피지배계급신분출신의 군인이 5위안에서 다수를 차지하였으리라는것이 분명하다. 수적으로는 많았으나 시취에 의해 선발되지 않았으므로 그들의 전투력이란 크게 믿을바가 못되였다.

5위의 이러한 구성은 피지배계급신분출신의 군인에게는 경비근무나 전투보다도 잡다한 로역을 부담시킬 목적이 더 전면에 나섰다는것을 보여준다. 리조시기 군인의 주되는 임무의 하나가 온갖 잡역을 감당하는것이였는데 그 부담은 피지배계급신분출신의 군인에게 차례졌다.

5위는 전투를 목적으로 전투에 적응하게 편성된 부대조직이 아니였다. 그것은 왕궁과 국왕의 호위, 다시말하면 경비근무에 편리하게 이루어진 군사기구였다. 그것은 또한 처음부터 군인들을 로역에 동원할것도 예정하여 만들어진 부대조직이였다.

다음으로 중앙군과 지방군과의 호상관계를 밝히기로 하자.

《경국대전》에는 5위에 갑사, 보충대를 비롯한 중앙군뿐아니라 여러 도의 지방군도 속한것으로 되여있는데 표 30과 같다.

표 30 　　　　　　　　5위소속부대 및 군사일람표

의흥위 (중위)	갑사, 보충대
	중부; 경중부, 개성부, 경기 양주, 광주, 수원, 장단 진관의 군사
	좌부; 강원도 강릉, 원주, 양양진관의 군사
	우부; 충청도 공주, 홍주진관의 군사
	전부; 충주, 청주진관의 군사
	후부; 황해도 황주, 해주진관의 군사
룡양위 (좌위)	별시위, 대졸
	중부; 경동부, 경상도 대구진관의 군사
	좌부; 경주진관의 군사
	우부; 진주진관의 군사
	전부; 김해진관의 군사
	후부; 상주, 안동진관의 군사
호분위 (우위)	족친위, 친군위, 팽배
	중부; 경서부, 평안도 안주진관의 군사
	좌부; 의주, 구성, 삭주진관의 군사, 창성, 창주, 방산, 린산진군사
	우부; 성천진관군사
	전부; 녕원, 강계, 벽동진관군사, 벽단, 만포, 고산리, 위원, 리산, 녕원진군사
	후부; 평양진관군사
충좌위 (전위)	충의위, 충찬위, 파적위
	중부; 경남부, 전라도 전주진관의 군사
	좌부; 순천진관의 군사
	우부; 라주진관의 군사
	전부; 장흥, 제주진관의 군사
	후부; 남원진관의 군사

	표계속
충무위 (후위)	충순위, 정병, 장용위
	중부; 경북부, 영안도 북청진관의 군사
	좌부; 갑산진관의 군사, 삼수, 혜산진의 군사
	우부; 온성, 경원, 경흥진관의 군사, 유원, 미전, 훈융진의 군사
	전부; 경성, 부령, 회령, 종성진관의 군사, 고령, 동관진의 군사
	후부; 영흥(금야), 안변진관의 군사

표 30에서 보는바와 같이 5위에는 전국 8도진관의 군사가 부별로 소속되였다. 의흥위에는 경기, 강원도, 충청도, 황해도진관의 군사가, 룡양위에는 경상도진관의 군사가, 호분위에는 평안도진관의 군사가, 충좌위에는 전라도진관의 군사가, 충무위에는 영안도진관의 군사들이 각각 소속되였다.

이러한 소속관계는 5위가 지방에 있는 군사를 지휘통솔한다는 것을 말하는것은 아니였다. 지방군에 대해서는 각 도의 관찰사, 병마절도사이하의 각급 군직을 가진 관료들이 지휘하는 지휘체계가 수립되여있었으며 그것은 5위와는 무관계하였다. 그렇다고 하여 번상한 지방의 군사가 정해진 위에 소속되는것도 아니였다. 지방에서 번상하는 군사란 시위패를 의미하는데 시위패는 오래동안 5사에 속하지 않았으며 5사가 5위로 개편된 후에도 수전패는 충좌위에, 경시위패는 충무위에 속하였으며 시위패모두가 5위에 골고루 속하였던것은 아니다.

더우기 평안도의 군사는 류방정병으로 되여 자기 지방의 방어에 동원되였으므로 중앙의 5위와는 전혀 련계되지 않았다.

전국 각 지방의 군사 또는 각 도를 3군 또는 5위에 분속시키는 제도는 리조수립초부터 존재하였다. 1394년 의흥삼군부 판사 정도전은 중앙의 10위를 10사로 개편하면서 각 도의 군사를 3군에 분속시킬것을 제의하였다. 즉 중군에는 경기좌우도와 동북면군사를, 좌군에는 강릉, 교주, 경상, 전라도의 군사를, 우군에는 양광도, 서해도와 서북면의 군사를 소속시키도록 하자는것이였다. (《태조실록》 권5 3년 2월 기해)

전국의 군대를 중앙의 군사체계에 포함시켰다는것은 물론 평안도군사가 한성에 올라가 우군에 소속된다든가 평안도에 있는 군사가 우군의 절제를 받아야 한다는것을 의미하지 않는다. 아마도 그것은 유사시 전국적규모에서 동원군을 편성할 때 또는 진법체제에 따르는 열병훈련이 전국 각 도의 군사를 망라하여 진행될 때 그 소속관계를 밝힌것일것이다.

3군편제가 없어지고 5위편제가 생겨나면서 전국의 군사를 5위에 나누어 소속시킬데 대한 문제가 론의되였다. 1464년 중추원 동지사 량성지는 군사를 사열하는것과 관련하여 다음과 같은 내용의 제의를 하였다.

해마다 임금이 사열하는 대열때에 먼 지방에 있는 군사들이 오가는 페단이 있고 또 여러 도의 군사들을 일시에 수도에 모이게 하는것도 좋지 않기때문에 앞으로는 량계(함길도와 평안도)는 전위, 경기, 강원도, 황해도는 중위, 경상도는 좌위, 충청도는 우위, 전라도는 후위라고 부르면서 량계 및 경상하도외의 가까운 도들인 경기, 강원도, 황해도에 대해서는 번상하지 말게 하고 해마다 봄철에 올라와 사열을 받도록 하며 먼 도들인 충청도, 전라도, 경상도에 대해서는 매해 가을철에 올라와서 사열을 받도록 하자는것이였다. (《세조실록》 권34 10년 8월 임오)

이 제의를 요약하면 첫째로, 전국 각 도의 군사를 5위에 분속시키자는것 둘째로, 수도에서 가까운 도인가 아닌가를 고려하여 봄과 가을에 각기 군사를 사열하도록 하되 수도에서 다소 먼곳에 있는 도의 군사들은 농사철이 끝난 가을에 사열하자는것 셋째로, 함길도, 평안도, 경상도와 같이 먼 지방의 군사는 사열을 위해 수도에 올라오지 말도록 하자는것이였다.

여기에서 가장 주목되는것은 평안도와 함길도의 군사는 열병을 위하여 수도에 올라올것을 전제로 하지 않았음에도 불구하고 5위에 소속시키고있는 점인데 이것은 5위제도의 형식적인 측면을 보여주는것이다.

그렇다고 하여 5위제도자체가 형식적인것은 아니다. 그것은 평안도와 함길도의 군사가 수도에 올라와 정해진 위에 속하여 열병에 참가한 사실은 없다 하더라도 유사시 그것이 진행될 경우를 예견한 제도상의 규정이였기때문이다. 수도에서 가까운 도들의 군사는 수도에 올라가 미리 정해진 위에 소속되여 열병에 참가하였으므로 문제될것은 없다.

그러므로 5위는 수도에 있는 군사를 소속시키는 중앙군의 부대편성단위였을뿐아니라 전국의 군사를 사열하는데 적응하게 이루어진 군사기구이기도 하였다. 전국의 군사를 망라하는 대열이 진행될 때 각 도 진관의 군사가 어느 위에 소속될것인가를 규정하여놓은것은 전국적인 훈련체제로서의 5위의 성격을 여실히 말하여준다.

훈련체제로서의 5위의 성격을 과장하여 5위가 중앙과 지방의 전체 상비군을 소속시킨 군사기구였다고 리해하여도 안되며 반대로 지방군과 전혀 관계가 없었던것으로 인정해도 안된다.

4. 5위의 무관직과 부대조직

리조봉건국가수립이후 2군, 6위가 10위, 10사, 12사, 5사로 변화를 겪으면서 5위로 고착되듯이 그 각급 무관의 명칭과 인원도 여러 차례 바뀌우다가 1466년에 와서야 고정되여 《경국대전》에 실리게 되였다. 그 명칭과 정원은 표 31과 같다.

표 31에서 보는바와 같이 5위에는 다른 관청의 관리들이 겸임하는 위장(종2품) 12명, 부장(종6품) 25명밖에도 3 211명에 달하는 각급 무관직이 있었다. 그러나 이 수자는 기구상의 정원을 의미하는것이고 실지로 이만한 인원의 무관이 고정적으로 배치되여있은것은 아니였다.

여기에 배치되는 무관이란 우선 갑사를 비롯한 일부 5위소속군사들이 종9품이상의 서반체아직을 받아 복무하고 근무기간에 그에 맞는 대우를 받는 사람들이였다. 또한 내금위와 겸사복 등 5위에 소속되지 않는 특수군인들이 5위의 무관직을 차지하고 당번기간에 록봉을 비롯한 대우를 받았다. 그리고 문관 또는 잡직에 있다가 벼슬자리를 뜨는 경우에도 록봉을 주기 위하여 5위의 무관직을 주는 경우도 있었다.

이와 같이 5위의 무관직은 고려시기와는 달리 군사와는 거리가 먼, 군사관계와는 인연이 없는 관리들에게 차례지는것이 대부분이였다.

제도상 5위의 무관직은 3 200여명이나 되였으므로 문관의 6배 이상이 되지만 실지 무관으로서 5위의 군무에 관여한자는 얼마 되지 않았다.

표 31 5위무관정원표

품계	명칭	인원	비고
종2품			위장 12명
정3품	상호군	9	
종3품	대호군	14	
정4품	호군	12	
종4품	부호군	54	
정5품	사직	14	
종5품	부사직	123	
정6품	사과	15	
종6품	부사과	176	부장 25명
정7품	사정	5	
종7품	부사정	309	
정8품	사맹	16	
종8품	부사맹	483	
정9품	사용	42	
종9품	부사용	1 939	
계		3 211	

5위의 군무에 직접 관여한자들로는 5위장으로 불리운 12명의 위장을 들수 있는데 그 자리마저도 다른 관청의 관리들이 겸임하였고 일정한 위에 고정지휘관으로 임명된것은 아니였다. 때문에 매번 궁궐안에 경비당번으로 들어갈 때에야 임명을 받았다가 3일만에 교체되였다. 훈련을 할 때에는 여러 위장들가운데서 림시로 임금의 비준을 받은자들이 그것을 집행하였다.

이처럼 5위의 무관들과 5위의 군무를 맡은 위장, 부장들은 고정된 군직을 가지고 고정된 병사들을 일상적으로 지휘하는 사람들이 아니였다. 어떤 위를 고정적으로 담당하여 지휘할수 없게 제도화한것은 장수와 군사가 결탁하여 반란을 일으킬수 있는 《화근》을 막는데는 유리하였으나 무관들을 자주 교체하고 지휘를 혼란케 함으로써 중앙군의 군사력을 강화하는데는 매우 불리하였다.

5위부대조직의 기초로 된것은 오→대→려였다. 즉 가장 아래단위의 조직인 오는 군사 5명이였고 5개의 오 즉 대는 25명이였다. 그리고 5개의 대 125명이 1려였다. 이처럼 부대는 5진법에 의하여 조직되였다.

오에는 오장, 대에는 대정 그리고 려에는 려수가 있어 각기 대오를 통솔하였다. 이러한 편성원칙은 기본적으로 지방군에도 적용되였다.

부대조직이 아니라 5위진법에 따라 전투대형(또는 열병대형)을 이룰 때에는 5위 25부 100통으로 편성되였다. 여기에서 기초로 되는 단위는 통이였다. 병력이 아무리 많아도 100통을 넘지 못하고 병력이 작아도 100통을 이루어야 하였다.

오가 통으로 된 경우에 5위의 병력은 500명이였고 대가 통을 이루면 5위의 병력은 2 500명이였으며 려가 통으로 되면 5위의 총병력은 1만 2 500명이였다.

통에는 통장, 부에는 부장, 위에는 위장이 있었고 전체 전투대오를 대장이 지휘하였다. 4통으로 이루어지는 부에는 규정상 기병, 보병이 각각 2통씩 있는것으로 되여있었다. 이밖에도 5위진법체제하에서는 직접 적을 상대하여 싸우는 전통, 대기하여 싸움을 준비하는 주통이 배합되여있었다.

중앙군의 군사기구로서의 5위와 전투대형을 편성하는 진법체제로서의 5위가 일치되도록 한것은 제도상 합리적인 측면이 있었다. 그러나 봉건통치배들은 그 제도의 실시를 소홀히 하는 경우가 많았으므로 실지에 있어서는 이렇다할 효과를 내지 못하였다.

제3절. 지방군제, 진관제의 확립

1. 군익도의 확장, 진관제의 확립

앞서 본바와 같이 리조봉건국가수립이후 얼마 안있어 남쪽 5도의 연해지역에 진이 설치되였고 영진군이 편성되였다. 그런데 아직 내륙지방에는 진이 설치되지 않았으므로 외적들이 쳐들어와 연해의 방선이 무너진다면 국내에로 거침없이 기여들수 있는 위험성이 있었다. 내륙지방에까지 방어의 거점을 설치하고 전국의 각 고을을 군사적으로 편성하는것은 지방군제를 확립하는데서 가장 중요한 과업으로 나섰다.

이리하여 1455년에 평안도, 함길도에 설치된 군익도제를 전국적으로 확대하는 조치를 취하게 되였다. 행정상의 매개 도는 몇개의 군익도로 나누어졌고 개별적인 군익도는 중익, 좌익, 우익으로 편성되였다. *

> * 여러 도 연해의 요새지를 본따서 거진을 설치하고 부근 여러 고을을 분속시켜 중, 좌, 우익으로 삼았다는 기록도 있는것으로 보아 남쪽바다가고을에 진을 설치한것도 참작된듯 하다.

그 구체적내용을 보면 표 32와 같다.

표 32 　　　　　전국 군익도 일람표

경기	광주도	중익; 광주, 리천, 양근, 양지	④
		좌익; 려흥, 천녕, 지평, 음죽	④
		우익; 안성, 진위, 양성, 룡인, 죽산	⑤
	양주도	중익; 양주, 원평, 포천, 적성, 가평	⑤
		좌익; 삭녕, 마전, 영평, 련천	④
		우익; 풍덕, 장단, 림진, 림강	④
	부평도	중익; 부평, 인천, 양천, 금천, 고양	⑤
		좌익; 수원, 남양, 안산, 과천	④
		우익; 김포, 교하, 통진	③
	독진	교동, 강화, 개성부	③
충청도	충주도	중익; 충주, 청풍, 연풍	③
		좌익; 단양, 영춘, 제천	③
		우익; 괴산, 음성	②

표계속

충청도	청주도	중익 ; 청주, 진천, 문의, 연기, 회인, 보은, 청안	⑦
		좌익 ; 옥천, 황간, 영동, 청산	④
		우익 ; 천안, 온양, 전의, 평택, 아산, 목천, 직산	⑦
	홍주도	중익 ; 홍주, 청양, 대흥	③
		좌익 ; 신창, 례산	②
		우익 ; 면천, 덕산	②
	공주도	중익 ; 공주, 정산, 니산	③
		좌익 ; 회덕, 진잠, 련산	③
		우익 ; 부여, 석성, 은진	③
	태안진영	중익 ; 태안	①
		좌익 ; 서산, 해미	②
		우익 ; 당진	①
	람포진영	중익 ; 람포, 비인, 홍산	③
		좌익 ; 한산, 서천, 림천	③
		우익 ; 보령, 결성	②
황해도	황주도	중익 ; 황주	①
		좌익 ; 봉산	①
		우익 ; 안악, 장련	②
	해주도	중익 ; 해주, 재령	②
		좌익 ; 연안	①
		우익 ; 문화, 신천, 은률, 송화	④
	평산도	중익 ; 평산, 배천	②
		좌익 ; 우봉, 토산	②
		우익 ; 강음	①
	수안도	중익 ; 수안	①
		좌익 ; 곡산, 신계	②
		우익 ; 서흥	①
	독진	풍천, 장연, 옹진, 강령	④

표계속

강원도	강릉도	중익; 강릉	①
		좌익; 양양	①
		우익; 삼척, 평해, 울진	③
	원주도	중익; 원주, 횡성	②
		좌익; 녕월, 평창, 정선	③
		우익; 춘천, 양구, 홍천, 린제, 랑천	⑤
	철원도	중익; 철원, 안협	②
		좌익; 이천	①
		우익; 평강	①
	회양도	중익; 회양	①
		좌익; 김화	①
		우익; 금성	①
	고성도	중익; 고성	①
		좌익; 통천, 흡곡	②
		우익; 간성	①
경상도	경주도	중익; 경주, 영천	②
		좌익; 량산, 언양	②
		우익; 밀양	①
	상주도	중익; 상주, 개령	②
		좌익; 선산, 금산	②
		우익; 문경, 함창	②
	성주도	중익; 성주, 고령	②
		좌익; 합천, 초계	②
		우익; 거창, 지례, 안음	③
	진주도	중익; 진주, 단성, 삼가	③
		좌익; 의령	①
		우익; 함양, 산음	②
	안동도	중익; 안동, 의성, 의흥, 진보, 례안, 청송, 룡궁, 비안	⑧
		좌익; 봉화	①
		우익; 순흥, 례천, 풍기, 영천	④

표계속

경상도	대구도	중익; 대구, 하양, 경산	③
		좌익; 청도, 령산, 창녕, 현풍	④
		우익; 인동, 군위, 신녕	③
	녕해진	중익; 녕해	①
		좌익; 청하	①
		우익; 영덕	①
	영일진영	중익; 영일	①
		좌익; 장기	①
		우익; 홍해	①
	동래진영	중익; 동래	①
		좌익; 기장	①
		우익; 울산	①
	웅천진영	중익; 웅천	①
		좌익; 김해	①
		우익; 창원, 함안, 칠원	③
	사천진영	중익; 사천	①
		좌익; 고성, 진해	②
		우익; 곤양, 하동	②
	독진	거제, 남해	②
전라도	전주도	중익; 전주, 려산, 익산, 금구	④
		좌익; 금산, 진산, 무주, 룡담, 고산	⑤
		우익; 김제, 만경, 태인, 정읍	④
	남원도	중익; 남원, 임실, 구례, 곡성	④
		좌익; 진안, 운봉, 장수	③
		우익; 순창, 옥과, 동복	③
	순천진	중익; 순천	①
		좌익; 광양	①
		우익; 락안	①

표계속

전라도	라주도	중익; 라주, 광주, 남평, 릉성, 령암	⑤
		좌익; 담양, 창평, 화순, 진원	④
		우익; 고창, 장성	②
	흥양진	중익; 흥양	①
		좌익; 보성	①
		우익; 장흥, 해남, 강진	③
	옥구진	중익; 옥구	①
		좌익; 함열, 룡안	②
		우익; 림피	①
	부안진	중익; 비안	①
		좌익; 고부	①
		우익; 흥덕	①
	무장진	중익; 무장	①
		좌익; 무안	①
		우익; 령광, 함평	②
	독진	진도	①
	제주도	중익; 제주	①
		좌익; 정의	①
		우익; 대정	①
함길도	함흥도	중익; 함흥	①
		좌익; 북청, 홍원	②
		우익; 정평	①
	영흥도	중익; 영흥(금야), 고원	②
		좌익; 예원, 룡진	②
		우익; 안변, 덕원, 문천	③
	길주도	중익; 길주	①
		좌익; 리성	①
		우익; 단천	①

표계속

함길도	경원도	중익 ; 경원	①
		좌익 ; 온성, 경흥	②
		우익 ; 회령, 부령, 종성	③
	독진	경성, 갑산	②
평안도	평양도	중익 ; 평양, 삼등, 순안	③
		좌익 ; 중화, 상원	②
		우익 ; 강서, 룡강, 삼화, 함종, 중산	⑤
	안주도	중익 ; 안주, 숙천, 영유	③
		좌익 ; 자산	①
		우익 ; 정주	①
	녕변도	중익 ; 녕변, 가산	②
		좌익 ; 희천, 운산	②
		우익 ; 태천, 박천	②
	개천도	중익 ; 개천, 성천	②
		좌익 ; 덕천, 맹산, 양덕	③
		우익 ; 순천, 은산	②
	의주도	중익 ; 의주, 린산	②
		좌익 ; 정녕, 철산, 룡천	③
		우익 ; 곽산, 수천, 선천	③
	삭주도	중익 ; 삭주, 구성	②
		좌익 ; 벽동	①
		우익 ; 창성	①
	강계도	중익 ; 강계	①
		좌익 ; 자성	①
		우익 ; 위원, 리산	②

　　표 32에서 보는바와 같이 경기에는 광주도, 양주도, 부평도의 3개 군익도와 군익도에 속하지 않는 3개의 독진이 있었다. 3개

군익도에 38개의 고을이 소속되였는데 중익에 소속된 첫 고을이 좌익과 우익을 이루는 여러 고을을 지휘하는 거진에 해당하였다.

충청도에서는 6개의 군익도에 모두 51개 고을이 중익, 좌익, 우익으로 나누어져 소속되였고 황해도에서는 4개의 군익도에 21개의 고을이 속하였고 또 4개의 독진이 있었다.

중, 좌, 우익으로 이루어진 개개의 군익도는 전투시에 서로 협동하여야 할 독자적인 군사단위였다.

이처럼 고려말이래 량계지방에만 설정되였던 군익도는 전국적인 체제로 확장되였다.

전국 각 도의 군익도와 거기에 소속된 고을수는 표 33과 같다.

표 33 **전국 군익도 및 소속 고을수**

도명	군익도수	소속고을수	독진수
경기	3	38	3
충청도	6	51	
황해도	4	21	4
강원도	5	26	
경상도	11	66	2
전라도	9	56	1
함길도	4	20	2
평안도	7	44	
계	49	322	12

전국적으로 49개의 군익도에 322개 고을이 소속되였다. 그가운데서 충청, 경상, 전라 3도의 군익도는 26개로서 전국 군익도의 53%, 그 소속고을은 173개로서 전체 고을수의 54%로 과반수를 차지하였다. 3남지방의 비중이 이처럼 높았던것은 군익도의 전국적체제에로의 확장이 3남지방을 강화하며 왜적의 침입을 막아내자는데 그 주되는 목적이 있었다는것을 말하여준다.

군익도에 속하지 않는 12개의 독진은 두가지 부류로 나누어볼수 있다. 그 하나는 교동, 강화, 거제, 남해, 진도와 같이 적들의 침입을 제1선에서 막아야 할 섬들이였다. 이러한 군사상의 요충은 그 개개의 섬이 하나의 독자적인 군사단위였다. 다른 하나는 풍천, 장연, 옹진, 경성, 갑산과 같이 바다가고을이나 국경지대의 고을들이였다. 이러한 고을들도 역시 적들의 불의의 침략을 즉시에 물리쳐야 할 긴급한 정황을 자체로 처리할수 있는 하나의 군사단위로 되였다.

군익도가 전국적으로 확장됨과 함께 기타 군사제도상에서도 일련의 새로운 조치가 취하여졌다.

그것은 우선 지방군지휘관의 명칭과 상하관계를 명백히 한것이였다.

군익도의 지휘관은 모두 고을원이 겸임하는데 충익의 경우에는 병마절제사라고 부르고 당상관이 아니면 첨절제사라고 하였고 나머지 좌익이나 우익에 속하는 고을원의 군직은 병마단련사, 부사, 판관이라고 하였다. 실례로 광주목사는 경기 광주진 병마절제사가 되여 중익의 병마를 관할하면서 동시에 좌익과 우익의 군사를 지휘하도록 하였다.

또한 지방군뿐아니라 지방에 거주하는 중앙군에 대해서도 군익도에서 일정한 통제를 가할수 있도록 한것이였다. 갑사, 별시위, 총통위, 근장, 섭륙십, 방패, 별군시위, 여러 진영, 포구의 군사를 비롯한 모든 군사를 익에 소속시키였다가 차례가 되면 번상케 하였다.

이밖에도 진법훈련, 취재, 군적의 작성과 보관 등의 군무를 군익도가 담당하였다. 군적은 중익, 도절제사영, 병조에 각각 1부씩 보관되였다. 해마다 4번 진법훈련을 진행하는데 2번은 중익에 모여서 진치는 연습을 하고 2번은 각각 익을 단위로 진행하였다. 단지 함길도와 평안도의 연변고을은 방어가 긴급한만큼 군사들이 제고장을 떠나지 않고 진법을 연습하도록 하였다.

그리고 중익의 병마절제사는 도절제사에게 복종하고 좌익과 우익은 중익의 절제사에게 복종하며 바다가진영들에서 변란이 생기면 그 익의 군사를 소집하는것과 함께 도절제사에게 보고하고 제때에 변란에 대처하도록 명령체계가 수립되였다.

이처럼 전국적인 군익도제의 확립은 수십개의 방어거점을 설정하고 거기에 여러 고을들을 소속시켜 방어태세를 갖추며 군사를 그 거주지를 단위로 장악통제하고 정연한 군령계통을 확립하는 등 지방군제를 보다 정비강화하는데서 진일보로 되였다. 그러나 아직도 방어체계를 세우는데 있어서 륙군과 수군이 지휘계통상 합리적으로 분화되지 못한것, 전략상 주요한 지대에 방어군을 고정배치하는 제도가 서지 못한것과 같은 제한성도 있었다.

그리고 도와 그안에 있는 군사단위가 같은 명칭으로 되여있어 서로 혼동될수도 있었고 군사적거점으로서의 성격이 아직 명백하지 못한 점도 있었다.

1457년 군익도제는 진관제로 교체되였다. (《세조실록》 권9 3년 10월 경술)

이리하여 중, 좌, 우익의 체제를 이루었던 군익도는 없어지고 주요한 지역을 몇개의 거진으로 설정하고 여기에 주변고을들을 소속시키는 체계가 수립되였다.

경기의 실례를 들면 다음과 같다.

수원진: 부평, 인천, 금천, 안산, 남양, 진위, 안성, 양성
광주진: 양근, 지평, 천녕, 려흥, 음죽, 죽산, 리천, 양지, 룡인
양주진: 련천, 마전, 적성, 원평, 교하, 고양, 영평, 포천, 가평
강화진: 김포, 양천, 통진, 교동
개성진: 삭녕, 림진, 풍덕

각 도에 거진이 설치되였는바 평안도에 9개, 함길도에 11개, 경상도에 8개, 전라도에 7개, 충청도에 6개, 경기에 5개, 황해도에 3개, 강원도에 5개로서 전국에 54개의 거진이 있었다.

군익도제가 진관제로 개편된것과 관련하여 생겨난 주요한 변화는 첫째로, 군익도와 거기에 소속된 3익제도가 철폐되고 한개 도안에 몇개의 거진이 설치되고 그밑에 제진에 해당하는 고을들이 소속된것이였다. 이리하여 고려이래 군목도(또는 군사도), 군익도로 불리워오던 주요한 군사단위로서의 도라는 명칭은 자취를 감추고 군사거점으로서의 성격이 명백하여졌다.

둘째로, 군익도편성때 그와 별도로 존재한 독진이 진관체제에 포괄된것이였다. 독자적인 군사단위를 이루었던 독진은 거진으로 되거나 제진에 편입되였다. 경기의 실례를 들면 강화와 개성부는 각각 거진으로 되였고 교동은 강화진에 편입되였다. 이리하여 전국에 유일적인 진관제가 확립되였다.

셋째로, 지방군에 대한 지휘체계가 더욱 명백하여진것이였다.

종래에는 군익도의 장관이라고 볼수 있는 중익의 병마절제사가 자기 익에 소속된 고을의 군사를 지휘하면서 동시에 좌, 우익의 군사도 통솔하였다. 그런데 새로운 진관제하에서는 중익의 지휘권이 거진에 넘어가고 모든 거진은 통일적으로 주진의 지휘를 받으면서 소속된 고을의 군사를 통솔하였다.

이때에 확정된 진관제는 큰 변화를 거치지 않고 《경국대전》에 그대로 고착되었다. 실례로 경기의 진관편성내용을 보면 표 34와 같다.

절도사가 주재하는 군영을 주진, 절제사, 첨절제사가 주재하는 군영을 거진, 동첨절제사, 만호, 절제도위가 주재하는 군영을 제진이라고 하였다.

경기에는 병사 즉 병마절도사(관찰사가 겸임) 1명이 있어 도안의 륙군에 대한 지휘권을 장악하고있었는데 그의 소재지가 주진이였다. 그아래에는 목사, 부사가 겸임하는 첨절제사가 몇개 고을의 군사를 지휘하였는데 그가 주재하는 고을이 거진이였다. 제진에는 동첨절제사이하의 군직을 겸임하는 각급 고을원들이 소속고을의 군사를 담당하였다.

표 34   경기 진관 편성표

병사	(관찰사 겸임)	감영 (한성부 돈의문밖앞)
첨절제사	동첨절제사	절제도위
(광주진관)광주목사	려주목사, 리천목사, 양근군수	광주판관, 려주판관, 지평현감, 음죽현감, 양지현감, 죽산현감, 과천현감
(수원진관)수원부사	부평부사, 남양부사, 인천부사, 안산군수, 안성군수	수원판관, 진위현령, 양천현령, 룡인현령, 금천현령, 양성현감, 통진현감
(양주진관)양주목사	파주목사, 고양군수	영평현령, 포천현감, 적성현감, 교하현감, 가평현감
(장단진관)장단부사	강화부사, 풍덕군수, 삭녕군수, 마전군수	련천현감, 교동현감

표계속

수사	(관찰사 겸임)	감영(한성부 돈의문밖앞)
경기수사		수영(남양 화량만)
첨절제사		만호
(월곶진관)월곶(강화)첨사	영종도(인천)만호, 초지량(강화)만호, 제물량(강화)만호, 정포(교동)만호, 교동량만호(교동현감 겸임)	

　　또한 경기에는 수사 즉 수군절도사 2명(1명은 관찰사가 겸임)이 있어 도안의 수군을 지휘하였다.
　　결국 경기에는 륙군군관구와 수군군관구가 각각 1개씩 있었고 그안에 거진 5개(1개는 수군거진)가 있었으며 제진이 36개 있었다.
　　경기와 강원도의 경우에는 관찰사가 병마절도사(병사)를 겸임하였으나 충청도, 전라도, 황해도, 평안도에서는 관찰사가 겸임하는 병사이외에 전임병마절도사가 있었으며 군사적으로 중요한 비중을 차지하였던 경상도와 함길도에는 관찰사가 겸임하는 병사외에 2명의 전임병마절도사가 있었다.
　　각 도 수군의 최고장관은 수군절도사(정3품)였는데 강원도, 황해도에서는 관찰사가 겸임하였고 경기, 충청도에는 1명의 전임수군절도사와 관찰사가 겸임하는 1명의 수사가 있었으며 경상도와 전라도에는 1명의 겸임수사와 2명의 전임수사가 각각 있었다.
　　영안도는 2명의 전임수사가 있었으며 평안도에는 규정상 2명의 수사가 있는것으로 되여있었으나 평양부윤 즉 관찰사와 녕변대도호부사가 각각 그것을 겸임하였으므로 전임수사는 배치되지 않은것으로 된다.
　　전국 300여개의 고을은 지방행정단위인 동시에 각급 군사단위로 되여 총체적으로는 관찰사의 지휘밑에 놓이였다. 또한 지방행정장관은 지방군의 지휘관이기도 하였다.
　　한개 도에 1개 또는 2~3개의 주진을 설치하고 그아래에 여러개의 거진, 제진을 두어 행정체계와 군정체계를 일치시킨것은 어느 한 지방이 외래침략자들에게 점령당하는 경우가 발생하거나 반란 또는 농민폭동에 의하여 불의의 사태가 조성되여도 나머지 지방에서의 군정체계는 살아있으므로 중앙에서 대군이 동원되여올 때까지 효과적으로 싸우는데 주되는 목적이 있었다.

이러한 면에서 볼 때 진관제도는 합리적인 내용을 가지고있었다고 말할수 있다.

진관제도가 《경국대전》에 고착됨과 함께 군사제도상에서 일정한 변화가 일어났다.

그것은 첫째로, 지방군사행정, 지방군의 지휘에서 문관의 역할이 매우 커지게 된것이였다.

진관제하에서 지방군의 최고지휘자는 관찰사였다. 관찰사는 리조봉건국가수립이후 얼마동안을 제외하고는 절대다수가 문관들이였으며 주진의 장관인 병사, 수사직을 의례히 겸임하였다. 병사, 수사가 1명뿐인 도에는 관찰사가 그 자리를 각각 차지하였으므로 전임 수사, 병사는 없었으며 그것이 여러 자리인 경우에도 관찰사는 수사, 병사직을 겸임하였을뿐아니라 전임절도사보다 품계가 우였고 전임 병사, 수사가 지휘하는 제진의 장관들의 상관이기때문에 군사적면에서 강력한 권한을 가지고있었다.

문관인 도장관이 지방군의 지휘에서도 제도상 무관의 우위에 있도록 제도화된것은 중앙군제에서 그러하듯이 리조군사제도의 특징의 하나로 되였다.

그것은 둘째로, 륙군진관과 수군진관이 명확히 구분된것이였다. 《세종실록》지리지에 이미 각 도의 수군은 좌, 우도로 갈라져 2명의 첨절제사 또는 도만호의 휘하에 여러 군항의 만호가 속하도록 되여있어 진관체제의 기틀이 마련되여있었다. 그런데 《경국대전》에서는 수군최고지휘관이 수군절도사로 일원화된것, 충청도, 경기를 비롯하여 여러 도에 좌, 우도제가 없어진것 등 일련의 변화도 있었다.

전국의 수백개 고을이 여러 계층의 진으로 편성되고 주진(절도사)→거진(첨절제사)→제진(동첨절제사)의 지휘체계가 확립된것은 그 실제적인 운영을 고려하지 않는다면 제도적으로 합리적인 측면도 있었다.

2. 진관제하에서의 지방군의 정비

진관제는 전국의 고을을 도를 단위로 군사적으로 편성하는 제도였다.

전국의 각 고을이 진으로 편성되고 국가방위를 위한 정연한 체계가 세워졌어도 군사를 확보하지 않는다면 진관제는 의의가 없는것이였다.

따라서 진관제의 확립과정은 지방군을 확보하기 위한 대책이 강구되고 지방군이 정비되는 과정이기도 하였다.

지방군을 정비하기 위한 조치에서 무엇보다도 주목되는것은 하번중에 있는 중앙군을 지방에서 장악하도록 한것이였다. 종전에는 갑사, 별시위, 방패를 비롯한 중앙군의 군적은 중앙에서 보관하였고 지방에서는 그들이 상번했을 때는 물론이고 하번하여 지방에 있을 때에도 상관하지 않았다.

그런데 중앙군제가 정비되고 병력이 수도에 집중됨에 따라 지방군은 질적으로는 물론이고 량적으로도 약화되지 않을수 없었다.

실례로 1440년 중앙군의 골간인 갑사를 3 000명으로부터 6 000명으로 늘이였는데 그 번차도 3교대로부터 6교대로 늘이였다. 그리하여 3 000명이 3교대로 1 000명씩 상번하던것을 6 000명이 6교대로 1 000명씩 상번하도록 하였다.

갑사를 늘이기는 하였으나 중앙군의 강화에는 도움을 주지 못하였을뿐아니라 다음과 같은 편향이 생겨났다.

첫째로, 갑사가 단꺼번에 3 000명이 늘어났으므로 지방군의 정예한 군정이 그만큼 줄어들게 되였으며 둘째로, 6개월 복무하고 1년동안 집에 돌아와있던 갑사가 새 규정에 의하면 6개월 복무하고 다음 복무때까지 2년반을 하번중에 있게 된것이다. 이리하여 장기간 집에 돌아와있는 갑사를 지방에서 장악하는것은 지방군의 확보, 강화를 위한 중요한 조치로 되였다.

이와 관련하여 1440년 봉건정부가 취한 대책은 우선 하번 30개월 기간 갑사는 거주지부근의 영, 진군적에 이름을 올리며 마음대로 자기가 사는 지역을 떠나지 말것, 또한 유사시에는 제때에 소속된 영, 진에 달려와 사태에 대처할것 등이였다. (《세종실록》 권88 22년 2월 기묘)

그후 중앙군에 대한 지방별장악은 더욱 심화되였다. 1451년에 도절제사로 하여금 하번갑사에 대한 점검사열을 하도록 하였고 별시위, 총통위, 근장, 방패, 섭륙십도 그 거주지의 고을원이 장악하게 하였으며 1454년에는 그들을 거주지근처의 영, 진에 등록하고 군적은 해당 영, 진과 병조에 비치하도록 하였다.

이처럼 중앙군을 이루는 유력한 부대들이 그 거주지를 단위로 장악되고 지방군의 장관인 절제사에 의하여 통제되였다는것은 단순한 장악방법에서가 아니라 군사제도상에서의 주요한 변화를 의미하였다. 그것은 중앙군과 지방군의 한계가 점차 희미하여졌다는것을 보여주었다. 지금까지 지방군은 영진군에 소속되였고 수도에 번상하는 중앙군은 고정되여있었다. 그런데 하번중에 있는 중앙군이 지방에 의해 장악되고 지방군의 임무도 수행하게 되였다는것은 경군역과 향군역의 구분이 없어져갔다는것을 말하여준다.

15세기에 들어와 중앙군의 군액은 1448년에 이르러 단꺼번에 1만 1 200명이 늘어나 2만 8 000명으로 되였다. *

> * 갑사는 4 500명에서 7 500명으로, 별시위는 3 000명에서 5 000명으로, 방패는 4 500명에서 7 500명으로, 섭륙십은 1 800명에서 3 000명으로, 근장은 600명에서 1 000명으로, 총통위는 2 400명에서 4 000명으로 늘어났다. (《세종실록》 권119 30년 정월 을묘)

이와 같이 중앙군을 이루는 각 부대를 늘일수 있었던것은 인구의 자연증가로 인한 군역부담자의 증가와 군역부담에서 제외되였던 장정을 찾아낸것과 관련되겠지만 보다 중요한것은 지방군역을 지고있던 장정이 중앙군으로 되였기때문이였다. 이상의 증가한 부대는 대체로 시취를 통하여 선발되는 병종이였으므로 지방군가운데서 무예와 용력이 뛰여난 장정이 중앙군으로 될수 있었다.

지방군의 중앙군에로의 전화, 이것은 중앙군과 지방군과의 호상관계의 변화를 보여주는 새로운 사실의 하나였다. 그런데 주목되는 점은 중앙군의 군액은 늘어났으나 수도에 머무르는 군인의 수는 그다지 증가하지 않았다는것이다. 왜냐하면 군액의 증가와 함께 그 번차수도 늘이였기때문이다. 중앙군의 각 부대는 5교대에 따라 4개월동안 복무하였으므로 수도에 상주하는 군인은 규정상 5 600명정도였다.

따라서 중앙군의 군액을 늘인것은 수도에 상주하는 병력을 늘이여 수도보위에 만전을 기하자는 목적이 전면에 나선것이 아니였다는 것을 말하여준다.

중앙군을 증가한 리유는 중앙군보다도 지방군을 강화하려는 의도에서 취해진 조치이다. 앞에서 본바와 같이 봉건정부는 갑사의 정액을 2배로 늘이여 6 000명으로 되게 하면서 동시에 그 번차를 3교대로부터 6교대로 증가시켜 여전히 1 000명의 갑사만이 번상하도록 하였다.

의정부는 이러한 조치의 유리한 점을 다음과 같이 강조하였다. 《록봉은 늘이지 않고도 정예한 군사가 저절로 3 000명이나 늘어나 번상하면 궁궐을 지키는 금위병이 되고 하번하면 적을 막아내는 용사가 되므로 중앙과 지방의 군사가 자연히 정예하여질것이다.》 (《세종실록》권88 22년 2월 기묘)

이 기사를 통하여 중앙군을 늘이고 그 번차수를 증가한것이 하번하는 갑사의 수를 늘이자는데 있었다는것을 알수 있다. 갑사의 경우 그것은 2 000명으로부터 5 000명으로 늘어났다. 또한 그 목적은 하번하는 기일을 늘이자는데 있었다. 갑사가 제고장에 머무르는 기일은 1년으로부터 2년 반으로 늘어났다.

이렇게 봉건통치배들은 시취를 통하여 선발되는 정예한 군사를 상번하면 중앙군으로, 하번하는 기간에는 지방군으로 장악하여 국가경비를 늘이지 않고서도 나라의 방비를 보장하려고 하였다.

하번중의 중앙군은 지방의 잠재적인 군사력으로 되였다. 적지 않은 중앙군은 몇달동안 번상숙위하고는 많은 기간을 지방군에 속하여 복무하였다. 물론 갑사와 같은《고급》한 군사가 지방군에 소속되여 제대로 복무하였겠다고 보기는 어렵다. 중앙군의 지방군화도 그 신분적처지에 따라서 일정한 차이가 있었을것이다.

지방군을 정비하기 위한 조치에서 중요한것은 또한 복잡하였던 지방군의 여러 갈래를 정병으로 단일화한것이였다.

15세기 초엽 지방군은 크게 영진군, 익군, 수성군으로 나누어볼수 있다. 《세종실록》지리지 각 도별 군정수에 근거하여 그 병력(정군)을 보면 표 35와 같다.

표 35에서 보는것처럼 함길도의 정군은 시위군에 해당한다. 평

안도에는 시위군이 있는데 함길도에만 없을수 없으며 또 평안도, 함길도에서는 시위군에 해당한 부대를 정군이라고 불렀다는 기록이 전하는것으로 보아 함길도의 정군이 시위군이였다고 말할수 있다.*

* 《여러 도의 군사는 평안도, 함길도에서는 정군이라 부르고 나머지 도에서는 시위패라고 칭하는데 정군을 거느리는 사람을 백호, 천호라고 하며 시위패를 거느리는 사람을 총패라고 한다.》(《세조실록》권18 5년 11월 기묘)

표 35   부대별 정군수   (단위: 명)

부대별 도별	시위군	영진군	익군	수성군	정군	계
경기	1 713					1 713
충청도	1 974	1 766		248		3 988
경상도	2 631	3 876				6 507
전라도	1 167	2 424				3 591
황해도	2 294	2 736				5 030
강원도	2 276	25		11		2 312
평안도	2 878		14 053	789		17 720
함길도			4 472	516	3 046	8 034
	14 933	9 837	18 525	1 564	3 046	48 895

평안도와 함길도에도 익군과는 별도로 시위군 또는 정군이 있는것으로 보아 시위패가 편성되던 당초에는 이 도들에서도 번상할것이 예정된 군사가 있었던것으로 짐작된다. 그러나 북부국경지대의 방어가 중요하였으므로 익군과 마찬가지로 번상하지는 않았다. 시위패에 해당한 부대를 평안도, 함길도에서는 정군이라고 부른것은 번상시위하는 군사가 아니였기때문에 붙인 이름이였다. 시위군 총수에서 평안도의 시위군 2 878명을 빼면 약 1만 2 000명이 되는데 이것이 실지

번상하는 인원으로 된다.

다음으로 지방군의 군액을 살펴보면 익군이 약 1만 8 000명, 영진군이 약 9 800명, 평안도, 함길도의 정군이 약 6 000명, 수성군이 약 1 500명으로서 지방군의 총수는 약 3만 4 500명을 헤아리게 된다.

15세기 중엽 세조통치년간에 군액이 크게 늘어났으나 각 병종(부대) 호상간의 비률은 크게 달라지지 않았다. 북방의 익군과 정군, 남쪽도의 영진군이 지방군의 주력이였다.

지방군이 단일화되는 첫걸음은 평안도, 함길도의 정군이 익군에 소속되게 된것이였다. 처음 번상시위를 목적으로 편성되였던 정군은 자기 도의 방어를 위하여 번상이 면제된 조건에서 익군과 같은 임무를 수행하였다. 그리하여 정군은 익군체제에 망라되였는데 1451년에 《각 도의 시위패와 영진속, 익속정군과 함께 6년을 기한으로》 사슴뿔활을 마련해야 한다는 기사에서 보는바와 같이 익속정군이 바로 그것이였다. (《문종실록》 권9 원년 8월 경오)

이리하여 평안도, 함길도에는 익속정군 즉 정군이 존재하게 되였다.

1459년에 북쪽 도의 정군과 남쪽 도의 시위패를 아울러 정병이라고 칭하며 말있는 군인을 정기병, 말없는 군인을 정보병이라고 하는 조치가 취하여졌다. 이것은 단순한 명칭의 변화가 아니라 지방군제를 단일화하는 중요한 조치였다.

우선 중앙에 번상하는 남쪽 도의 군사와 수도에 번상하지 않는 북쪽 도의 군사를 같은 명칭으로 부르게 한데는 시위패에 점차 지방군의 의무를 지우려는 봉건정부의 의도가 깔려있었다. 봉건정부는 갑사, 별시위, 충순위, 충의위 등 부대에는 3년 기한으로 사슴뿔활을 마련할것을 지시하면서도 각 도 시위패와 영진속, 익속정군에는 모두 6년기한으로 그것을 장만하도록 하였다. 이것은 중앙군인 시위패와 지방군인 영진속, 익속정군의 사회경제적처지의 류사성을 고려한 측면도 있겠으나 동시에 이 세부대에 류사한 임무를 부여하려는 측면도 있었다고 말할수 있다.

북쪽 도의 군익도체제가 남쪽 도에까지 확대되여 지방군제가 단일화되여가는 조건에서 부방하는 북방의 정병과 번상하는 남방의 시위패를 함께 장악하여 같은 임무를 수행케 하려는것, 이것이 그 명칭을 통일하게 한 주되는 원인이였다. 봉건정부의 이러한 의도는 영진군을 정병에 통합시킨데서 명백히 드러났다.

1464년에 봉건정부는 영진군과 수성군을 정병에 통합하는 조치를 취하였다. (《세조실록》 권34 10년 9월 경오)

이리하여 남쪽의 모든 도들에서도 정병이라는 단일화된 병종이 진관체제에 망라되게 되였다. 일반 량인농민은 수군과 정병 그 어느 하나에 속하게 되였다. 정병으로 된 군인은 영, 진에로의 부방과 수도에로의 번상을 돌려가면서 하였다.

정병의 출현과 지방군의 일원화는 전국의 각 지역이 꼭 같은 진관으로 편성된데 맞게 취해진 조치였다.

세조통치년간에 강행적으로 실시된 대대적인 군액의 확장은 전국적인 진관체제에 충당시킬수 있는 군인을 확보하려는것이였다.

1475년에 밝혀진 군액에 의하면 정병 7만 2 109명, 수군 4만 8 800명이였다. (《성종실록》 권59 6년 9월 갑인) 정병가운데서 번상정병이 2만 7 620명, 류방정병이 4만 4 484명이였다.

번상과 류방은 초기는 서로 엇바꾸어 돌려가면서 하도록 되여있었으나 시일이 지남에 따라 번상하는 군인과 류방하는 군인이 고정되여갔다.

3. 류방정병의 배치

진관제는 2차 행정단위인 모든 고을을 동시에 하나의 군사편성단위인 진으로 만들고 그 크기와 중요성에 따라 주진, 거진, 제진으로 구분하여 조밀하고 균일한 전국적인 방어망을 형성하는것이였다. 진관제가 제대로 효과를 내자면 두가지 문제가 해결되여야 한다.

첫째로, 개개의 진이 군사단위로서의 역할을 할수 있도록 필요한 수의 군사를 확보하는것이며 둘째로, 그 배치를 합리적으로 하여 불의의 사태에 원만히 대처하도록 하는것이였다.

진관제가 완성된 세조때에 군액이 무리하게 늘어나 성종통치년간에 군액을 감소시키는 방향에서 재조절을 하지 않으면 안된것은 봉건국가가 군인을 확보하고 늘이는데 얼마나 고심하였는가를 보여준다.

군사를 합리적으로 배치하는 문제도 군액을 늘이는 일에 못지않게 중요하였다. 봉건국가가 제1차적인 관심을 돌린것은 물론 국왕의 호위와 수도방위를 위하여 지방의 군사를 번상시키는것이였다. 다음으로 전략적으로 중요한 지대, 적들의 침입이 예견되는 지대에 군사를 상주시키는것이였다. 바로 이들이 류방군이였다. 류방이란 자기 도에 남아서 군사복무를 한다는 뜻으로서 수도에 올라가 군사복무를 하는 번상 또는 다른 도에 가서 군사복무를 하는 부방과 구별되였다.

모든 고을이 군사단위로 편성되고 또 모든 고을에 군정이 있었으나 그들이 항상 동원상태에 있은것은 아니였다. 평시에 그들은 교대로 징발되여 번상하거나 부방하였으며 더 많은 군정은 하번상태에서 농업에 종사하였다.

만일 군정을 항상 동원상태에 두면 생업을 망칠수 있고 또 군인을 모든 고을에 골고루 배치한다면 전략적으로 중요한 지대를 강화할수 없었다.

그리하여 봉건국가는 전략상 중요한 지대를 설정하고 그곳에 군사를 늘 주둔시키였는데 이것이 바로 류방군이였다. 《경국대전》에 기록된 류방군배치지와 그 병력은 표 36과 같다.

표 36에서 보는바와 같이 충청도, 경상도, 전라도를 비롯한 5개 도의 전략상 중요한 지대에 1～4려의 군사가, 다시말하면 125～500명의 군사가 상주하였다. 그 대부분은 왜적의 침입이 예견되는 바다가고을들과 관찰사 또는 병마절도사가 있는 주진이였다.

표 36　　　　　　　　　**전국 류방군배치 일람표**

도별	류방군 4려	류방군 3려	류방군 2려	류방군 1려	류방군 계
충청도		주진	비인, 람포, 태인		9려(1 125)
경상도	주진(2곳)	동래, 웅천	녕해, 김해, 사천, 영일	남해, 거제	24려(3 000)
전라도		주진	옥구, 무장, 부안, 순천	흥양, 진도	13려(1 625)
황해도			강령, 장연	황주, 수안, 풍천, 옹진	8려(1 000)
강원도				강릉, 삼척	2려(250)
평안도	갑사, 정병은 모두 본도에 남아서 방어					
영안도	갑사, 정병은 모두 본도에 남아서 방어					
개성부	정병은 본부에 남아서 순찰					

　　도별로 보면 남쪽 5개 도의 류방군 56려 7 000명 가운데서 그 절반에 가까운 24려 3 000명이 일본과 가까운 경상도에 상주하였는데 이것은 류방군편성의 주되는 목적의 하나가 왜적의 침입을 막는데 있었음을 보여준다.
　　전라도에는 13려의 류방군이 있어 경상도 다음자리를 차지하는데 경상도와 전라도를 합하면 37려로서 류방군총액의 66%를 차지하고있다. 이것은 또한 류방군의 설치가 결국 경상도, 전라도를 지켜내자는데 있었다는것을 확증하여준다.
　　류방정병은 4교대로 1달씩 복무하였다. 1년에 세번 복무하였으므로 매해 3달을 류방에 바치였다.
　　량계지방의 류방군과 번상정병의 수적대비를 보면 표 37과 같다.

　　　※ 표 37에는 류방정병의 1교대당 군정수가 6 300명인데 기록에는
　　　6 355명으로 되여있는것을 비롯하여 몇몇 수자상 잘못된것도 있으
　　　나 그대로 둔것은 당시의 사실을 근사하게 반영하고있기때문이다.

　　표 37에 의하면 전국 정병총수는 량계지방을 제외하면 5만

2 000여명인데 그가운데서 류방정병은 2만 5 000여명이고 번상정병이 2만 7 000여명이므로 번상정병이 약 2 000명이상 더 많은것으로 된다. 그러나 류방정병은 4교대이고 번상정병은 8교대이므로 실지 상비군을 이루는 수자는 번상정병이 3 400여명인데 비하여 류방정병은 6 300여명으로서 훨씬 더 많았다.

표 37 **류방정병, 번상정병 대비표** (《성종실록》권59 6년 9월 병진)

구분 도명	총군액	류방번차	교대당 군정수	류방합계	번상번차	교대당 군정수	번상 합계
충청도	12 500	4	1 125	4 500	8	1 000	8 000
전라도	18 651	4	1 625	6 500	8	1 058	12 151
경상도	15 022	4	3 000	12 000	8	390	3 122
강원도	1 427	4	150	600	8	103	824
황해도	3 082	4	400	1 600	8	185	1 482
경중	448	4			8	56	448
경기	1 594	4			8	199	1 592
계	52 724		6 300	25 200	8	2 991	27 619
평안도	12 947						
영안도	5 737						
개성부	600						

다음 평안도, 영안도의 류방정병은 대략 1만 8 000여명으로서 그 남쪽 도들의 류방정병보다도 약 7 000명이나 적은 수자를 나타내고있다. 그러나 평안도지방에는 황해도군사의 일부가 부방하였으며 량계지방의 면적을 고려할 때 류방정병의 배치는 북쪽과 남쪽지방의 방어에 거의 대등한 힘이 돌려졌다는것을 보여준다.

5만에 가까운 수군이 주로 삼남지방에 배치된 사실을 념두에 둔다면 총체적으로 15세기 국가방어의 비중은 북쪽보다 남쪽이 좀더 컸다고 볼수 있다. 이것은 물론 왜적의 침입을 물리치려는것이였다.

고려때에는 국가방어의 중심이 나라의 북쪽지방에 있었고 남쪽

도의 군사들이 부방함으로써만 서북면, 동북면의 방어가 이루어졌다면 리조에 들어와서는 나라의 북남지역의 방위가 다같이 중시되였으며 북쪽지방의 방어가 기본적으로 그 지역 군정들에 의하여 담보되였다.

제4절. 화포군의 강화발전

1. 화포군의 정비 및 강화

1380년대 왜구를 격멸하는데서 위력을 보인 화약무기는 리조봉건국가가 성립된 이후에도 계속 발전하였고 그에 따라 화약무기로 장비한 화포군수도 증가하였다. *

> * 화약무기로 장비한 부대는 화통군, 방사군, 화포군, 총통군 등 여러 명칭으로 불리웠다. 여기에서는 화약무기로 장비한 군사 또는 부대일반을 편의상 화포군이라고 하였다.

고려말에 처음 만들어진 화약무기는 륙지싸움에도 적용되였으나 주로 바다싸움에 많이 쓰이였다.

그러나 리조에 들어와서는 함대에뿐아니라 지상부대에도 화포가 광범히 도입되였으며 그에 따라 화포군이 크게 늘어났다.

화포군이 늘어날수 있었던 요인은 첫째로, 봉건국가가 실지전투에서 그 위력이 증명된 화약무기의 제작에 관심을 돌리고 화포군을 늘이였기때문이였다.

새로 수립된 리조봉건국가는 왜구의 침습이 계속되는 형편에서 화약무기를 생산하며 부대를 화약무기로 장비시키는데 큰 힘을 넣었다. 국가적인 규모에서 이 사업이 진행되였음으로 하여 제대로 진척되였고 따라서 화약무기로 장비한 부대들이 늘어날수 있었다.

둘째로, 15세기에 들어와 화약과 화약무기가 계속 발전하였기 때문이다.

화약과 화약무기는 창이나 칼을 만드는것과는 비할바없이 많은 로력이 요구되였고 또한 기술적으로도 어려운 문제들이 해결되여야 하였다.

화약을 대량적으로 값눅게 생산할수 있는 방법의 창안, 창이나 칼을 결정적으로 릉가하는 화포성능의 부단한 제고와 주조기술의 발전 등은 화포에 대한 늘어나는 수요를 충족시킬수 있게 하였으며 필요한 수의 화포군을 편성할수 있게 하였다.

화통군의 정비가 본격적으로 개시된것은 1398년 9월이였다. 이때 봉건정부가 취한 조치는 다음과 같았다.

《화통군과 기인들의 역은 어렵고 힘드니 호조에서는 마땅히 각 고을 아전들의 수와 관청 및 절간노비들의 수가 많고적음을 따져서 그 인원수를 정함으로써 부담을 고르롭게 할것이다.》(《태조실록》권15 7년 9월 갑신)

이 기사에서 중요한것은 우선 화통군의 신역이 매우 고되였다는것이다. 불붙기 쉽고 폭발하기 잘하는 위험한 화약을 다루며 또한 높은 기능을 필요로 하면서 잘못 다루면 부상당하거나 목숨을 잃을수도 있는 직업이 화통군의 직업이였다.

또한 화통군의 역이 공평하게 부담되지 않았다는것이다. 그 인원수를 다시 정하여 힘들고 쉬운것을 고르롭게 할데 대한 봉건정부의 지시가 있은것이 그것을 말하여준다.

끝으로 화통군을 이루는 층은 관청 및 절간노비였다는 사실이다. 고려때 절간소속장정을 징발하여 화통방사군을 편성하였던 사실을 념두에 둔다면* 고려시기에는 절간노비 또는 절간에 소속된 장정으로 화통방사군이 이루어졌었는데 리조초에 들어와 갑자기 관청노비들로 화통군이 편성되였다고 보기는 어려울것이다.

* 《고려사》권81 병지 신우 4년 4월조에 《화통방사군을 개경과 지방의 각 절간들에 배정하였는데 큰 절은 3명, 중간절은 2명, 작은 절은 1명씩이였다.》라는 기사가 전한다. 이것을 여러 절간들에 화

통방사군을 배치한것으로 해석하는것은 잘못이다. 수도와 중앙의 여러 절간에 화통방사군을 1~3명씩 분산배치하고서는 훈련과 통제를 보장할수 없다. 고려시기 절간에 배정하여 징발한 장정, 화통방사군을 이룬 장정이 절간노비였다는것은 리조초의 사실을 통하여서도 알수 있다.

화통군을 이룬 최초의 신분층은 노비였다. 화약을 창제하는데서 중요한 역할을 한 사람들이 최무선의 가노들이였고 화약무기를 만든 사람들이 화통도감에 소속된 관노비였다면 최초의 화포군은 주로 절간노비와 관노비였다.

그들은 화약과 화약무기의 제작자였을뿐아니라 그것으로 무장한 화포군의 첫 대오였다.

1401년 윤3월 최무선의 아들 최해산이 군기감 주부로 임명된것을 계기로 화약무기에 대한 연구와 그 제작이 본격화되였다. 이에 따라 늘어나는 화통군을 확보하기 위하여 1404년 8월 중앙과 지방의 여러 관청에 소속된 노비들가운데서 15~50살인 사람들을 추려서 화통군에 소속시키였다. (《태종실록》권8 4년 8월 기축)

봉건정부는 관노비들로써 화통군을 보충하는 한편 량인들에게도 화포군의 역을 부담시키였다. 그것이 바로 군기감에 소속된 별군이였다.

이에 대한 기록은 1404년 5월 군기감별군으로서 1~2결의 토지를 가진자에게 봉족 1호를 준다고 한 규정에서 찾아볼수 있다.

군기감별군은 그 봉족지급규정으로 보아 량인에 해당되며 화통군과 같은 시기에 존재한 사실로 보아 화약무기의 제조와 그 사격에 종사하는 군인이였다.

· 1433년―벼슬자리를 떠서 별군에 속한자로서 나이 20~40살인 사람은 모두 화포술을 익히도록 하였다. (《세종실록》권59 15년 정월 무인)

· 1433년―별군으로서 나이가 50살이 되였어도 화포쏘는 법을 련습시키고 거기에서 재간있는 사람은 60살이 되여야 로패에 옮기도록 한다. (《세종실록》권61 15년 9월 기축)

1445년 -《총통은 나라의 중요한 일이기때문에 별군은 원래 이것을 위하여 둔것이다.》(《세종실록》권109 27년 7월 경인)

우의 자료는 별군의 일부가 화포를 다루는 군사였음을 말해준다. 당시 군기감별군은 1 000명이였는데 16패가 4교대로 나누어져 복무하였다.

군기감별군의 존재는 이미 15세기초에 노비들로써 이루어진 화통군과 함께 량인을 구성원으로 하는 화포군이 있었다는것을 말해준다.

또한 그것은 화포군이 량적으로 늘어났고 또 앞으로 더 늘어날수도 있다는것을 보여주었다.

15세기 초엽 화약과 화약무기의 개량에서도 큰 전진이 이룩되였다. 우선 화약의 성능이 종전에 비하여 배로 증가되였으며 철령전 수십대를 장치한 쇠통을 수레에 싣고 화약의 힘으로 련달아 발사할수 있는 화차가 만들어졌다. 발사물로는 불지르는데 쓰이는 화전이외에도 석탄자, 탄환 등 목표물을 관통하거나 파괴하는데 쓰이는 여러가지 무기가 제작되였다.

이리하여 화통은 함선에는 물론 전국 요해처의 중요한 성, 보에도 배치되게 되였다. 1415년 7월현재 1만여자루의 화통이 있었음에도 불구하고 오히려 부족을 느꼈다는것은 당시 화약무기의 생산과 그 수요가 얼마나 많이 늘어났는가를 말하여 준다.(《태종실록》권30 15년 7월 신해)

화약무기생산이 늘어남에 따라 화통군도 증가하였다. 1415년 4월 화통군은 400명이 늘어나 1 000명으로 되였다. 지방의 성, 보 요해처에도 화약과 화약무기를 배치하고 중앙으로부터 기술자를 파견하여 발사기술을 습득케 하였는바 그들까지 포함하면 화포군의 수는 크게 늘어난것으로 된다.

화포군이 늘어남에 따라 화포군이 배치되지 않은 영, 진이 없게 되였다. 그리고 화포발사법이 보급됨에 따라 서북변방의 용감한 군인은 반드시 화포술을 체득하였고 6진지방에서는 관청노비까지도 화포쏘는 방법을 알고있었다.

1433년 화포발사를 준비하는 사람과 실지로 발사하는 사람을 구분하게 되였는데 이것은 화포군안에서의 합리적인 분공이 이루어졌음을 의미하는것이였다.

2. 화약무기의 획기적발달과 화포군의 강화

　　15세기 중엽에 들어와 화약무기는 비약적으로 발전하였다.
　　우선 발사기가 다양하게 발전하였다. 1434년 9월 1발에 2～4개의 화살을 동시에 발사하는 화포가 제작되였다. 단번에 화살 2개를 쏠수 있는 쌍전화포는 이미 앞서 만들어졌다.
　　또한 세총통이 발명되였다. 세총통은 가지고 다니는데 편리하여 말우에서 쏠수 있고 어린이와 녀자들도 능히 다룰수 있는 소형의 휴대용무기였다. 그리고 소와 말에 싣고 다닐수 있는 소형의 완구도 제작되였다. 세총통과 소완구의 출현은 군사들로 하여금 수시로 이동하면서 기동적으로 싸우는데 편리한 무기를 가지게 하였다.
　　발사기가 창안개량되는것과 함께 다종다양한 발사물이 출현하였다. 그러한것으로는 현자철령, 황자철령, 수마원석, 탄자, 철환, 철전 등을 들수 있다.
　　이 시기에는 목표를 불지르는데 쓰이는것뿐아니라 목표물을 파괴하거나 관통하는데 쓰이는 발사물이 많이 제작되였다. 그가운데서도 수마원석은 일종의 돌포탄으로서 복숭아만 한 돌탄 40개와 탄자크기의 돌탄 70개를 화약과 섞어서 백환화포로 쏘면 200～500보에 이르는데 그동안에 돌탄이 분쇄되여 굳은 쇠탄알보다는 못하나 쇠탄알이 없는 경우에는 그것을 대용할수 있는 새로운 발사물이였다. (《세종실록》 권72 18년 6월 신축)
　　화약무기가 개량되고 많이 제작되는데 따라 화포군이 증가하였다. 이 시기 화포군은 주로 평안도와 함길도 등의 변경지대에 많이 배치된것이 특징이였다.
　　1435년 4월 봉건정부는 평안도의 강계, 녕변에는 각각 200명, 창성, 자성, 벽동, 리산, 려연에는 각각 100명 합계 900명 그리고 함길도의 부거(부령)를 비롯한 6개 고을에 750명 모두 1 650명을 배치하기로 하고 방패는 중앙에서 보낸 견본에 따라 지방 각 고을에서 자체로 만들고 화포와 화전은 군기감에서 제작하여 보내주도록 하였다. (《세종실록》 권68 17년 4월 기유)
　　화포를 만들어 지방에 내려보내는것과 함께 군기감의 기술자들을 평안도, 함길도에 파견하여 화포쏘는 방법을 가르치도록 하였다. (《세종실록》 권69 17년 8월 을묘)

현지에 파견된 약장, 별군 등은 화포쏘는 방법을 보급하고 고장난 화포를 수리하는 등 지방의 화포군을 강화하는데 기여하였다.

봉건정부는 또한 남쪽 도의 인민들에게 화포술을 가르쳐주어 평안도에 파견하였고 현지 인민들가운데서 화포술이 능한자들에게 토관직을 주는 방법으로 화포군이 되는것을 적극 장려하였다.

1436년 11월 강계를 비롯한 평안도변경의 6개 고을에는 524명의 화포군이 편성되었다. 이 수자가 결코 대단한것은 아니였으나 1년 남짓한 동안에 500명이상의 전문화포군을 양성하여 평안도변경의 각 고을에 상주시켰다는것은 화포군을 강화발전시키는데서 중대한 사실로 된다.

이 시기 서북변경에서의 화포군강화에 특별한 노력을 기울인것은 1433년 4월과 1437년 9월 두차례에 걸친 녀진정벌과 관련되였다. 녀진정벌을 준비하면서 화포군은 계속 증강되였는데 특히 제2차정벌을 전후하여 중앙으로부터 강계 등 6읍에 총통과 교습관, 약장이 계속 파견되였다.

그리하여 1438년 서북변경의 매 고을의 화포군정수는 15~30명으로서 보병의 약 3분의 1을 차지하였다. 이밖에도 중앙에 화포군이 있었으며 남쪽 도의 각 고을에는 화포군이 편성되여있었다.

화포군의 설치와 화약무기의 개량, 그 쏘는 방법의 개선은 왜구를 제압하고 녀진을 정벌하는데서 매우 큰 효과를 거두었다. 제2차 녀진정벌이후 《화포는 적들을 방어하는데서 리로운바가 크다. 왜구와 야인(녀진인)들이 두려워하는바가 바로 여기에 있다.》[*1], 《만약 많은 화포를 장만하여 적이 침습할 때 제때에 대전한다면 열사람으로 능히 100명의 적을 제압할수 있다.》[*2]는 기록들이 전한다.

[*1], [*2] 《세종실록》 권83 20년 11월 갑진, 권89 22년 5월 갑인

이 모든 사실은 화포가 적들을 무찌르는데서 으뜸가는 무기로 되였음을 보여준다.

화포리용과 그 기술의 발전, 경험의 축적에 토대하여 사격에서의 합리적인 분공이 이루어졌다. 1441년 6월 말우에 탄 사수는 계속 쏘기만 하고 다른 한사람은 말에 올라 사수를 따라다니면서 련속 화살을 공급하도록 하는 조치가 취하여졌다. (《세종실록》권93 23년 6월 무진)

이것은 매 사람이 제각기 쏘다가 발사물이 떨어지고마는 페단을 극복하자는것이였다. 두사람을 단위로 사격조를 구성하여 보다 능률적이고 합리적으로 쏠수 있도록 한것은 비록 완전한 제도로 고착된것은 아니였다 할지라도 사격방법을 개선하며 군인호상간의 협동과 단결을 강화하도록 하였다는 면에서 특기할 사실로 된다. 또한 그것은 앞으로 전투시 화포군의 대오를 보다 합리적으로 편성할수 있게 한 디딤돌로 되였다.

3. 총통위의 설치, 화포군대오의 합리적편성

1440~1450년대는 화약무기발전의 절정을 이룬 시기였고 그에 따라 화포군의 정비강화에서도 새로운 진전이 있던 시기였다.

우선 화약무기의 발전정형을 보면 첫째로, 화포의 성능이 전면적으로 제고되였다. 즉 화약소비량을 줄이고 화포의 무게를 감소시키면서도 사거리를 배이상으로 늘이였다. 화약무기를 획기적으로 개량한것은 15세기 무기발전에서 이룩한 가장 큰 성과의 하나였다.

둘째로, 화포를 전면적으로 고쳐만든것이였다. 즉 종전의 구식화포를 녹이여 새로운 화포를 주조하였다. 절간과 관청들의 파동을 수집하고 여러 도에 감독관을 파견하여 전국적범위에서 주조하였다.

셋째로, 새로운 총통이 많이 만들어진것이였다. 1446년 1월이후 3총통, 4전총통, 8전총통, 2총통, 세총통, 1총통, 4전장총통 등이 새로 만들어졌다. 특히 천자포, 지자포, 현자포, 황자포의 전신 또는 다른 명칭이라고 볼수 있는 1, 2, 3총통의 출현은 매우 주목되였다.

이상과 같이 화약무기의 획기적인 발전을 배경으로 하여 1445년 7월 총통위가 설치되였다.

총통위가 설치되면서 편성될 화포군에 관한 세칙이 규정되였는데 그 내용은 다음과 같다.

첫째로, 별군과는 별도로 한성과 지방에서 신역을 지지 않고있는 사람들을 모집하여 총통위를 조직한다.

둘째로, 총통위는 병조에 소속시킨다.

셋째로, 달리기와 힘쓰기를 시험쳐서 2 400명을 뽑으며 그들을 3개의 번으로 나눈다.

넷째로, 매달 료미로써 쌀 6말을 준다.

다섯째로, 근무시에는 3개의 번으로 나누어 첫째 번은 중군에, 두번째 번은 좌군에, 세번째 번은 우군에 소속시키며 각각 총통을 가지고 서로 교체하여 대궐안에서 당직을 서게 한다.

여섯째로, 번을 들거나 행차를 호위하는 등의 일외에는 다른 일을 시키지 않으며 별군의 규례에 따라서 봉족을 준다.

일곱째로, 각 관청의 리전, 근장, 방패차비군, 별군, 라장, 조예 등 수도에서 신역을 지는 사람으로서 총통위에 소속될것을 원하는자는 입대시키도록 한다.

총통위는 종전의 별군이 다른 잡역에 많이 동원되여 화포군으로서의 역할을 제대로 하지 못하는 형편에서 별군과는 별도로 조직한 부대였다.

총통위와 별군의 차이점은 우선 같은 화포군이기는 하지만 총통위가 별군보다도 우위에 있었다는것이다.

총통위는 병조에 속하였는데 이것은 총통위의 비중을 높이며 별군에 비한 총통위의 우위를 보장하려는 조치였다.

이러한 점은 별군으로서 총통위에 소속될것을 원하는 경우 그것을 들어주도록 한데서도 알수 있다.

다음으로 총통위는 병조와 3군의 2중절제를 받았다는것이다. 병조소속의 총통위는 당번을 설 때마다 3개의 번으로 나누어져 중군, 좌군, 우군에 속하였다. 그러므로 총통위는 3군의 직할군사는 아니였으나 군사로서 대궐의 경비근무를 수행할 때에는 3군의 통제를 받았다.

이처럼 행정상의 소속과 경비근무상의 소속을 달리한것은 병조의 권력이 비대해지는것을 미리 막기 위한 제도였다.

또한 총통위는 별군에 비하여 2배이상의 군인을 가지고있었다는것이다. 규정상 별군이 1 000명이였는데 총통위는 2 400명이나 되였다. 이것은 봉건국가가 별군보다 총통위에 큰 의의를 부여하였다는것을 보여준다.

끝으로, 총통위는 별군과 달리 전문화포부대였다는 사실이다. 별군에는 화포군의 임무를 수행하지 않는 성원들도 적지 않았으나 총통위는 그 설치의 목적이 처음부터 화포군을 편성하려는것이였다.

총통위의 설치는 그것이 중앙군의 가장 중요한 부대의 하나로 되였다는것, 왕궁의 경비에도 화약무기가 광범히 적용되였다는것을 보여주었다.

1448년 1월 총통위는 1 600명이 늘어나 그 정원이 4 000명으로 되였다. (《세종실록》 권119 30년 정월 을묘) 총통위는 5개 번으로 나누어져 매번 800명이 4달씩 복무하였다. 총통위는 50명을 1패로 하여 편성되였고 패마다 패두가 있어 이를 통솔하였다.

1446년 1월에 발표된 훈련규정에 따르면 한 교대 800명중에서 3총통을 가진자가 300명, 4전총통과 8전총통을 가진자가 각각 250명이였다는 사실에 비추어 전투때에도 대체로 총통군이 이러한 비률로 각이한 종류의 총통을 갖추었을것이다.

화약무기의 발달과 사격경험이 축적된데 기초하여 1447년 11월 화통군대오를 합리적으로 편성하는 획기적인 조치가 취하여졌다. (《세종실록》 권118 29년 11월 갑진)

첫째로, 총통군 5명을 한 대오로 구성하고 4명은 사격만 하고 한 사람은 장약만 한다.

둘째로, 2총통, 3총통, 8전총통, 4전총통, 세총통의 다섯가지 총통을 쓰되 총통별로 대오(5명 또는 10명)를 구성한다. 다시말하면 2총통오, 3총통오, 8전총통오, 4전총통오, 세총통오를 편성한다.

셋째로, 사격에 필요한 격목, 철추, 화약, 화심 등 일체 도구는 장약을 담당한 군인이 총통과 함께 말에 싣고 따라다니고 나머지 군인은 활, 칼 등을 가지고 다니며 전투시에 장약된 총통을 넘겨받는다.

넷째로, 5가지 종류의 총통군은 각기 색갈을 달리하는 기발로써 구별하며 총통군지휘를 맡은 총수는 5색기를 가지고 사격을 지휘한다.

이러한 조치가 취하여짐으로써 우선 화약을 절약할수가 있었다. 화약제조방법이 개선되고 많은 화약이 생산되였으나 그 수요는 계속 늘어났다. 그런데 대오를 이렇게 편성하면 많은 화약을 소비하면서 사수들에게 장약법을 가르쳐줄 필요가 없었고 전투때에도 많은 화약이 절약되였다.

다음으로 총통의 종류별로 대오를 편성하였기때문에 군인들의 체력에 알맞는 총통을 줄수 있었고 격목, 화심 기타 장약도구가 뒤섞여 일어나는 혼란을 막을수 있었다.

그리고 사수와 장약군을 전문화하여 사격과 장약에서 능률을 더 높일수 있었다.

또한 여러가지 종류의 무거운 장약도구를 사수들이 제각기 휴대하는 페단이 극복되여 이동을 기동적으로 할수 있었고 많은 장약도구를 절약할수 있었다. 끝으로 대오가 총통별로 전문화되였으므로 지휘를 잘할수 있었다.

이처럼 총통군대오의 합리적인 편성은 사격방법을 개선하고 총통군을 강화하는데서 중요한 의의를 가지였다.

1448년 12월에 정해진 총통이습(련습)절차와 방법은 다음과 같다. (《세종실록》 권122 30년 12월 무오)

첫째로, 지금까지는 각 영, 진과 각 포구, 구자들에서 1년에 네번(1월, 4월, 7월, 10월) 련습하였기때문에 총통쏘는데 숙달될수 없었고 또 각종 총통을 모두 련습하였으므로 화약을 보장하기가 어렵기때문에 앞으로는 4전총통만을 쏘되 량계지방에서는 매달 한번에 10자루씩 기타 도에서는 매 석달마다 한번에 10자루씩 쏜다. 나머지 1전총통, 4전장총통, 세총통 및 중, 소신기전은 량계에서 매년 1번씩, 나머지 도들에서는 2년에 1번씩 쏘며 1총통은 1자루, 8전총통이하는 5자루씩 쏜다.

둘째로, 유사시 이웃고을을 도우려고 총통군이 출동하면 본읍의 방비가 소홀하여지기때문에 인리, 일수, 관노가운데서 20살이상 되는 사람들을 뽑아 60살 될 때까지 총통을 련습시키도록 한다.

셋째로, 각 도의 감련관, 관찰사 등은 늘 총통련습정형을 살펴보고 우결함을 따져 표창하거나 처벌한다.

넷째로, 련습때에는 총통군뿐아니라 번을 든 군사들도 모두 참가시켜 장약 및 사격방법을 익히도록 한다.

여기에서 가장 중요한것은 총통쏘는 방법을 당번중인 지방군사 일반에까지 보급하도록 한것이였다. 또한 일수와 같은 하층아전과 관노 등 군역의 대상이 아니였던 층에까지 화통을 련습시키도록 한것이였다.

세종통치년간에 활발하게 벌어지던 화약무기제조사업은 그후 약간 저조해졌다. 1455년 조카의 왕자리를 빼앗아가진 세조는 반대세력을 제거하는데 급급하면서 위력한 화약무기로 장비된 총통위를 페지하여버렸다.

이리하여 1457년 7월 총통위는 자기의 존재를 마치였는데 거기에 소속되였던 군인들은 소원에 따라 별시위, 섭륙십 등 다른 부대에 옮겨 배치되였다.

이때 량성지는 총통위를 보병들가운데서 가장 정예롭고 강한것으로 일러왔는데 갑자기 없애버리는것은 마땅치 않다고 반대하였다.

총통위가 페지된 후 화약무기를 다루는 기술은 파적위, 장용대 등에 소속된 군인들에 의하여 이어졌다. 총통위는 없어졌으나 화약무기는 그대로 보관되였으며 또 지방의 화포군은 여전히 존속되였다.

1462년 경상좌우도의 내상 영속군사안에서 총통군이 차지하는 비률은 표 38과 같다.

표 38에 의하면 경상좌도에서는 총 1 056명의 군사가운데 총통군이 90명으로서 약 8.5%를 차지하였고 실지 립역하는 군인 369명가운데서

표 38　　　　　　　　　경상좌우도 화포군비률

	경 상 좌 도			경 상 우 도		
	군액	번차	립역군	군액	번차	립역군
수성군	392	2	196	444	2	222
마 병	502	4	약 126	600	4	150
방패군	72	3	24	60	3	20
총통군	90	4	약 23	25	4	6
수호군				216	4	54
합 계	1 056		약 369	1 345		452

(《세조실록》 권28 8년 7월 갑진)

총통군이 약 23명으로서 6.2%를 차지하였다. 경상우도에서는 1 345명의 군사가운데서 총통군은 25명이므로 약 1.9%를 차지하였고 실지 립역하는 군인 452명가운데서 총통군은 6명으로서 약 1.1%를 차지하였다.

평안도와 함길도에는 총통군이 더 많이 배치되여있었다. 1467년 함길도농민전쟁을 진압하러 간 관군의 진중에서 총통군이 약 7:1의 비중을 차지하였고 중앙군액 5만명 가운데서 화통군이 4 000명으로서 약 8%를 차지한것에 비해서는 현격한 차이를 보여준다.

이것은 봉건국가가 중앙의 화포군을 강화하는데 주력하였음을 의미한다. 그전에 중앙의 총통위를 폐지한것은 총통군을 약화시키는 계기를 이룬 소극적이며 근시안적인 조치였다. 또한 같은 해에 지방의 방패군과 총통군을 진군에 통합하는 조치가 취하여졌는데 이것은 전국에 진관체제가 확립되는데 맞게 지방군을 일원화하려는 조치의 하나였다고 볼수 있지만 화포군을 강화하는데는 부정적이였다.

1467년 5월 함길도농민전쟁이 개시되자 봉건정부는 그달로 4전총통과 3총통 각각 100개를 내려보냈고 6월과 8월에도 완구와 3총통 각각 250개를 파송하였다. 같은 해 7월 2일에 있은 진압부대의 편성때 총통군은 1 350명이였고 7월 17일 현지에서 3진을 편성할 때 총통군은 매개 진에 600명씩 배치되였다.

농민군도 화포, 화전, 총통 등 화약무기를 많이 사용하였다. 앞서 압록강을 건너 녀진을 정벌할 때에도 화포가 사용되였으나 함길도농민전쟁때와 같이 많이 사용되지는 않았다.

15세기 말엽에 들어와 봉건통치배들의 근시안적인 처사로 하여 화포군이 그 이상 발전, 강화되지는 못하였으나 15세기는 화약무기의 제조와 개량에서 큰 진보가 이룩되고 화포군이 질량적으로 장성한 시기였다.

이것은 15세기 군사제도의 특징의 하나로 된다.

제5절. 15세기 군사제도의 특징

15세기는 우리 나라 중세력사에서 봉건적중앙집권제가 가장 강하였던 시기이며 그 통치체제가 매우 째여졌던 시기에 해당한다. 그리고 이 시기는 전시기에 비하여 반침략전쟁은 많지 않았으나 남쪽으로 쳐들어오는 왜구를 물리쳐야 할 필요성으로 하여 수군을 강화하는것이 절실한 과업으로 나섰던 시기였다.

또한 봉건통치배들이 반동적인 유교성리학을 통치리념으로 확고히 받아들이고 왕권을 강화하기 위하여 문존무비를 제도적으로 고착시키며 나라의 방위보다도 봉건왕실의 안전을 도모하기 위한 제반 군사적대책이 강구되던 시기였다.

1. 군역을 담당하는 신분층의 확대

15세기 군사제도의 가장 중요한 특징의 하나는 군역을 담당하는 신분층이 이전시기에 비하여 크게 늘어난것이였다.

우선 평시 군역의 대상이 아니였던 노비의 일부 층에 대한 군사복무를 제도화한것이다.

15세기에 존재한 장용대, 만강대는 노비들로 편성되였는데 그들에게 어느 경우나 다 의무적으로 군역이 강요된것은 아니였다. 노비들가운데서 힘이 세고 용감한자를 시취를 통하여 선발하여 군사복무를 부담시키였다.

리조초에 화통군에는 강제로 징발된 절간노비와 관청노비가 소속되였다. 화약과 화약무기를 다루는것이 위험하고 고되다는것은 도창무기를 다루는 일반보병에 비할바가 아니였고 수군복무보다도 더 어려웠다. 봉건국가는 어렵고 위험하여 그 복무를 꺼려하는 화통군에 노비들을 강제로 입대시켜 복무하게 하였다.

사노비는 평시 정규군으로 복무하지는 않았으나 잡색군에는 소속되였다. 잡색군은 유사시 징발을 예견하여 편성한 부대로서 한해에 몇차례 군사훈련을 하는것이 고작이였다.

이처럼 전시가 아니라 평시에, 림시로가 아니라 제도적으로 노비의 일부 층이 군역을 감당하였다는것은 군사로 복무하는 신분층이 늘어났다는것을 보여주는 중요한 사실의 하나로 되며 동시에 신분제도와 군역의 호상관계에서 이전시기와의 차이점을 나타내는 실례로도 된다.

다음으로 신량역천이 군사로 복무하는 신분층의 하나로 고착된데서 찾아볼수 있다.

고려시기 수많이 존재한 향, 소, 부곡의 주민들은 평시 군역의 기본대상이 아니였다. 리조에 들어와 군현제도의 일환으로 존재하던 향, 소, 부곡이 철폐되고 그들이 일반 군, 현의 주민으로 흡수되면서 일부는 량인으로 또는 신량역천으로 되였는데 봉건국가는 그들에게도 군역부담을 들씌웠다.

또한 봉건국가로부터 일정한 경작지를 받거나 조세를 면제받지 않고는 자체로 군역을 감당할수 없었던 량인농민의 하층까지도 모두 군역체계에 망라된데서 찾아볼수 있다.

리조봉건국가는 봉족 또는 보인제도를 전반적으로 실시하여 련대적인 과호제도를 설정함으로써 모든 량인신분층을 정군이나 봉족이 되게 하여 군사복무를 량인일반에게 강요하였다. 이리하여 군역의 대상이 크게 늘어났다.

그리고 봉건국가가 지배계급신분의 일부 층에도 군역을 부담시킨데서 찾아볼수 있다.

고려말~리조초 수전패, 무수전패 등은 모두 전함품관 즉 종전에 관료로 복무하였거나 그에 준하는 량반신분을 가진자들이였는데 봉건국가는 이들에게 자원성의 원칙에서가 아니라 의무로써 군사복무를 부담시켰다.

이밖에도 각급 경아전과 향리들을 잡색군에 망라시킨것 그리고 비록 철저하게 실시되지는 않았으나 현직관리가 아닌 3품이하의 량반 및 그 자손에게도 군사부담을 지우려고 한것은 군역대상을 늘이는데 일정한 작용을 하였다.

이처럼 15세기 군사로 복무하는 신분층이 전시기에 비하여 크게 늘어났다.

15세기 군역을 담당하는 신분층이 늘어난것은 동시에 군액의 확장으로 표현되였다.

군역을 감당하는 신분층의 확대는 우선 이 과정이 그들의 신분에 맞게 군역부담이 고정되여가는 과정이라는것을 보여주었다.

신분상의 처지는 곧 그들이 지는 군역에서 표현되였으며 그들이 복무하는 부대 또는 병종은 곧 세분된 신분을 의미하는것이기도 하였다.

례를 들면 갑사로는 가난한 량인의 하층은 될수 없었고 같은 량인신분이지만 류방정병은 번상정병만 못하였으며 수군은 곧 신량역천이였다.

또한 피지배계급신분의 인민에게는 군역부담이 더욱 치중되게 되였다는것을 보여준다.

삼국시기 제땅을 가진 자영농민을 기본으로 하면서 귀족신분도 감수하던 군사복무는 1 000여년이 지난 후에는 피지배계급신분이 주로 감당하는 가혹한 부담으로 되고말았다.

봉건사회가 전진할수록 피지배계급신분의 인민에게는 경제적수탈외에 보다 큰 군사적부담이 들씌워졌다.

또한 봉건국가가 강화된 중앙집권력에 의거하여 토지에 기반을 두었던 종전의 군역편성원칙과는 달리 인정을 단위로 군사복무의 대상을 늘이였다는것을 보여주었다.

15세기 군역편성의 기본내용은 봉건국가가 호적에 전국의 인구를 장악등록한 다음 다시 16~60살의 장정을 뽑아 군적을 작성하고 그들의 신분에 맞게 군역을 지우고 봉족을 배당하는것이였다.

이러한 제도를 세우고 운영한다는것은 봉건적중앙집권력의 강화를 전제로 하는것이였다.

끝으로 그것은 전투원으로서의 군인을 확보하자는 목적과 함께 장정들을 군사적으로 장악하여 그들의 로동력을 체계적으로, 무상으로 착취하려는 봉건통치배들의 의도가 강하게 작용하였다는것을 보여주었다.

2. 문무차별의 심화

봉건통치와 군사지휘의 모든 실권을 문관이 장악하도록 제도화한것은 15세기 군사제도의 중요한 특징의 하나였다.

리조봉건국가성립이후 문무간의 차별이 더욱 심하여지고 군사에 대한 실권을 문관이 장악하게 된 경위는 대체로 다음과 같았다.

우선 고려왕조를 뒤집어엎고 국왕으로 된 리성계가 왕권을 유지강화하기 위하여 무관들에게 군사적실권을 주지 않으려는 정책을 의도적으로 실시하였다. 무관이였던 리성계는 군사적힘을 배경으로 하여 정치적야망을 달성하였다. 그는 무관들에게 실권이 쥐여졌을 때 왕권에 미치는 위험성을 잘 알고있었다. 이로부터 그는 문존무비를 국가정책으로 고착시키였다.

다음으로 《개국공신》들가운데서 주동으로 되였던 관료들의 다수가 문관들이였다. 그들은 반동적인 유교성리학을 신봉하면서《문치주의》를 표방하였는데 그것은 결국 무관들로부터의 그 어떤 군사적위협을 받음이 없이 저들의 권력독점을 보장하려는것이였다. 상무적기풍을 장려하지 않으며 무관과 군사를 멸시하는 시책은 왕권의 안정과 거기에 기생하여 권력을 차지하려는 문관들의 리해관계의 산물이였다.

문무간의 차별이 심화되고 군사적실권을 문관이 장악한 구체적내용은 다음과 같은 몇가지 측면에서 찾아볼수 있다.

첫째로, 문관과 무관의 벼슬등급에서 차이를 둔것이였다. 즉 문관의 벼슬등급은 정1품부터 설정되였으나 무관의 경우에는 정3품부터 설정하였는데 표 39와 같다.

표 39에서 보는바와 같이 무관의 벼슬등급은 정3품 절충장군우로는 설정되여있지 않았다. 그러므로 무관으로서는 그 이상 더 올라갈수 없거니와 올라가는 경우에는 문관벼슬자리로 옮겨앉아야 한다.

무관은 벼슬등급이 높은 의정, 6조 판서와 참판, 관찰사의 절제를 받도록 되여있었다. 리조수립직후 얼마동안은 무관출신의 판서와 의정들도 있었으나 그후 봉건통치체제가 째워지고 문관중심으로 통치기구가 꾸려짐에 따라 중앙정부의 고위관료직에서 무관출신은 점차 볼수 없게 되였다. 무관들에게는 기껏해야 병마절도사 또는 수군절도사의 자리가 차례졌는데 그것도 문관인 관찰사의 절제를 받았다.

　　같은 품계일지라도 문관은 무관을 깔보고 멸시하였으며 문관일반이 무관을 깔보았다. 같은 량반이지만 문관의 집안은 무관의 집안과 혼인을 맺지 않았다.

　　둘째로, 군사행정기관과 군령기관에서 문관들이 주도권을 장악한데서 찾아볼수 있다.

표 39　　　　　　　　　문무관 관계표

	문관관계	무관관계
정1품	대광보국숭록대부, 보국숭록대부	
종1품	숭록대부, 숭정대부	
정2품	정헌대부, 자헌대부	
종2품	가정대부, 가선대부	
정3품	통정대부	절충장군(이상 당상관)
정3품	통훈대부	어모장군
종3품	중직대부, 중훈대부	건공장군, 보공장군
정4품	봉정대부, 봉렬대부	진위장군, 소위장군
종4품	조산대부, 조봉대부	정략장군, 선략장군
정5품	통덕랑, 통선랑	과의교위, 충의교위
종5품	봉직랑, 봉훈랑	현신교위, 창신교위
정6품	승의랑, 승훈랑	돈용교위, 진용교위
종6품	선교랑, 선무랑	려절교위, 병절교위
정7품	무공랑	적순부위
종7품	계공랑	분순부위
정8품	통사랑	승의부위
종8품	승사랑	수의부위
정9품	종사랑	효력부위
종9품	장사랑	전력부위

우선 가장 중요한 군사행정기관인 병조의 관원들모두가 문관들이였다. 국왕(태종)자신도 병조는 문신들로 가득찬 관청이기때문에 군사를 설계하고 집행하는데는 적합치 않다고 할 정도였다.

문관들로 꾸려진 관청이 군정업무를 제대로 할수 없다는데 대해서는 봉건통치배들도 잘 알고있었다. 그런데도 불구하고 군정업무를 문관에게 내맡긴것은 군사문제의 능률적인 처리보다도 군사적실권을 무관들에게 주어서는 안되겠다는 그릇된 의도가 더 크게 작용하였기때문이였다.

다음으로 군령기관인 3군진무소의 권한도 문관들에게 부여하고 그것을 제도화하였다.

3군진무소는 5사, 5위제도가 실시되기 전까지 가장 중요한 군령기관이였고 그 장관인 도진무로는 력대로 무관들이 임명되여왔다. 그런데 1425년에 문관인 맹사성이 처음으로 도진무로 임명된 이후 이 자리는 주로 문관들로 채워졌다. 그 결과 군령기관에서도 무관은 문관의 절제를 받게 되였다.

1432년에 3군진무소는 군사적명령이나 지시는 병조가 3군진무소를 통하여 3군에 하달할것을 제의하였으나 이 의견은 채택되지 않았다. 그리하여 병조는 군령면에서도 3군진무소보다 우위에 있게 되였다.

또한 이러한 관계는 5위도총부와의 관계에서도 설정되였다. 중앙군의 기본군사기구인 5위는 병조의 속아문이였다. 그러므로 병조는 5위도총부의 상급관청은 아니지만 5위를 지휘통제하는데서 상당한 영향력을 가지고있었다. 5위도총부가 제도상 5위에 대한 군령기관으로서의 위치를 차지하고있었음에도 불구하고 그 권한이 병조에 의하여 제약된것은 다른 면에서도 찾아볼수 있다.

병조는 왕궁안에 내병조를 설치하고 왕궁의 숙위와 국왕의 의장에도 관여하였다. 5위도총부는 5위소속군인을 동원하여 왕궁의 수비와 수도의 경비 등 입직과 순찰을 병조와의 련계하에서만 조직할수 있었다.

5위도총부에 대한 병조의 영향력은 결국 군령기관에 대한 문관의 영향력이였다고 볼수 있다.

셋째로, 군사를 통솔지휘하는데서 문관들이 실권을 행사하도록 제도화한것이였다.

우선 중앙군의 지휘통솔에서 찾아볼수 있다. 중앙군을 지휘통솔하는 5위도총부의 장관인 도총관(5명), 부장관격인 부총관(5명)은 모두 문관이였고 그나마 다른 관청의 관리가 겸임하도록 제도화되였다. 그밖에 경력, 도사 등 관리도 문관들이 많았다. 결국 5위산하의 중앙군을 지휘통제하는 5위도총부의 각급 관리들은 모두가 문관들이였다.

또한 지방군의 지휘통솔에서도 찾아볼수 있다. 진관제도하에서 거진, 제진의 군사장관인 그 지방의 고을원들은 많은 경우 문관들이였다. 제진의 경우 고을원은 병마동첨절제사, 병마절제도위라는 군직을 가지고 소속된 지방군을 지휘하였고 거진의 경우 목사(정3품)는 병마첨절제사의 군직을 가지고 그 산하의 지방군을 통솔하였다. 행정과 군정의 일치는 무관이 아니라 문관에 의한 군직의 겸임을 의미하였다.

군사적으로 중요한 평안도 압록강변경의 고을의 원으로 무관이 파견되는 경우도 있었다. 그리고 거진의 장관인 첨절제사와 수군만호는 무예를 시험하여 임명한다고 하였으나 규정대로 시행되지 않아 군사를 모르는 문관이 지방군을 지휘하였다. 총체적으로 볼 때 지방의 군정과 군사의 통솔은 문관에 의하여 좌우되였다.

이처럼 중앙군과 지방군을 지휘통솔하는데서 실권은 문관들이 장악하고있었다.

국가의 중추적인 벼슬자리를 독차지한 문관들은 무관들을 천시하고 깔보면서 안일하고 라태한 생활에 깊이 빠져들어가 나라의 방비를 강화하는데 응당한 관심을 돌리지 않았다.

이리하여 전쟁을 지휘하여야 할 지배계급은 군사에 무식하고 싸움을 두려워하게 되였으며 직접 군인이 되여 싸움판에 나서야 할 인민들은 필요한 군사적준비를 갖출수 없게 되였다.

고려시기에 생겨난 문존무비정책은 리조에 들어와 더욱 심화되면서 군사제도의 여러 측면에 부정적으로 작용하였다.

3. 군사통솔에서 무정장, 무정졸원칙의 적용

리조군사제도의 또 하나의 중요한 특징은 군사통솔에서 무정장, 무정졸의 원칙이 적용된것이였다. 즉 장수에게는 고정된 부하를 두지 않으며 병사에게는 고정된 지휘관이 없게 한다는 원칙이 적용된것이였다.

무관들의 세력은 개개인의 무술에 의하여 보장되는것이 아니라 상당한 수의 부하를 일상적으로 거느리고있는데서 생겨난다.

부대의 전투력은 개별적병사들의 용력에 의하여 보장되는것이 아니라 고정된 장수의 지휘하에서 병사의 힘을 하나로 단합시키는데서 강하여진다.

그런데 군대의 전투력을 강화하는데서 부정적으로 작용하는 무정장, 무정졸의 통솔체계가 생겨난 연원은 고려때부터이지만 그것이 하나의 제도로 완전히 고착된것은 리조에 들어와서였다.

1390년대 말엽 왕자들사이에 벌어진 싸움은 왕위계승문제를 둘러싼 추악한 권력다툼이였고 이러한 싸움이 벌어질수 있었던것은 그들이 고정된 부하와 사병을 차지하고있었기때문이였다.

왕권을 위협하지 못하도록 중앙군의 통솔체계를 세우는 일은 개별적인 권신의 수중에 장악된 사병을 없애며 또 문관에 비한 무관의 대우와 지위를 낮추며 무관들이 차지해야 할 군직에 문관을 임명하거나 그들이 겸임하도록 하는 조치들을 취하는것과 병행하여 진행되였다.

무정장, 무정졸의 원칙에서 통솔체계를 개편하는 중요한 계기로 된것은 1451년 12사를 5사로 고치는 중앙군제의 개정이였다. (《문종실록》권8 원년 6월 갑술)

이때 진행된 개정의 중요내용은 다음과 같다.

우선 의홍위, 충좌위, 충무위, 룡양위, 호분위의 5사만을 두고 나머지 사는 없앤다. 다음 별시위, 총통위, 방패, 섭륙십을 5사 25령에 골고루 나누어 소속시킨다. 또한 매 령에 상호군, 대호군 각각 1명과 호군 3명을 두며 그중 3명은 소속된 군사를 지휘하고 2명은 다른 군무를 수행한다. 그리고 5사가운데서 2사는 입직하고 나머지 3사는 출직하는데 3일마다 교대한다.

중앙군개편의 몇가지 내용중에서 무정장, 무정졸의 원칙과 관련되는것은 별시위, 총통위, 방패, 섭륙십의 군사를 5사 25령에 분속시키도록 한것이였다. 당시 별시위는 1 000명이였으므로 매 령에 32명, 방패는 1 500명이였으므로 매 령에 각각 60명씩 소속되였다.

이처럼 25령에 균일하게 소속시킨 결과 첫째로, 조직된 부대로서의 별시위, 총통위, 방패는 존재하지 않게 되였다. 다만 매 령에 소속된 군사인 32명의 총통위, 60명의 방패가 있을뿐이였다.

둘째로, 립역하는 병종(부대)의 인원수를 작게 만든것이였다. 실례로 종전에는 번상한 방패 1 500명을 3패 또는 5패로 편성하여 500명 또는 300명이 단위가 되여 근무하였다면 개편된 후에는 25패로 나누어져 60명이 단위가 되여 립역하게 된것이다.

셋째로, 신분과 병종(부대)을 달리하는 군사들이 매 령에 소속된것이였다.

같은 계통의 군사들이 서로 뭉칠수 없도록 갈라놓은것, 이것이 중앙군제개편의 주되는 결과의 하나였다고 말할수 있다.

그러나 이러한 개편은 아직 무정장, 무정졸의 원칙이 완전히 실현된것은 아니였다. 그것은 매 령에 상호군, 대호군 각각 1명과 3명의 호군이 배치된 사실을 통하여 확인할수 있다. 상관과 부하를 서로 분리시켜 상하의 복종관계를 약화시키는 조치는 이후에 실시되였다.

1457년 3월 5사 25령의 체제가 5위 25부로 고쳐지면서 지금까지 매개 사, 매개 령에 고르롭게 분속되였던 중앙군의 병종(부대)은 특정한 위에만 소속되게 되였다. (《세조실록》권7 3년 3월 기사)

그 소속관계를 보면 표 40과 같다.

표 40　　　　**5위소속부대표**

소속부대 위별	부대(병종)명
의홍위(중위)	갑사, 근장
룡양위(좌위)	별시위, 섭륙십
호분위(우위)	충순위, 방패
충좌위(전위)	충의위, 수전패, 총통위
충무위(후위)	충찬위, 경시위패, 별군

표 40에서 보는바와 같이 5위는 그 소속부대를 전혀 달리하였다. 그러나 갑사, 근장은 의홍위의 5부에 각기 균일하게 분속되였으므로 이 5부는 모두 동일한 구성을 이루었다. 다른 위들도 마찬가지였다. 5사 25령에서

는 매개 사, 매개 령이 모두 동일한 구성을 이루었다면 5위 25부체제에서는 매개 위의 구성은 서로 달랐으며 매개 위안의 부만이 동일하였다.

그러나 매일 각 위에서 중, 좌, 우, 전, 후의 순서로 1부씩 입직하였으므로 입직하는 군사와 병력의 규모는 항상 동일하였다.

종전체제는 부대(병종)안의 군사 호상간의 단합을 막기 위하여 그들을 분산시키는것이였다면 5위체제는 같은 임무를 수행하면서도 5위의 매개 위를 서로 격리시키는 목적을 추구한것이였다고 볼수 있다. 다시말하면 매개 사를 위로 개편하면서 전혀 다른 부대들을 각각 소속시켜 개별적위만으로써는 독자적으로 활동할수 없게 만들었다. 이러한 점에서도 5위체제는 종전의 5사체제와 달랐다.

5개 위에서 제각기 1개 부의 군사를 선발하여야 온전한 입직군사를 구성할수 있도록 제도화한 결과 의흥위의 호군(상호군, 대호군)이 자기 위의 1개 부만을 거느리고 나머지는 다른 위에 소속된 4개 부의 군사를 거느리게 되였다. 이러한 면에서도 종전 5사의 호군이 각기 자기 사의 군사만을 거느리고 입직하던것과는 차이가 있었다.

주로 다른 위의 군사를 거느리고 입직하도록 제도화한것이 5위체제개편의 주되는 결과였다고 말할수 있다. 이것은 벌써 무정장, 무정졸의 원칙이 군사통솔에서 하나의 제도로 적용되였다는것을 의미한다. 고위지휘관들이 그 어느 위에나 소속되였으나 그것은 군사를 통솔하는데서는 의의가 적어졌다.

1466년에 5위도총부가 설치된것을 계기로 무정장, 무정졸의 원칙은 완전히 제도화되였다. 그 내용은 다음과 같다.

첫째로, 5위의 군무를 주관하는 12명의 5위장이 있었으나 일정한 위의 지휘관으로 고정적으로 배치되지 않았다.

둘째로, 왕궁안에 입직하게 되여서야 비로소 임명되였다가 3일만에 교체된다. 입직하는 위장들뿐아니라 입직하는 군졸들도 마찬가지였다.

셋째로, 궁궐문을 지키거나 순찰할 때에도 고정된 군사나 지휘관이 없으며 저녁무렵에야 병조를 통하여 임명받았다가 며칠만에 교체한다.

넷째로, 군사기술련마와 진법훈련도 고정적으로 주관하는 장수가 없으며 여러 지휘관중에서 림시로 임명된자가 집행한다.

다섯째로, 군사훈련을 담당했던 장관에게는 그 군사를 지휘할수 없도록 제도화한것이다. 군사를 《양성하던자는 지휘할 사람이 아니며 지휘하는 사람은 양성하던 사람이 아니다.》라는 원칙은 군사를 훈련시킨 사람을 지휘관으로 임명하지 않음으로써 병사와 지휘관이 서로 가까와질수 없도록 하려는것이였다.

무정장, 무정졸의 원칙을 적용하였던 리유는 첫째로, 봉건통치배들이 군대의 전투력을 약화시키고 국가방위에 만전을 기하지 못하더라도 저들의 집권을 위태롭게 할수 있는 사변의 근원만은 없애야 한다고 그릇되게 타산하였기때문이다. 다시말하면 외적의 방비보다도 농민폭동과 소규모의 반란을 진압하는데 선차적인 관심을 가졌기때문이다.

둘째로, 군사복무의 일체 부담을 군인들에게 들씌우며 헐하고 값눅은 방법으로 군대를 편성, 유지하려는 봉건통치배들의 반인민적인 의도가 작용하였기때문이였다.

그들은 수도에 번상한 수천명의 군인을 수용할수 있는 군영을 건설하고 유지할수 있는 능력도 없었으며 용의도 가지고있지 않았다.

15세기 수도에 군영이라는것이 있기는 하였다. 그러나 그것은 자체로 숙식조건을 마련할수 없었던 일부 군인을 위한것이였는데 그나마 너무도 불비하여 군인들이 숙박을 기피하는 형편이였다. 봉건통치배들은 많은 경우 군사를 째여진 조직과 규률을 가진 전투원으로서가 아니라 필요에 따라 동원하여 작업에 혹사하는 역군으로 간주하였다.

셋째로, 리조봉건통치배들의 나약성과 부패무능과도 관련되였다. 고정된 장수에 고정된 부하를 두는것이 왕권의 유지강화에 불리한 점도 있다는것을 이전시기의 통치배들도 알지 못하였을리는 없었다. 그러나 그들은 나라의 방비를 강화하여 외래침략자를 타승함으로써 지배계급전반의 안전과 리익을 추구하였으며 권력의 중추를 장악한 소수 통치배들의 리해관계만을 도모하지는 않았다.

유교성리학의 보급과 사대주의의 대두, 상무적기풍의 약화와 문존무비 등 전시기 통치배들에게는 없었거나 적었던 그릇된 사상과 정신이 만연되면서 리조봉건통치배들은 나약하고 안일한 생활에 깊이 빠져들어 가기 시작하였다.

군사통솔에서 무정장, 무정졸의 원칙이 적용되게 된것은 바로 이러한 점의 반영이였다.

4. 군직의 체아직화

리조군사제도의 다른 특징의 하나는 군직이 체아직화된것이였다.

서반의 종2품관청인 5위에는 표 41과 같은 벼슬등급의 군직이 결정되여있었다.

표 41에 의하면 15세기 말엽 5위군직의 정원은 3 248명이였다. 이가운데서 다른 관청의 관리가 겸임하는 장(5위장) 12명을 제외하여도 그 정원은 3 236명으로 된다. 그런데 이 수자는 어디까지나 5위의 기구상의 정원이며 실지로 그만한 인원의 무관이 배치되여있었음을 의미하는것은 아니다.

고려때 2군, 6위에도 3 500여명(류외품관인 대정 포함)이나 되는 무관의 기구정원이 있었으며 또 실지로 그에 해당한 인원이 배치되여있었다. 리조 초기에도 마찬가지였다. 10사 또는 5사에 대호군, 호군 등이 배치되여있었으며 갑사들이 번상하여 사직과 부사정사이의 각급 무관직을 차지하고있었던것은 잘 알려진 사실이다.

표 41 **5위군직일람표**

벼슬등급	명칭	인원수
종2품	장(5위장)	12
정3품	상호군	9
종3품	대호군	14
정4품	호군	12
종4품	부호군	54
정5품	사직	14
종5품	부사직	123
정6품	사과	15
종6품	부장	25
종6품	부사과	176
정7품	사정	5
종7품	부사정	309
정8품	사맹	16
종8품	부사맹	483
정9품	사용	42
종9품	부사용	1 939
계		3 248

5위제가 확립되고 그것이 《경국대전》에 고착될무렵에 5위의 군직은 현역무관들이 차지하는 벼슬자리가 아니라 주로 번상한 각급 군인들이 록봉을 타먹기 위한 자격을 의미하는 림시벼슬자리로 되여버렸다.

체아직은 흔히 현직을 떠난 문무관리들에게 록봉을 주기 위하여 돌려가면서 하는 벼슬자리로 리해되고있다. 그러나 15세기의 체아직은 주로 번상한 특정의 군인들에게 록봉을 주기 위하여 설정한 벼슬자리였다.

《경국대전》 병전 번차도목조에서 서반체아직과 관계되는 자료를 보면 표 42와 같다.

표 42 서반체아직일람표

번호	명칭	정원	반차	도목	변상인원	정3품	종3품	정4품	종4품	정5품	종5품	정6품	종6품	정7품	종7품	정8품	종8품	정9품	종9품	계
1	선전관	8	장번	20/7	8	1	1		1		1		1		1		1		1	
2	겸사복	50	장번	20/7	50	1	2		5		6		9		6		9		14	52
3	내금위	190	장번	20/7	190	1	4		7		18		28		49		39		44	190
4	공신적장	무정예	장번	20/7			2		4		7		10		17		38		63	141
5	친군위	40	2번 1년교대	20/7	20				1		2		3		4		4		6	20
6	별시위	1500	5번 6개월	24/10	300				4		12		22		37		82		143	300
7	족친위	무정예	장번	4①④/7⑩							2		3		4		6		8	23
8	충의위	무정예	장번	4①④/7⑩					1		3		8		10		13		18	53

- 168 -

표계속

번호	명칭	정원	번차	도목	변상인원	정3품	종3품	정4품	종4품	정5품	종5품	정6품	종6품	정7품	종7품	정8품	종8품	정9품	종9품	계
9	감사	14 800	5년 6개월	2④⑩	2 960						59		65		134		222		1 515	2 000
10	충찬위	무정액	5년 4개월	3④⑦⑩									3		4		6		7	20
11	습독관			2①⑦									1		4		9		14	28
12	의원	27															7		2	9
13	조라치	640	5년 4개월	4④⑦⑩									2		3		7		20	32
14	태평소	60		3④⑦⑩																
15	군인, 시인		3년 6개월	2①⑦											2		6		6	14
16	제원		3년 6개월	2①⑦											10		20		32	62

표계수						제아직													
번호	명칭	정원	변차	도목	번상인원	정3품	종3품	정4품	종4품	정5품	종5품	정6품	종6품	정7품	종7품	정8품	종8품	정9품	종9품	계
17	제주자제	30		2①⑦									1		1		2		2	6
18	장용위	600	5번 6개월	4①④⑦⑩	120								1		2		2		10	15
19	대졸	3 000	5번 4개월	3④⑦⑩	600												11	46잡 554잡	11	11 잡직 600
20	팽배	5 000	5번 4개월	3④⑦⑩	1 000												20	80잡	920 잡	20 잡직 1 000
21	동몽훈도			4①④⑦⑩															1	1
22	파진군	180	6번 1개월	4①④⑦⑩	30					28	110	157		2잡		2잡		3잡	7잡
	계					3	9							228 잡2		504 잡2		126 잡 1 447잡	1 966 잡 1 607	3 005 잡 1 607

표 42에 대한 설명을 한다면 첫째로, 도목조의 수자 2는 근무성적평가가 1년에 두번 진행된다는것이고 ①, ②는 1월과 2월 즉 성적평가를 진행하는 달을 나타낸것이다.

둘째로, 공신의 적장자들에게는 인원수의 제한이 없이 다 체아벼슬을 주며 그 체아벼슬자리는 그 인원수대로 늘이기도 하고 줄이기도 한다는것이 《경국대전》에 규정되여있다. 그럼에도 불구하고 종3품에서 종9품에 이르는 141개의 체아벼슬자리를 정해놓은것은 공신의 적장자들의 복무인원이 141명을 넘은적이 없었기때문이였을것이다. 141개의 체아벼슬자리는 그 최고한도에 대한 규정이였을것이다.

표 42에 대한 자세한 분석을 한다면 무엇보다도 서반체아직을 받는 대상을 크게 세부류로 나누어볼수 있다.

첫째 부류는 5위에 소속된 군사로서 친군위, 별시위, 족친위, 충의위, 갑사, 충찬위, 장용위, 대졸, 팽배이다. 5위에 속한 13개 병종중에서 이상의 9개 부대가 서반체아직을 받고 충순위, 정병, 파적위, 보충대 등이 받지 못하였다.

둘째 부류는 5위에 속한 병종은 아니면서도 서반체아직을 받은 선전관, 겸사복, 내금위, 공신의 적장자, 조라치, 태평소, 파진군이다.

셋째 부류는 무관 또는 군인이 아니면서도 서반체아직을 받은 사역원, 훈련원의 습독관, 의정부, 6조의 의원, 상의원, 군기시의 활만드는 궁인, 화살만드는 시인, 승문원, 사복시 등의 제원 그리고 제주자제, 동몽훈도 등이다.

그러므로 서반체아직은 5위안팎의 군인뿐아니라 기타 군인아닌층에게도 차례졌음을 알수 있다.

체아직을 받은 사람은 소속된 위와 부의 명칭을 붙이며 5위에 소속되지 않은 사람이라도 역시 위와 부의 명칭을 붙였다. 그러나 체아벼슬이 아닌 사람은 단지 위의 명칭만을 붙이도록 하였다. (《경국대전》권4 병전 경관직) 이것은 벼슬을 구분하는데서 체아벼슬자리인가 아닌가가 중요관심사였고 5위소속여부는 중요시되지 않았음을 말하여준다.

다음으로 체아직을 받는 이 세부류의 비률을 보면 선전관으로부터 파진군에 이르기까지 서반체아직의 총수는 3 005개, 잡직체아가 총 1 607개이다. 그가운데서 첫째 부류 즉 5위소속 9개 병종의 체아직이 총 4 062개이고 거기서 잡직체아 1 600개를 제외하면 서반체아는 2 462개로 된다. 대졸과 팽배가 받는 잡직체아를 별도로 고찰하면 서반체아직 3 005개 가운데서 5위소속 9개 병종은 2 464개를 차지한다. 그것은 전체 서반체아직의 약 81.9%에 해당한다.

두번째 부류 즉 5위소속이 아닌 군사들이 차지하는 서반체아직은 총 423개(공신적장 141개를 포함)로서 전체의 약 4.1%를 차지한다.

세번째 부류 즉 군사가 아닌자가 받는 서반체아직은 총 120개로서 전체의 약 4%를 차지한다.

5위안팎의 군사들이 차지하는 서반체아직이 전체의 96%를 차지하므로 서반체아직은 기본적으로 군인들이 받는것이였다.

따라서 15세기의 체아직 특히 서반체아직은 리조 후기와는 달리 현직을 떠난 문무관료들에게 록봉을 주기 위해 마련된 벼슬자리라기보다 현실적으로 복무하는 특정한 군인들에게 록봉을 주기 위하여 마련된 벼슬자리이다.

다음으로 5위군직의 정원과 서반체아직의 정원을 대비하여보면 5위군직의 총수는 3 248명인데 서반체아직의 정원은 3 005명(잡직제외)으로서 243명의 차이를 보이고있다. 5위의 장은 실직을 가진 다른 관청의 관원이 겸임하는것이므로 그 정원 12명을 제외하여도 서반체아직이 231명이나 모자라는것으로 됨으로써 체아직을 받고도 록봉을 받지 못하는 사태가 빚어질수 있다. 그러나 15세기에는 아직 리조 후기와 같이 그렇게 함부로 서반체아직을 주지 않았으므로 항상 5위의 군직정원수보다는 적은 인원이 복무하였다고 인정된다.

군직의 체아직화와 관련한 몇가지 점을 본다면 첫째로, 서반체아직을 주는데서 신분적차별이 존재하였다는 사실이다. 선전관, 겸사복, 내금위는 전원이, 별시위는 복무기간 전원이, 장용위는 복무인원의 8분의 1이 체아직을 받았고 정병과 보충대에는 그것이 전혀 차례지지 않았다. 그리고 대졸, 팽배에는 잡직이 차례졌다.

서반체아직을 주는데서 이러한 차별은 신분상의 차이를 반영하고있다.

둘째로, 봉건국가는 서반체아직을 주는데서 그 대상의 무예도 참작하였다. 그러므로 서반체아직을 받은 군인의 다수는 시취의 관문을 통과한 힘있고 무술이 뛰여난자들이였다. 갑사, 별시위, 친군위, 일부 장용위, 팽배, 대졸이 그러하였다. 장용위, 팽배, 대졸의 신분이 천인 또는 신량역천임에도 불구하고 체아직이 차례질수 있었던것은 선발된 군사였기때문이다.

신분과 시취의 두 조건에 모두 해당하는 군사는 갑사와 별시위였는데 5위소속 군사의 체아직 총 2 462개중에서 2 300개의 체아직을 차지하고있었다.

셋째로, 군직의 체아직화는 봉건국가가 정예한 군인을 확보, 유지하는데 린색하였다는것을 보여준다. 고려때 선군급전제에 의하여 선발된 군인들에게 20결안팎의 수조지가 차례졌다는것과 대비할 때 체아직에 해당하여 받는 록봉이란 보잘것없는것이였다. 그나마 상번중에만 록봉이 차례졌으며 근무날자와 성적을 따져서 록봉을 주었다. 또한 정9품의 벼슬을 주어야 할 사람이라도 그의 벼슬등급이 종9품이면 종9품의 록을 받도록 되여있었다. (《경국대전》권1 리전 체아)

봉족 또는 보의 지급에 의해서가 아니라 서반체아직에 준하여 록봉이 생계의 담보로 되였던 중앙군사에 대한 대우는 고려시기의 군사들에 비하여 훨씬 못하였다.

넷째로, 군직의 체아직화는 실직을 가지고 복무하던 때에 비하여 군사들의 질을 떨어뜨리는 결과를 가져오게 하였다. 15세기초에만 하여도 번상한 갑사, 대장, 대부 등이 실직을 가지고 근무하였다.

그후 서반체아직은 비록 품계는 있었으나 그것은 무관의 표시가 아니라 록봉을 타먹기 위한 자격증으로서만 의의가 있게 되였다. 군직의 체아직화는 무관이 아닌자들에게도 군직이 차례지게 함으로써 병사통솔에 필요한 고정된 무관을 가질수 없게 하였고 무정장, 무정졸의 원칙이 적용되는데 박차를 가하는 결과를 가져왔으며 체아직, 록봉을 받지 못하는 군사들로 하여금 군사복무나 무술련마에 의욕을 가질수 없게 하였다.

5. 수군 및 화포군의 증가

15세기 군사제도의 특징은 또한 수군과 화포군이 늘어난것이다.

우리 나라 중세에는 그 어느 봉건국가나 다 수군을 가지고있었다. 그러나 15세기와 같이 대함대와 기선군이 높은 비률로 존재한 시기는 없었다.

《경국대전》에 의하면 기선군의 총수는 4만 8 800여명이고 2교대로 나누어져 복무하였으므로 실지 상비군을 이루는 수는 2만 4 400여명이였다.

기선군의 이러한 수는 당시의 정병과 대비되는것이였다.

1475년현재 평안도, 영안도, 개성부를 제외한 충청도, 전라도, 경상도, 강원도, 황해도, 경기의 6개 도와 수도의 정병총액이 약 5만 2 800여명이였다. (《성종실록》 권59 6년 9월 병진) 그가운데서 류방정병이 2만 5 200여명이고 번상정병이 2만 7 600여명이였다. 그러니 기선군수는 전국 정병과 거의 맞먹는 인원이였으며 류방정병과 번상정병수의 약 2배나 되였다.

류방정병은 4교대로 나누어져 복무하였으므로 립역하는 군정은 6 300여명이였고 번상정병은 8교대로 나누어 번상하였으므로 실지 수도에 가서 복무하는 군정은 3 400여명이였다.

그러므로 상비수군은 류방정병의 4배가까이, 번상정병의 8배가까이 되였다. 그리고 상비수군수는 류방정병과 번상정병을 합한것의 2.5배나 되였다.

15세기 말엽에 간행된 《경국대전》에 의하면 전국 8도에 737척의 병선이 배치되여있었다. 그런데 15세기 초엽의 사실을 반영하고 있는 《세종실록》 지리지에는 전국의 병선 총수가 829척이고 기선군이 모두 4만 9 000여명으로서 함선이나 기선군이 오히려 그 이후시기보다도 많았다. 이것은 수군건설의 기틀이 15세기 초엽에 마련되였다는것을 보여준다.

이 모든 사실은 함대와 기선군의 편성이 다른 지방군에 앞서 이루어졌다는것, 봉건국가가 수군건설을 륙군의 편성에 못지 않은 비중을 두고 다그쳤다는것을 말하여준다. 그리하여 수군이 우리 나라 중세력사에서 가장 정비되고 높은 비률로 존재하게 되였는데 이것은 바로 15세기 군사제도의 중요한 특징의 하나로 된다.

15세기 군사제도의 다른 하나의 특징은 화포군이 늘어난것이였다.

화약의 성능개선과 화약무기의 발전은 화포군을 늘일수 있게 하였는데 1448년에 중앙의 화포군은 4 000명으로서 시위패를 제외한 중앙군의 14.3%를 차지하고있었다. 그리고 강계로부터 의주에 이르는 압록강변경의 매 읍성에는 보병 100명중 화포군이 30명, 구자에는 보병 50명중 화포군이 15명의 비률로 편성되여있었다. 이것이 곧 지방군전체에서 차지하는 화포군의 비률은 아니였다. 국가방위의 요충인 서북변경에는 특별히 화포군이 많았다고 인정된다.

이처럼 15세기 전반기에 이르러 벌써 화포군은 보병의 가장 중요한 부대의 하나로 되였으며 그 수적비률도 높아졌다.

14세기 말엽 화통방사군이 처음으로 편성된 이후 불과 반세기동안에 화포군이 량적으로나 질적으로 크게 발전한것은 중세 군사기술사에서 뿐아니라 군사제도사에서도 특기할 사실로 된다.

6. 군사복무의 로역화, 천역화

15세기 군사제도의 특징은 군사복무가 가일층 로역화, 천역화된것이였다.

군사복무가 로역화된 결정적계기는 1459년 보법이 실시되면서 요역의 주되는 대상인 량인장정이 모두 군역체계에 망라된것이였다. 량인장정모두가 군인 또는 봉족으로 장악된 결과 군역을 지는자와 요역을 부담하는자를 구분하는것이 무의미하여졌다. 군역대상자가 곧 요역의 대상자였다.

《경국대전》 호전 요부조에 의하면 요역동원의 기준은 《토지 8결마다 장정 1명을 내는것》이였는데 이렇게 계전법에 따라 뽑혀진 장정도 정병이 아니면 보인이였다.

당시 이러한 형편에 대하여 《무릇 요역은 전결로써 (장정을) 내지 않고 의례히 군정으로서 역을 담당케 한다.》고 하였는데 이것은 군역을 통하여 요역을 치르게 하는것이 보편화되였음을 말하여준다. (《중종실록》 권49 18년 12월 정미)

요역을 담당한 층은 주로 정병과 수군이였는데 군액 총 15만명가운데서 12만명이상이라는 압도적다수를 차지하였고 그 신분도 량인 또는 신량역천인 농민들이였으므로 봉건국가는 그들을 주로 군역을 통하여 잡역에 혹사하였다.

군인으로 징발된 장정은 중앙과 지방에서 각종 토목공사를 비롯한 잡역에, 수군인 경우에는 고기잡이, 소금구이 등 힘든 일에 혹사되였다. 당시의 이러한 형편에 대하여 《이른바 보병이라는것이 수도에 겨우 와서는 모두 토목공사에 동원되고 시위하는자는 한사람도 없으니 실지는 역졸이다.》(《성종실록》 권35 4년 10월 경신)라고 기록되여있다. 이 기사는 번상정병의 담당이 주로 로역이였음을 말하여준다.

군사들이 각종 로역에 동원되는 실례는 그 전시기에도, 이후시기에도 있었으나 15세기가 가장 혹심하였다고 말할수 있다. 번상정병은 5위에 소속되였음에도 불구하고 제도상입직과 순찰을 담당시키지 않았는데 이것은 봉건통치배들이 처음부터 그들을 잡역에 동원시키려고 하였다는것을 의미한다.

군인의 역졸화는 군역의 천역화를 동반하였다.

수군에 복무하는 기선군일반이 천시되였다. 그들이 량인의 하층에 해당하였기때문에 고된 수군에 복무하였으나 나중에는 기선군이 신량역천이라는 신분의 대명사로 되였다. 팽배, 대졸은 시취를 통하여 선발되고 잡직이나마 체아직을 받는 반직업군인이였으나 15세기 중엽에 와서는 벌써 역군으로 되고말았다.

군역의 로역화, 천역화는 문무차별이 심하여지고 상무적기풍이 장려되지 않으며 전쟁이 없는 상태가 지속되면서 더욱 심하여졌다. 군역의 로역화, 천역화는 군역을 더욱 고되고 힘든것으로 되게 하였고 군사복무의 기피를 막을수 없는것으로 되게 하였다.

15세기와 같이 봉건적통치제도가 정비되고 군사제도가 비교적 째여졌던 시기에 군역이 천시되고 로역화되였다는것은 봉건적의무병제가 와해될수 있는 요인이 이미 이 시기에 생겨났음을 보여주었다.

제3장. 16세기 군사제도의 해이, 임진조국전쟁을 계기로 일어난 군사제도의 변화

15세기에 일단 정비되였던 군사제도는 16세기에 들어와 여러 측면에서 해이되고 변화되였다.

16세기말에 이르러 왜적들의 침략기도가 로골적으로 드러났음에도 불구하고 봉건통치배들은 헝클어진 군사제도를 바로잡고 나라의 방비를 강화하여 적들의 침략에 대처할 대신에 당파싸움을 벌리면서 안일한 생활에 파묻혀있었다. 그리하여 우리 인민은 매우 어려운 형편에서 간악한 일본침략자들을 반대하는 싸움을 벌리지 않으면 안되였다.

제1절. 임진조국전쟁전 군사제도의 해이와 변화

1. 보법의 문란, 대역납포제의 적용

앞에서 고찰한바와 같이 군사로 복무하는 정군의 뒤받침을 해주는 봉족제는 주로 자연호를 단위로 한것이였다. 다시말하면 3정1호의 원칙에서 한집에서 1명의 장정이 군정이 되고 나머지 2명의 장정이 봉족이 되여 군정의 뒤바라지를 해주었다. 그런데 1464년에 보법이 실시되면서 지금까지 자연호에 토대했던 3정1호의 원칙이 2정1보로 바뀌게 되였다. 즉 2명의 장정을 1보로 하는 새로운 군역부과단위가 설정됨으로써 장정이 많은 호에서는 여러개의 보가 이루어지고 장정이 1명인 단정의 호는 다른 단정호와 어울려 1보를 구성하였다.

인정을 단위로 한 보법이 실시되면서 일단 더 많은 군정을 장악할수 있었으나 그것은 인민들로 하여금 군역이 견딜수 없는것으로 되게 하였다.

우선 1개의 자연호에 각이한 여러 군역부담이 차례졌다. 3명의 장정 또는 5명의 장정이 있는 호의 경우 2명의 장정씩 보를 만들고 나머지 1명은 다른 보의 성원으로 되여야 하였다.

다음으로 자연호를 떠나 정군과 보인의 관계가 성립되였을 때 부당한 수탈이 자행되였다. 례를 들면 3부자가 있는 호에서 아버지가 정군이 되고 두 아들이 보인이 되는 경우 아버지와 자식사이에 수탈관계란 생각할수 없었다. 그러나 이 호가 가난하여 정군을 내지 못하고 다른 정군의 보인으로 되였다면 한집안에서 다른 호의 정군 2~3명의 뒤를 담당하여야 하였다. 부유한 호수(정군)는 가난한 보인에게서 규정외의 수탈을 감행 하였다.

또한 보법의 실시를 기화로 실무를 담당한 아전들의 롱간이 심하여져 군역부담을 더욱 가혹한것으로 되게 하였다. 호수는 동쪽마을에 사는데 서쪽마을에 사는 장정을 보인으로 설정하여 고의로 군역체계를 혼란에 빠뜨리고 부당하게 리익을 추구하는것과 같은 현상이 한두가지가 아니였다.

군역부담을 감당할수 없게 된 인민들은 제고장을 떠나 봉건통치가 미치지 못하는 산골에 들어가 농민무장대가 되여 싸웠으며 여러가지 방법으로 군역을 기피하였다. 이에 당황한 봉건통치배들은 군액을 재조절하는 조치를 몇차례에 걸쳐 취하지 않을수 없었다.

1470년 2월 봉건정부는 정병 5 860명을 포함하여 1만 8 900명을 줄이였으며 이듬해에도 충청도, 전라도, 경상도 3도의 정병 9 700명을 축소하였다. 그리하여 1475년 개정된 군액은 정병 7만 2 109명, 수군 4만 8 800명을 포함하여 14만 8 449명으로 되였고 1477년 각 도의 정군 총수는 13만 4 973명, 봉족은 33만 2 746명으로 고착되였다.

봉건정부는 또한 피페하여진 보인을 뒤받침하여주는 솔정을 인정하기로 하였다. 정군을 벌수 없는 가난한 3정1호의 경우 종전과는 달리 1명의 장정에게만 보인의 역을 지우고 나머지 2명은 그 보인에 대한 솔정으로 삼고 다른 역을 지우지 않는다는것이였다. (《성종실록》 권285 24년 12월 병인)

그러나 봉건정부가 취한 조치는 허사로 돌아가고말았다. 군액을 줄일 때 혜택을 입은자들은 모두 부유한 호이고 뢰물을 먹일수 없었던 가난한 호는 여전히 군적에 남아있었다. (《성종실록》 권44 5년 윤6월 무신, 경자)

정군에 배속된 보인은 정군이 요구하는 엄청난 부담을 감당하지 못하여 도망하여버렸고 보인이 없어진 정군은 혼자서 군역을 감당할 처지가 못되여 도망쳤고 없어진 군사의 부담은 그 일족과 이웃에 들씌워져 도망치는 현상이 늘어났으며 그에 따라 보법의 붕괴는 다그쳐졌다. 인민들이 군역을 각방으로 기피하는것은 16세기에 들어와 걷잡을수 없는 사회적현상으로 되였다. 군역의 의무로부터 벗어날수 있는 방책의 하나는 량반, 토호들이 경영하는 농장의 노비가 되는것이였다. 일체 국역부담이 량인농민과 공노비들에게 들씌워지는 형편에서 자진하여 사노비가 되여 부담을 면해보려는것은 결코 무리가 아니였다.

《량민은 요역이 고통스럽고 무거워 세력가에게 투탁하여 종이 되기를 원하는자가 많다.》고 한 당시의 기록은 과중한 군역부담으로 흩어지게 된 량인농민들의 형편을 반영하고있다. (《성종실록》 권240 21년 5월 병인)

당시 전라도의 토호들은 울타리를 넓게 치고 재인, 백정, 군사, 봉족, 도망친 노비들을 숨겨두고 제마음대로 부려먹었다. (《성종실록》 권148 13년 11월 정유) 이러한 현상은 비단 전라도뿐아니라 다른 지방에서도 생겼다. 함경도에서는 토호들이 량민을 차지하고 《관하》라고 부르며 노비처럼 대대로 물리며 수탈하는 현상이 더욱 늘어났다.

군역대상자는 또한 중으로 되는 사람이 늘어남에 따라 축소되였다.

1467년 보법실시직후 전국 승도의 수가 14만 3 000여명이였는데 1476년 그 수가 50만~60만명으로 늘어났다고 한다. (《성종실록》권 68 7년 6월 병자) 10년 가까운 사이에 승도가 35만~45만명이나 늘어났겠는가에 대해서는 잘 믿어지지 않으나 그 절반을 취하더라도 20만이 늘어난것으로 된다.

봉건정부의 각종 제한 조치를 무릅쓰고 중이 되는 사람의 대부분은 가혹한 군역부담을 모면하려는것이였다. 《군역을 회피하기 위하여 사내자식이 많으면 반드시 2~3명을 중으로 되게 하여 날마다 군액이 감소되니 지금부터 법을 위반하고 중으로 된자의 아버지에게 모두 죄를 주어야 한다.》고 한 당시의 사실은 중으로 되는것이 군역에서 벗어나는 방도로 되였음을 말하여준다. (《성종실록》권260 22년 12월 기유)

당시 전국의 정군과 봉족을 합한 수가 50만 남짓하였는데 그 절반가량의 인원이 중으로 되였다는 사실은 인민들에 대한 봉건국가의 지배와 장악이 어느 정도 한심한 지경에 이르렀는가를 가늠할수 있게 한다.

군역의 기본대상인 량인농민이 량반토호들의 노비로 되거나 중으로 되는것외에도 권세가의 반당과 지방의 아전들이 늘어난것도 보법을 문란시키는데 일정한 영향을 주었다.

《경국대전》병전 경아전조에는 반당의 수가 대군 15명, 왕자군 12명, 1품 9명, 2품 6명, 3품 당상관 3명, 1등공신 10명, 2등공신 8명, 3등공신 6명으로 규정되여있다.

반당은 왕자, 고위관료, 공신들에게 배속된 심부름군(구종)이였으나 원래는 군사관계 관리들을 따라다니던 사람들로서 그들의 호위병, 련락병의 임무를 수행하였다. 반당은 군사로 간주되였으므로 매해 2월과 9월에 두번씩 다른 병종의 군사들과 함께 무장을 갖추고 점고를 받았다. (《성종실록》권11 2년 9월 정해)

그러나 재상, 권세가들의 농장이 늘어남에 따라 그들은 반당을 농장의 관리인 또는 경작자로 혹사하며 또 규정을 어기고 부유한 량인을 강제로 예속시켜 반인 또는 반당으로 삼았다. 재상의 반인은 본래 인원이 정해져있는데 모두 그 정액의 몇배를 차지하였고 비옥한 토지를 소유한 량민, 부유한 량민이 모두 재상의 반인으로 되였다는 것이 당시의 실태였다. (《성종실록》 권32 4년 7월 기미)

반당으로 전락된 량인은 물론 군사였으므로 군액을 확보하는 문제가 론의될 때마다 반당을 줄여야 한다는 주장이 상정되였고 《대전후속록》에서는 그 정원을 3분의 1로 삭감하는것을 제도화하였다.

그러나 그것은 제도상의 규정으로 되였을뿐 세력있는 재상, 대신들이 차지한 반당의 수는 줄어들지 않았다. 필요한 군액은 확보하지 못하더라도 저들 개인의 리익을 우선적으로 추구하는 량반관료들이 정권을 롱락하는 형편에서 사태가 개선될수는 없었다.

봉건통치를 어지럽히고 군액을 줄어들게 한 중요한 사실의 하나는 중앙에서뿐아니라 지방관청에서도 아전들이 크게 늘어난것이였다. 15세기말~16세기초 함경도에는 관찰사영의 아전정원이 400명, 북도절도사영아전이 600명, 남도절도사영아전이 400명이였다. (《연산군일기》 권42 8년 정월 신축) 그리고 평안도에는 병사영의 아전이 600명, 감사영의 아전이 400명이였다. (《성종실록》 권256 22년 8월 정묘)

아전을 이와 같이 늘인데는 지방관들의 리해관계가 작용하였다. 그것은 능률보다도 되도록이면 통치를 헐하게 하려는것이였고 직접적으로는 종전에 군역의 대상이던 량인을 아전으로 삼고 그들을 수탈하자는것이였다. 평안도의 경우 아전역을 지지 않으려는 사람에게는 그것을 면제하는 대가로 《대량》이라고 하여 쌀을 거두었고 부방에 가기를 원하지 않는자에게서도 《동제》라고 하여 쌀을 거두었다.

늘어난 아전이란 어제날의 군사 또는 보인이였다. 각급 고을원이 군사, 보인을 빼앗아 관속으로 차지하였으므로 가난한 군사는 혼자서 군역을 감당할수 없게 되였다.

보법의 문란은 군역부담의 과중, 군역의 회피, 군역대상자의 격감으로 나타났고 마침내 중앙군의 대립과 지방군의 방군수포제라는 새로운 현상을 초래하였다.

대립이란 수도에 올라온 군사가 일정한 대가를 지불하고 자기대신에 병역을 치르도록 하는것을 말한다. 번상하는 군사에는 갑사를 비롯하여 여러 부대가 있었으나 체아직을 받고 록봉을 타먹는 군사에게는 대립이 있을수 없었으므로 대립의 대상으로 된것은 일반량인 병종(부대)인 정병이였다.

대립을 하던 현상은 1439년에 벌써 생겨났다. 량반의 집에서 그 종들을 시켜 대립을 시키고 한 군정당 한달에 대립가로서 그 군인에게서 면포 3필을 받아냈다. (《세종실록》권87 21년 11월 을묘) 번상한 정병이 보인에게서 받아낸 면포를 대역자에게 주고 자기자신은 군역에서 벗어나는 대립현상은 이처럼 15세기 전반기에 생겨났다. 그러나 이때는 대립이 주로 번상한 군사의 자원적의사에 따라 진행되였다. 그후 대립이 광범하게 진행된것은 15세기 말엽부터였고 이때에 이르러서 대립은 관청의 아전 또는 노비에 의하여 번상군사에게 강요되였다.

번상정병은 수도에 올라와 첫째로, 각 관청에 배당되여 토목공사를 담당하였고 둘째로, 병조와 5위도총부에 배속되여 라장의 역할을 담당하는 사후정병으로 일하였다.

1493년 번상정병의 두달 복무기간의 대립가, 번가는 면포 15~18필이였다. 이것은 번상정병이 보인으로부터 받아내는 면포 2필의 7~9배에 달하였다.

1456년 한성에 올라와 립역하는 기인의 6개월분 대역가가 면포 45필이였으므로 그 한달분 대역가는 7필 반이였다. 번상정병의 대역가는 기인의 그것보다도 많았다. (《세조실록》권3 2년 3월 정유) 이처럼 막대한 대역가는 번상정병을 부리는 관청의 관원, 서리들에게 차례졌다.

같은 해 봉건정부는 여러차례의 론의끝에 번상정병의 번가, 대립가를 면포 3필로 정하였다. (《성종실록》권278 24년 윤5월 신유)

군역의 대립이 봉건국가에 의하여 공인됨에 따라 대립인 한사람이 여러 번상병의 역을 동시에 맡아하는 폐단이 생겨났고 대립가도 규정의 한계를 벗어나 상승하였다.

대립가가 상승하자 군인은 보인에게서 많은 면포를 받아내고도 부족하여 자기 재산까지 처넣어 그 액을 변통하였고 그래도 안되는 경우에는 도망쳐버렸다. 군역담당자가 수많이 없어져 군적은 빈 대장으로 되고말았다.

봉건정부는 대립가의 징수가 담당관청의 개별적인 관료, 아전들에게 리익이 차례질뿐이고 봉건국가에는 오히려 군액감소라는 후과를 가져오는것을 시정하기 위하여 1541년부터 그 징수방법을 달리하였다. (《중종실록》 권94 36년 2월 임신)

즉 지금까지 수도에 번상한 정병이 역을 져야 할 해당 관청의 서리들에게 직접 납부하는것을 금지하고 각 고을에서 번상정병으로부터 징수한 면포에 봉인을 하여 병조에 올려보내면 병조에서 그것을 각 관청에 나누어주어 대역가로 충당케 하는것이였다. (《중종실록》 권88 33년 10월 임자) 그리고 1543년 《대전후속록》을 편찬하면서 여기에 대립의 공정가격을 월 5승면포 3필 반, 조포인 경우에는 4필로 할것을 규정하였다.

그러나 이러한 제도적인 조치도 군역부담을 가볍게 할수는 없었다. 군적에는 등록되였으나 실지로는 없어진 군정의 대역가포가 들씌워졌기때문이였다. 또한 그들은 수도에 번상은 하지 않으나 지방관청에서 부과하는 각종 요역을 부담하였다.

번상정병의 대역가포제가 실시되던것과 거의 때를 같이하여 지방에서는 류방정병과 수군의 방군수포제가 성행하였다.

방군수포제란 지방군사의 복무를 면제해주는 대가로 쌀이나 포목을 징수하는것이였다. 방군수포는 수도에서 멀리 떨어져있는 군사의 복무를 면제시키는것이고 군사를 지휘통솔하는 지휘관인 병사, 수사, 첨사, 만호 등에 의하여 그것이 자행되며 번상정병과는 달리 대역인이 필요하지 않았기때문에 오히려 대역가포제보다도 일찌기 그리고 대규모로 감행되였다.

1451년의 기록에는 각 포구의 만호, 천호들이 가난한 수군이 사정으로 하여 립역을 못하게 되면 《월령》이라는 이름밑에 매달 면포 1필과 쌀 9말을 거두어가졌다는 사실을 전한다. (《문종실록》 권4 즉위년 10월 경진)

이처럼 방군수포는 리조군사제도의 기틀이 마련되던 15세기 중엽에 벌써 그 싹이 나타나기 시작하였고 그 말기에 와서 보다 광범하게 대규모적으로 진행되였다. 1492년 평안병사 오순은 1 234명의 군사를 돌려보내고 그들에게서 쌀과 포목을 거두어 사복을 채웠다.

이러한 현상은 평안도뿐아니라 각 도, 각 포구에서 례상사로 생겨났다.

방군수포제를 통한 수탈은 지방관들에게 제도적으로 록봉이 보장되지 않는다는데 빙자하여 더욱 파렴치하게 감행되였다.

대역가포제와 방군수포제가 실시되면서 군사제도는 급격히 해이되였다.

첫째로, 수도와 지방에 실지로 번상하거나 류방하는 군사를 줄어들게 하였다. 둘째로, 군정들에 대한 로력적수탈에 경제적수탈을 덧씌워 군사복무를 더욱 간고한것으로 되게 하였다. 셋째로, 각 도, 각 고을의 각급 군사장관들의 탐욕을 조장시키여 군정을 더욱 헝클어지게 하였다.

군정의 해이와 군적의 허실화는 16세기에 들어와 더욱 심하여져 수습할수 없는 지경에 처하게 되였다.

2. 중앙군의 변화

중앙군의 변화에서 두드러진것은 5위에 소속되지 않은 부대들이 신설되거나 확대된것이였다.

5위체제를 기본으로 하는 중앙군제는 15세기말~16세기에 들어와 큰 변화를 일으키지 않았다. 그러나 번상제도가 해이되고 대립현상이 생겨남에 따라 5위소속부대의 질이 전반적으로 떨어지고 그 인원수도 줄어들게 되였다.

중앙군을 강화하기 위한 봉건국가의 대책은 첫째로, 보법이 문란하여지고 군정이 급격히 줄어든 형편에서 보법과는 인연이 없는 부대를 신설 또는 확대하려고 하였다.

둘째로, 5위소속의 군사들이 전반적으로 약하여진 형편에서 5위에 소속되지 않는 소수의 정예한 군사를 새로 확보하려고 하였다.

셋째로, 5위의 기간부대인 갑사, 별시위의 질이 떨어지고 팽배, 대졸이 완전히 로역부대로 변질한 형편에서 실지로 전투와 호위의 임무를 담당할수 있는 새로운 부대를 설치하려고 하였다.

끝으로, 량반관료들의 서자들로 부대를 조직하고 그들에게 서반군직을 줌으로써 벼슬길이 막힌데 대한 불만을 해소시키며 동시에 국왕을 호위할수 있는 군사도 확보하려고 하였다.

이러한 요구로 하여 몇몇 부대가 확대 또는 신설되였다.

우선 확대된 부대로써 내금위를 들수 있다. 내금위는 정원이 190명으로서 국왕의 가장 가까이에서 호위의 임무를 담당한 금군이였다. 금군은 소수의 정예부대였으며 5위에 속하지 않는 장번의 군사들이였다.

그런데 내금위는 국왕의 곁에서 임무를 수행할뿐아니라 때때로 변방에도 파견되였다. 그들은 조방장, 절제사휘하의 군관으로 파견되였는데 많을 때는 그 인원이 수십명에 달하였다. 또한 그들은 량계지방과 왜구의 침입이 예상되는 남해연안의 여러 포구의 만호로도 임명되였다.

내금위가 특별히 많이 지방에 파견된것은 그들이 호위임무수행을 통하여 료해된 군인이였고 무예가 뛰여났기때문이였다. 그리하여 내금위는 16세기 초엽에 들어와 본래 정원외에 예차내금위 200명, 가예차내금위 100명으로 모두 300명이 늘어났다. (《중종실록》 권25 11년 5월 정미)

그후 50명이 줄어 1543년에 간행된 《대전후속록》에는 예차내금위의 체아록이 규정되였는데 가설체아 150명 [부사과(종6품) 3명, 부사정(종7품) 4명, 부사맹(종8품) 8명, 부사용(종9품) 135명]과 갑사체아 100명으로서 합계 250명이였다. 예차내금위전원에게 록봉이 차례졌다. 그리하여 내금위는 정원이 190명으로부터 440명으로 되였다.

그들모두에게 체아직이 차례졌다는 면에서는 같으나 실차내금위에게는 종5품이상의 고위체아직이 차례졌으나 예차인 경우에는 종6품이하로 그것이 한정되였다.

내금위의 정원이 늘어나면서 장번이던것이 다섯번 또는 일곱번 교대근무하는 제도로 바뀌여졌다. (《중종실록》 권58 22년 2월 갑술)

또한 새로 설치된 부대로 청로대가 있었다. 청로대는 1484년 10월 국왕이 행차할 때 호종(호위하여 따라다니는)대렬을 째여지게 꾸릴 목적에서 설치된것이였다. (《성종실록》 권171 15년 10월 계해)

본래 국왕의 호종은 5위도총부의 입직한 위장과 군사, 내금위,

겸사복, 별시위 및 병조 도총부이하 군무를 맡은자들이 담당하였다.

그런데 5위제가 문란하여짐에 따라 호종하는 대오에는 무장과 군마를 제대로 갖추지 못하고 무예도 뛰여나지 못한 군인들이 끼여들게 되였다. 이러한 형편에서 국왕의 행차때 시위를 전문으로 맡은 부대를 꾸리는것이 필요하게 되였다.

그리하여 팽배, 대졸, 파적위 가운데서 젊고 건장한 군사 200명을 시취를 통하여 선발하고 다섯번으로 나누어 매번에 40명이 넉달씩 복무하도록 하였다. 그 대우는 장용위의 체아직 15자리가운데서 정7품, 정8품 각각 1자리, 정9품 4자리를 옮겨주며 복무일(사일)의 다소에 따라 서로 엇바꾸어주고 팽배, 대졸의 례에 따라 봉족을 한명씩 주도록 하였다. (《성종실록》권230 20년 7월 무인)

국왕의 호종을 전문으로 하는 부대가 생겨난것은 5위제의 약화와 그 산하군사의 취약성을 메꾸기 위한 조치의 산물이였다.

1492년에 또한 우림위가 신설되였다.

그 목적은 첫째로, 량반관료들의 서자들가운데서 무술에 능한자를 뽑아 서반군직을 주어 벼슬길이 막힌 불만을 가라앉히자는것이며 둘째로, 그 전해에 압록강을 건너 건주위녀진을 정벌하는 원정에 내금위, 겸사복의 일부가 참가하였기때문에 국왕의 호위군이 부족해진 약점을 보강하려는것이였다.

그 정원은 50명[부호군(종4품) 3명, 부사직(종5품) 5명, 부사과(종6품) 9명, 부사정(종7품) 7명, 부사맹(종8품) 10명, 부사용(종9품) 16명]이였고 내금위의 례에 따라 시취를 통하여 선발되였다. 처음 설치당시에는 그 정원의 절반에 해당하는 인원만이 체아직을 받았으나 그후 늘어나 《대전후속록》에는 전원에게 체아직이 차례지는것으로 규정되였다.

당번군사들의 무예를 시험치는 련재때 락제하면 갑사로 내리운다는 규정에 비추어볼 때 우림위는 갑사보다도 비중이 높았음을 알수 있다. (《대전후속록》병전 련재)

또한 그들에게는 전원에게 체아직이 차례졌으며 동시에 1보가 지급된데 미루어 겸사복, 내금위와 거의 같은 격의 위치에 있었다고 믿어진다.

끝으로 1512년에 새로 설치된 정로위를 들수 있다.

정로위의 설치목적은 량인의 상층이라고 볼수 있는 지방의 유력자인 한량층을 군오에 흡수하여 그들을 군직으로 회유하며 동시에 이미 약화된 갑사를 보강하려는것이였다. (《중종실록》 권26 11년 9월 신묘)

그 정원 1 000명을 시취를 통하여 선발하고 6번으로 나누어 복무케 하며 근무일수가 75일이 되면 품계를 올려주었다. 그후 그 정원은 1 500명으로 늘어났다.

정로위설치에서 특징적인것은 다른 부대들과는 달리 체아록에 대한 지급이 규정되지 않은것이였다. 그것은 정로위에 입대하는 한량층이 그러한 보장이 없이도 자체로 복무할수 있는 경제적능력을 가지고있었기때문이였다. 그 대신에 정로위는 75일간이라는 단기복무로써도 한등급 승진할수 있었는데 이것은 겸사복, 내금위 등이 180일간 복무해야 승진할수 있었던것에 비해서는 일정한 특전이였다.

정로위에 체아직이 차례지지 않은 다른 하나의 리유는 그 복무가 상대적으로 헐하였던데도 있다. 물론 당시 봉건국가는 체아직을 마구 배당할수 있는 경제적여유를 가지고있지 못하였다. 이러한 형편에서 무사의 영예인 금군으로 된다는 명예욕만 가지고서는 한량층이 정로위에 다투어 입대할수 없었다. 그 복무가 헐하기때문에 한량뿐아니라 군역을 회피하는 량인농민들도 제한을 무릅쓰고 입대하였다. 정로위에 들어온자들은 모두가 군사봉족이기때문에 정군을 도와줄 보인이 없어졌다는 기록은 당시의 형편을 그대로 말하여준다. (《중종실록》 권96 36년 11월 정미)

이것은 우림위와 같은 위치에 있었던 정로위가 그 설치당시와는 달리 질적으로 떨어졌다는것을 의미한다.

정로위는 그후 중앙군이라기보다도 각 도 병사, 수사의 휘하군사로서의 역할을 수행하면서 임진조국전쟁을 전후한 시기까지 존속되였다.

여러 부대의 신설과 확대는 중앙군제가 강화되거나 째여져간 사실의 반영이 아니였다. 오히려 헝클어지고 약화된 중앙군을 보강하기 위한 조치였다. 그것은 또한 중앙군전체의 강화보다도 국왕을 호위하는 금군의 확보를 노린 미미한 대책이였다.

3. 지방군제의 변화

지방군제의 변화를 보여주는 가장 중요한 사실은 진관제를 대신하여 제승방략제가 적용된것이였다.

앞에서 언급한바와 같이 진관제도의 기본내용은 도를 중심으로 각급 고을을 진이라는 군사단위로 설정하고 무관직을 겸하고있는 그 고을장관의 지휘밑에 그 고을, 그 지방을 자체로 지켜내는것이였다.

진관제도의 우점은 우선 적들이 불의에 쳐들어와 한개 고을이 무너져도 이웃한 고을들이 련속 저항하여 침략자들로 하여금 쉽사리 국내깊이에 기여들수 없게 한다는것이였다. 또한 방어군을 편성하고 적들을 물리치는 결정적대책을 취할수 있는 시간을 쟁취할수 있다는것이다.

진관제도의 약점은 결전을 벌리기 위하여 우세한 병력을 집결시키는데 혼란을 줄수 있다는것, 기본방어지대를 설정하고 강화할데 대한 군사적대책이 각급 고을의 본위주의로 하여 실효를 거두기 어려운것 등이였다.

진관제가 제대로 운영되자면 매개 고을(진)에 일상적으로 일정한 병력을 확보하고 유사시에 필요되는 군정을 지체없이 동원하며 군사를 직접 지휘해야 할 각급 고을원들이 군사에 대한 지식과 경험을 가져야 한다.

진관제가 확립된 이후 100여년간에 군역의 로역화, 군액의 감소, 방군수포의 성행, 《채수》 즉 군포채무를 독촉하는 장수라고까지 불리워진 병사, 수사, 만호들의 부패타락은 지방군제를 혼란시키고 지방군전반을 약화시키는 결과를 가져오게 하였다.

유명무실하여진 진관제의 약점은 1555년 5월 전라도 령암에 침입한 왜구를 물리치는 싸움에서 낱낱이 드러났다. 70여척의 배를 타고 기여든 수천명의 적과의 싸움은 쇠퇴해진 전라도군사들과 지방군지휘관들의 무능과 비겁성이 겹쳐져 오래 끌게 되였다. 결국 중앙의 군사와 현지에서 초모한 의병으로 적들을 격파한 이 을묘왜변은 진관제의 파탄상을 여지없이 보여주었다.

당시 전라도 도순찰사로 파견된 리준경은 전라도의 군사는 쓸수 없으니 이 도에서 무술에 재간이 있는 사람들 그리고 수도와 다른 도의 정예한 군사, 휴직중에 있는 무관, 한량, 공사노비, 중들의 징발을 요구하였다. (《명종실록》권18 10년 5월 기유) 이처럼 군사가 아닌 각계각층 주민들까지도 마구 징발하여 림시로 대렬을 편성하여 싸우지 않으면 안되였던것은 진관제가 파탄되였다는것을 의미하였다.

진관제를 대신하여 출현한것이 제승방략제였다.

제승방략제란 진관제와 군적에 구애되지 않고 군정을 총동원하여 집중적으로 방어하는 방책이였다.

그것이 진관제와 다른 점은 첫째로, 징발할수 있는 모든 장정을 동원하여 군오를 편성한다는것, 둘째로, 방어군의 지휘를 중앙에서 파견되여온 순변사, 방어사 등이 담당한다는것, 셋째로, 기본방어지대를 설정하고 거기에 병력을 집결시켜 싸우는것 등이였다.

제승방략제의 약점은 상비적인 군사의 확보와 그 대오의 편성을 약화시키였고 중앙에서 파견되는 지휘관의 도착을 기다려야 하였으므로 제때에 능동적으로 전투를 벌릴수 없는것 등이였다.

제승방략제는 1555년 을묘왜변이후 전라도에서 먼저 실시되고 그후 전국 각 도에 적용되였다.

제승방략은 3남일대에서뿐아니라 함경도지방에서도 적용되였다. 1588년 3월 함경도 병마절도사 리일이 제의한 《청행제승방략장》에는 6진대분군과 3읍분군이 밝혀져있는데 이것은 유사시 절도사를 대장으로 하는 북도병력의 집중적인 동원체제였다. 그가운데서 6진대분군을 제시하면 다음과 같다.

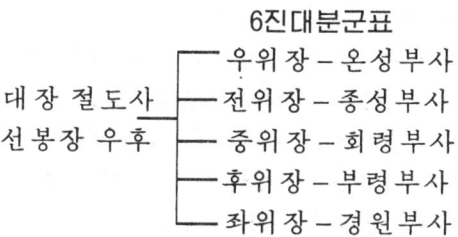

6진대분군표

여기에서 분군이란 동원된 군사를 5위진법체제에 따라 나누어 배치함을 의미한다. 각 위에는 만호, 첨사, 판관, 권관, 군관으로 임명된 중, 좌, 우, 전, 후의 5부장들과 유군장이 배치되여있었다. 그러므로 매개 위에는 6개 부대가 소속된셈이였다.

제승방략제의 적용은 각 고을의 잔존하는 병력을 집중하지 않고서는 전투부대를 편성할수 없었다는것, 군사가 아닌 장정까지도 긁어모으지 않고서는 필요한 군정을 확보할수 없었다는것, 병마절도사이하 각급 진의 장관만으로써는 유사시 전투지휘를 보장할수 없다는것을 보여주었다.

지방군제의 변화를 보여주는 다른 하나의 중요한 사실은 몇교대로 나누어 돌려가면서 복무하는《분번제》의 원칙이 헝클어진것이였다.

특히 그것은 번상함이 없이 자기 도의 방어를 위하여 모든 군사가 류방하던 평안도와 함경도에서 그러하였다. 갑사는 5교대(5번)로 나누어졌으므로 6개월 복무하고 2년 반후에 다시 복무하였다. 류방정병은 4교대였으므로 1개월 복무하면 4달후에 다시 복무하여야 하였다.

그러나 이러한 분번의 규정이 어긋나기 시작하였다. 겨울에 압록강이 얼면 녀진의 침입이 잦아졌으므로 합방이라고 하여 도내 군사를 교대없이 한꺼번에 부방시키거나 분방이라고 하여 군사를 두조로 나누어 번갈아 부방케 하였다. 합방의 경우 9~10월부터 이듬해 2월까지 5~6개월동안 강안의 여러 진에 부방하였고 다시 3월부터 9월까지는 4달을 주기로 한달씩 부방하였다.

이러한 가혹한 군사적부담은 빈약한 농민들에게는 견딜수 없는 것으로 되였다.

분번제의 원칙이 헝클어진것은 진관제를 적용할수 없게 되였다는것을 의미하였다. 왜냐하면 매개 고을이 다른 진의 방조가 없이 자체로 방비하기 위하여 군사의 번수를 줄이고 당번군사를 늘인 결과 군역부담이 커져 군사들이 많이 도망쳤기때문이다.

봉건정부는 부족되는 군사를 보충하기 위하여 부득이 황해도군사를 둘로 나누거나 평안도에 부방시키도록 하였다.

처음 황해도군사 4 350명을 두조로 나누어 평안도에 부방시키다가 1555년 을묘왜변후 황해도의 방비가 허술하다고 하여 일시 중지되였으나 1559년 평안도군사가 사망, 도망 등으로 줄어들자 또다시 부방케 하였다.

즉 상번과 부방해야 할 군사 4 000명을 두조로 나누어 각기 2 000명이 번상과 부방을 담당하는데 6개월 부방하고 6개월 휴식한 다음 번상군과 부방군이 서로 교대하였다. (《각사수교》 병조수교 가

정 44년 11월 26일)

이것은 자기 도를 자체로 지켜낸다는 진관제의 원칙과는 어긋나는것이였다. 황해도부방군사는 1 000명에 달하였는데 그들은 변방을 지키는 장수들로부터 무명, 쌀, 소금 등을 수탈당하였다.

함경도에서도 삼수, 갑산지대를 방비하기 위하여 동원되던 남도의 군사는 1년에 한번씩 부방하였는데 15세기말에 와서 그것이 1년에 네번으로 늘어났다. (《연산군일기》 권5 원년 5월 계묘)그리고 회령, 종성, 온성 등 6진지방은 경성, 명천, 길주 등 3읍지방군사의 도움을 받고서야 지켜내는 형편이였다. 즉 1512년 3읍의 군사는 10월~다음해 1월기간 따로 당번군사를 편성하여 6진에 부방하였다. (《중종실록》 권29 12년 9월 을미) 이러한 복무를 조방이라고 하였다. 조방을 마친 군사는 다시 본읍에서 류방하였다.

조방제가 생겨나게 된것은 가혹한 군사부담을 견디지 못하여 많은 군정이 흩어진 결과 군액이 급격히 줄어들었기때문이였다. 북도의 군사 및 보인의 총수는 본래 2만 3 870명이였는데 1509년에 이르러 1만 5 557명이 감소되여 8 313명이 남았다. (《중종실록》 권9 4년 8월 계해)

이처럼 군액이 3분의 1이상이나 줄어드는 현상은 남도에서도 마찬가지였다.

봉건정부는 본래 번상해야 할 군사인 내금위, 겸사복, 친군위 등을 류방시켜 부족되는 군액의 보충을 시도하였으나 사태를 돌이킬수는 없었다. (《명종실록》 권9 4년 정월 갑술)

1588년 북병사 리일이 6진지방에서 제승방략제의 실시를 제의한 것은 이 지방에서도 역시 진관제가 파탄의 지경에 처하였기때문이다.

4. 군사행정기관 및 지휘체계의 변화

군사제도가 전반적으로 해이되면서 군사행정기관과 지휘체계에서도 일련의 변화가 생겨났다.

그러한 변화를 보여주는 중요한 사실은 1510년 3포왜란을 계기로 방어청이 설치된것이였다. 이해 4월 3포(냉이포, 부산포, 염포)에 와있던 일본상인들은 쯔시마령주가 파견한 일본해적들과 야합하여 수천명의 병력으로 부산포와 냉이포에 쳐들어와 략탈과 학살을 감행하면서 침략을 확대하였다.

4월 8일 적들이 침략하였다는 보고에 접한 봉건정부는 곧 류담년을 경상우도 방어사로, 황형을 경상좌도 방어사로 임명하여 파견하고 다음날 좌의정 류순정을 도체찰사로 하여 한성에서 전투와 군무를 총지휘케 하였으며 병조 참판 안윤덕을 중추부 지사로 승격시키고 경상도 도순찰사로 삼아 현지에 파견하였다. (《중종실록》권11 5년 4월 계사, 갑오)

그후 류순정이 좌의정 겸 경상도 도원수로 임명되여 현지에 파견되고 우의정 성희안이 도체찰사 겸 병조 판서로 되였다. 후에 도순찰사는 부원수로 명칭이 바뀌여졌다.

결국 도체찰사-도순찰사-방어사의 체제로부터 도체찰사-도원수-부원수-방어사의 체제로 바뀌여졌다. 도체찰사를 제외한 도순찰사, 도원수이하 모두 현지에서 군무를 지휘하는 관료들이였다. 바로 이것이 방어청의 성원들이였다.

적들의 침입이 감행되였다는 보고에 접한 5일후인 4월 13일에 중추부 지사 안침이 경상, 전라 두 도의 수군으로써 왜적을 막을데 대하여 제기하자 국왕은 그 제기를 방어청에 내려보내도록 하였다. (《중종실록》권11 5년 4월 무술)

이것이 방어청의 존재에 대한 최초의 기사이다. 이 기사는 방어청이 삼포왜란을 계기로 설치되였으며 도체찰사, 도순찰사이하 각급 관원들이 군무를 토의하는 관청이였다는것을 알수 있게 한다.

당시 도체찰사이던 성희안은 다음과 같이 제의하였다. 《〈방어청의 일에 대하여 병조 판서가 더러 알지 못하는것이 있으니 원칙에 맞지 않습니다. 청컨대 병조 판서 김응기를 체찰사로 삼는것이 어떻겠습니까?〉 왕이 그 의견을 따랐다.》(《중종실록》권11 5년 5월 무인)

이 기사를 통하여 명백한바와 같이 체찰사는 방어청의 체찰사였으며 도체찰사이하 각급 관원들도 방어청의 성원들이였다.

방어청의 성원들을 보면 첫째로, 방어청의 도체찰사로서 수도에 남아 군무를 처리하는 성희안이나 현지에 파견되여 군사를 총지휘하는 도원수인 류순정은 같은 재상급의 관료였다. 둘째로, 도체찰사아래 체찰사는 여러명이 있었으며 도원수아래 부원수도 2명 (박영문, 안윤덕)이 있었다. 셋째로, 실무를 담당한 전임성원들도 있었겠으나 방어청의 고위성원들은 모두 겸직이였다.

　왜적의 침입을 물리친 다음에도 방어청은 그대로 존속되였고 그 성원도 보강되였다. 도원수의 직함을 지녔던 류순정은 한성에 돌아오자 방어청 도체찰사로 되였으며 병조 판서 정광필은 방어청 순찰사로 되였다. (《중종실록》권11 5년 6월 임자)

　이처럼 방어청은 그 구성원을 고위관료들의 겸직으로 하고 중앙과 현지에서 전투와 군무를 총괄한 관청이였다. 1511년 4월 4일 방어청은 페지되고 그 기능은 병조의 무비사가 수행하게 되였다.

　방어청의 설치는 유사시 중앙과 전투가 벌어지는 현지에서 일반군무와 전투지휘를 결합시킬수 있는 기구를 내왔다는 의미에서 군정기관의 편성이 더욱 째여진 측면을 보여주고있다. 그러나 관찰사, 절도사 등 지방군지휘관을 밀어놓고 중앙의 고위관료들로써 군무를 겸한 림시지휘관 또는 전권을 가진 감독관을 파견하지 않으면 안되였다는것은 기존의 진관제도가 헝클어진것과 관련되는것이였다.

　군사행정기관 및 지휘체계의 변화를 보여주는 중요한 사실로는 또한 비변사의 설치를 들수 있다.

　비변사가 변방의 군사문제를 주로 의논하던 림시적인 회의기구로부터 정치, 군사 등 봉건국가의 중대사를 토의하는 상설적인 관청으로 된것은 1555년 을묘왜변을 전후한 시기였다.

　비변사의 성원들로는 의정부의 3정승과 병조를 포함한 6조의 고위관료들이 주로 임명되는 경우가 많았다. 변방에서 제기되는 군무를 3정승이 처리하기도 하고 때로는 병조가 그것을 장악하고 3정승이 이를 감독하는 등 임무의 구체적분담은 고정되여있지 않았다.

　비변사의 존재는 군사제도발전에서 일정한 의의를 가진다.

　우선 그것은 시급한 군사문제를 제때에 처결할수 있게 하였다는데 있다. 지금까지 군사행정은 주로 병조가 맡았고 중앙군의 입직, 순찰은 5위도총부가 담당하였는데 외적의 침략에 대처하는 문제는 변방의 장관이 병사 또는 수사, 관찰사에게 보고하면 그것이 병조를 통하여 국왕에게 보고되고 다시 내려진 명령을 집행하기 위하여 고위관료들이 모여 토론하여 결정하였다. 이러한 보고와 토의절차는 필요한것이였으나 시기성을 놓치는 경우가 적지 않았다. 그런데 군무를 토의하는 전문관청과 정해진 관료들이 존재 하였다는것은 군사문제의 토의결정을 빠르게 하였다고 볼수 있다.

또한 군정과 전투지휘를 통일적으로 장악통제할수 있게 하였다는 데 있다. 물론 비변사는 오늘날의 총참모부 또는 총사령부와 같은 기관은 아니였다. 오히려 군사위원회와 비슷한 측면을 가지고있었다. 비록 겸직이기는 하지만 군사문제를 담당한 고정된 관료들이 있었으므로 유사시 그들은 군정업무나 전투지휘와 관련된 문제를 다같이 토론하고 정세의 추이에 맞게 전투보장과 그 진행을 적절히 결합해나갈수 있었다.

비변사의 설치는 군사기구의 측면에서 본다면 그것이 합리적으로 째여졌다고 말할수 있다.

그러나 군사기관 또는 군사기구로서의 비변사는 제한성도 있었다.

그것은 우선 하급관리들과 아전을 제외하고는 비변사에 전임관료들이 배치되여있지 않은것이다. 또한 비변사가 상설관청임에도 불구하고 고위관료들이 일상적으로 출근하여 군무를 처리하지 않았다는것이다. 또한 비변사의 관료들이 주로 문관들로 꾸려진것이다.

비변사가 설치되고 그 기능이 확대됨에 따라 지금까지 최고관청이던 의정부의 기능은 약화되여 봉건통치전반에 혼란을 가져왔다. *

* 《조선전사》 9권 과학, 백과사전출판사, 1980년, 139~141페지

봉건통치의 혼란은 량반관료들의 부패타락을 촉진시켰고 그것은 헝클어진 군사제도를 걷잡을수 없는 붕괴에로 이끌어갔다. 이러한 형편에서 일부 진보적인 관료들은 외적들이 침략하여올것을 우려하면서 헝클어진 군사제도를 바로잡으며 나라의 방위력을 강화할데 대한 일련의 제안을 내놓았다.

대표적인 관료로써 리이를 들수 있는데 그는 병사, 수사, 첨사, 만호 등 지방군지휘관들의 군사들에 대한 가혹한 수탈을 제한하며 수군과 류방정병의 거주지와 복무하는 곳을 일치시키고 군적을 제때에 개정하며 군사의 대립가를 마구 징수하는 폐단을 시정할데 대하여 제의하였다. (《률곡전서》 권5 소차 3 만언봉사)

그는 병조 판서로 있을 때인 1583년 4월 10만명의 군사를 양성할데 대한 《10만양병》론을 주장하였다. (《률곡전서》 권34 부록 년보 만력 11년 4월)

리이는 전세기에 10여만명에 달하던 정규무력의 군액이 급격히

줄어들어 수천명도 단꺼번에 동원시키기 어려운 형편에서 10만명의 군사를 양성하여 수도에 2만명, 각 도에 1만명씩 배치할것을 제의하였다. 그리고 군사들에게는 재주를 시험치고 일체 부담을 면제하여주며 6개월을 기한으로 수도에 올라와 복무하게 할것을 주장하였다.

그러나 부패무능한 봉건통치배들은 리이의 주장에 귀를 기울이지 않았다. 국방을 강화해야 한다는 애국적인 주장과 발기들이 자주 제기되자 봉건정부는 3남지방에 방어사를 파견하고 유능한 무관을 등용하는 등 몇가지 대책을 취하였으나 그것은 왜적의 침략을 막는데 충분한것으로 되지 못하였다.

제2절. 훈련도감의 설치, 중앙군의 변화

1. 훈련도감의 설치

임진조국전쟁을 계기로 일어난 군사제도의 변화에서 가장 두드러진것은 1593년말에 훈련도감이 창설된것이였다.

1592년 4월 적들의 불의의 침공이 감행되고 그후 1년간 벌어진 치렬한 공방전은 무기와 전술면에서도 심각한 교훈을 남기였다.

그것은 활을 기본무기로 하는 군사는 성벽에 의거하여 방어전을 벌리는데는 소용되지만 야외에서 정면전투를 진행하는데서는 위력을 발휘하지 못한다는 사실이였다. 당시 일본침략군이 활보다 우월한 조총으로 무장하였고 또 칼쓰기를 잘하는 조건에서 적들의 이러한 장기에 대처할수 있는 부대를 편성하는것이 시급한 과제로 나섰다.

봉건정부는 당시 참전한 명나라군사들이 왜구를 무찌른 경험을 참작하면서 1593년 8월 《훈련도감사목》을 발표하고 화포(주로 조총)로 무장한 포수를 양성할데 대한 문제를 론의하였다. (《선조실록》 권41 26년 8월 계묘)

이보다 며칠전에도 훈련도감을 설치할데 대한 문제가 상정되였다. 그러나 이때는 론의에 그치고 그것이 정식으로 설치된것은 국왕이 수도로 돌아온 10월이였고 완전한 체제를 갖춘 림시관청으로 된것은 이듬해 2월이였다.

어쨌든 1593년 10월에는 훈련도감의 관리들이 맡은 일을 벌려나갔고 또 다음달에는 훈련도감의 좌영과 우영이 설치되여 본격적인 군사훈련이 진행되였다.

당시 훈련도감의 도제주는 도체찰사인 류성룡, 유사당상은 병조판서인 리덕형 그리고 대장은 조경이였다.

군사로는 일정한 무게의 돌을 들게 하여 건장한 장정을 입대시키고 매일 2되의 료미를 공급하였다. 입대대상은 유생, 한량, 량인, 아전, 공노비, 사노비 등 각계각층이였다. 량인과 노비들은 본래 수적으로 많았을뿐아니라 건장하였고 굶주림을 면하기 위하여 1달에 6말씩 주는 료미를 받는데 리해관계를 가졌다. 또한 량인은 군사복무를 통하여 금군으로 등용되기를 원하였으며 노비는 면천되기를 바랬다.

훈련도감설치당시 봉건정부는 포수 1 000명을 키우려고 하였으나 군량의 제한을 받아 그 인원을 채우지 못하였다.(《선조실록》권53 27년 7월 기묘) 그 편제는 처음 설치당시에는 제대로 갖추어지지 못하였다가 점차 제도화되였는데 1594년 3월 병조가 제안한 훈련도감의 편제는 다음과 같았다.(《선조실록》권49 27년 3월 계묘)

1593년 3월 훈련도감편제

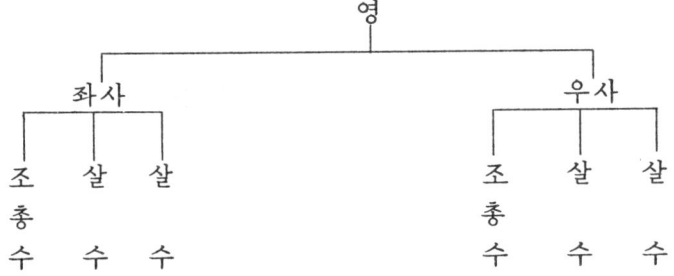

우의 표는 조총수는 좌사, 우사에 각각 1개 초씩 그리고 살수는 좌사, 우사에 각각 2개 초씩으로 하고 이것을 합하여 1개 영을 만들고 사수는 여기에서 제외되고있음을 보여주고있다.

그런데 병조의 이 제안에서 주목되는것은 유사시 조총수, 살수,

사수의 전투서렬에서의 위치와 전투방법을 언급하고있는 부분이다. 즉 진을 치고 전진하고 퇴각할 때에는 그 서렬을 성글게 짓고 교대로 들락날락하게 하되 사수는 각각 1개 초씩 조총수의 뒤에 그리고 살수의 앞에 위치해야 한다는것이다.

그리하여 적들이 아주 먼거리에 있을 때에는 먼저 조총으로 제압하고 그 다음에는 활을 쏘아 제압하며 가까이 접근하였을 때에는 창과 칼로 제압한다는것이다. 즉 화약무기와 도창무기, 원거리사격무기와 단병접전무기를 겸비하여 모든 전투정황에 주동적으로 대처할 수 있도록 한다는것이다.

이처럼 사수는 전투에 진입시킬것이 예견되여있었으나 아직 훈련도감의 편제속에는 정식으로 들어있지 않았다. 이것은 훈련도감의 설치목적이 주로 포수와 살수를 양성하는데 있었음을 말하여준다.

같은 해 4월 훈련도감이 실시할 훈련에 관한 보고에 그 편제와 인원에 관한 보다 상세한 규정이 밝혀져있는데 그것을 도표로 제시하면 아래와 같다.

1594년 4월 훈련도감의 편제

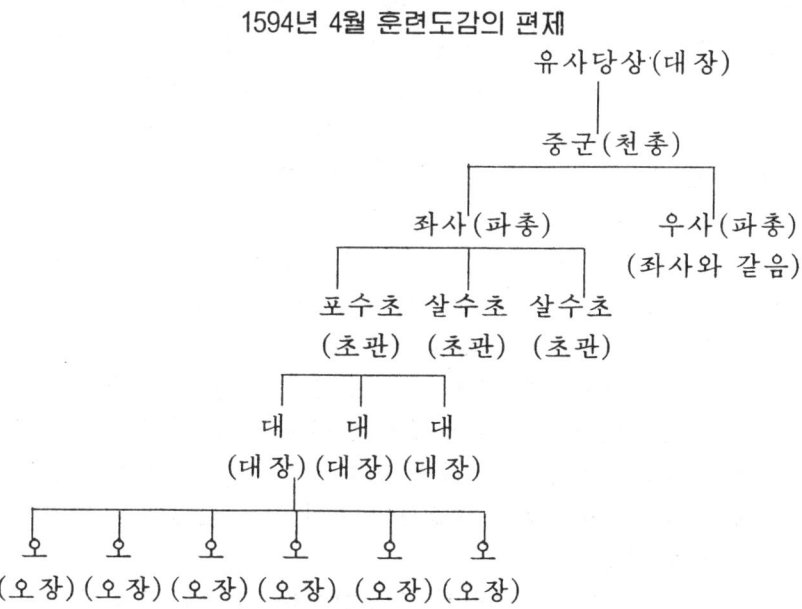

한개의 오는 오장을 포함하여 5명이고 6개의 오 즉 30명이 1개

대를 이룬다. 그리고 3개 대 즉 90명이 한개 초를 구성하며 3개 초 즉 270명이 한개 사의 군액으로 된다. 여기에 대장, 초관, 파총 등 사관 및 장교층을 포함시켜야 280명 남짓하다. 결국 훈련도감산하의 좌, 우 두개 사의 총군액은 560명 남짓하다. *

포수가 살수의 절반인원밖에 안된것은 화약과 조총을 당장 많이 확보할수 없었기때문이였고 이 편제에서 사수가 보이지 않는것은 훈련도감이 포수, 살수 위주의 군영이였기때문이였다.

> * 앞에서 언급한바와 같이 훈련도감의 정원은 1 000명이였다. 그런데 그 군액을 1만명이였다고 보는 견해도 있는데 그것은 류성룡이 수도안에 5개 군영을 설치하고 매개 영에 2 000명씩 배속시키여 중앙군을 강화할데 대하여 제의한 기록을 훈련도감의 군영으로 착각한데서 생긴것이다. 1만명의 군사를 편성할데 대한 류성룡의 제기는 훈련도감과는 무관계한것이였다. (《선조실록》 권50 27년 4월 을축)

그후 10명을 대로, 3개 대를 기로, 3개의 기를 초로 명칭과 편제를 바꾸었다. (《선조실록》 권57 27년 11월 계사)

편제가 째여짐에 따라 군액이 계속 늘어나 같은 해 6월 왜적과 싸우기 위하여 남쪽으로 내려간 포수와 앓거나 사고가 있는 사람들을 제외하고도 포수 456명, 살수 334명 모두 790명이 수도에 남아있었다. (《선조실록》 권52 27년 6월 갑술)

1594년 여름 군사훈련이 본격적으로 진행되였다. 특히 포수들의 사격훈련이 맹렬하게 진행되였다. 이해 8월 항복한 왜군 38명을 데려다 조총사격을 시켰는데 과녁을 맞힌자가 2명이였고 명중시킨자도 우리 나라의 포수들만 못하였다. (《선조실록》 권54 27년 8월 정미)

훈련도감군사의 기본임무는 첫째로, 여러가지 훈련을 진행하며 진법을 익히는것이였다. 특히 조총사격술과 칼, 창을 쓰는데 익숙하도록 하였다. 훈련에서 특출한 성과가 있는 군인은 여러가지 방법으로 표창을 받았다.

둘째로, 국왕의 호위와 수도방어의 임무도 수행하는것이였다. 1594년 11월 훈련도감의 군사는 전, 후, 좌, 우, 중의 5영에 배치되여 밤낮 교대로 군영을 경비하였다. 특히 중앙군의 질이 떨어지고 그

수가 줄어든 형편에서 수도를 방위하는데서 정예한 군사로서의 포수, 살수에 대한 기대는 매우 컸다.

셋째로, 군량을 확보하기 위하여 둔전군의 임무도 수행하는것이였다. 군사를 유지확보하는데서 가장 어렵게 나섰던것은 군량을 마련하는 일이였다. 1594년 11월 포수 7개 초가운데서 별초 2개 초를 수도교외에 주둔시켜 농사차비를 하도록 하였고 경기의 진강, 호곶의 두 목장을 훈련도감의 둔전으로 전환시키였다.

넷째로, 전국 군사에 대한 사격과 칼쓰기훈련지도를 담당하는것이였다. 1595년 4월 훈련도감에서는 병조가 번상할 군사를 장악하는것과 함께 각 고을의 포수, 살수를 전부 대장에 등록하였으며 수시로 랑청을 보내여 시험도 치우고 검열도 하였다. (《선조실록》 권62 28년 4월 병인)

다섯째로, 남쪽 경상도와 전라도의 일각에 둥지를 튼 왜적들과 싸우기 위하여 출전하는것이였다. 훈련도감을 설치한 목적자체가 조총과 칼을 잘 쓰는 왜군과 대적하자는것이였고 또 훈련에서도 적지 않은 성과가 있었으므로 왜적과의 싸움에서 일정한 성과를 거두었다.

훈련도감의 군액이 크게 늘어났던 때는 1595년이였다. 이해 6월 사수를 제외한 포수와 살수만 합하여도 12개 초나 되였으며 수도 5부에서 시험을 통하여 선발한 아동포수와 살수도 35명에 달하였다. 이것은 훈련도감설치를 계기로 총쏘기와 칼쓰기훈련이 일반군정들뿐 아니라 아동들속에서도 널리 보급되였음을 의미한다.

이처럼 훈련도감군액은 천수백명을 최고로 하고 그 이상 더 늘지 못하였다.

그것은 첫째로, 훈련도감이 림시관청의 성격을 가지고있었기때문이였다. 훈련도감은 창설초기부터 그 기구와 재정에 대한 명확한 법제적담보를 가지지 못하였다.

1 000명을 양성하려던 본래의 계획이 군량의 제한으로 실현되지 못하였고 그 이후 다소간 늘어났으나 전쟁의 수요와 재정적타산을 적절히 고려한 확정된 편제와 정원이 없었다. 호조와 군량청에서도 훈련도감의 유지를 위한 경비를 마련하였으나 그것은 충분한것으로 되지 못하였다. 이처럼 포수, 살수를 많이 양성해야 할 절실한 요구가

나섰음에도 불구하고 그것은 원만히 실현되지 못하였다. *

> * 3수미라고 하여 평안도, 함경도를 제외한 6개 도에서 1결당 1말씩 징수하여 훈련도감군의 료미로 충당시키는 제도적조치가 취해진것은 전쟁이 끝난 직후였다.

그것은 둘째로, 훈련도감관리와 무관들의 사리사욕이 포수, 살수양성에 장애를 조성하였기때문이다.

도감의 당하관이나 훈련을 책임진 초관들은 자기 집 하인이나 종을 군사명단에 등록하여 비법적으로 료미를 가로채기도 하였고 혹은 포수와 살수를 종처럼 부려먹기도 하였다. 이것은 훈련을 방해하며 도감군사의 질을 떨구고 나아가서 입대를 꺼려하는 편향을 발생시키게 하였다. 이러한 폐단은 1594년말 봉건정부안에서 공개적으로 론의될 정도로 심각한것으로 되였다. (《선조실록》 권58 27년 12월 임자)

그것은 셋째로, 1593년 후반기이후 적들이 남해안 일각에 구축되고 오래동안 휴전이 계속되였으며 1595년이후 풍년이 들게 됨에 따라 입대를 지원하는 사람이 줄어들었기때문이다. 처음 굶주림을 면하기 위하여 료미를 타먹으려고 입대한 군정들가운데는 농사가 잘되여 량식걱정이 덜어지게 되자 고향으로 돌아가는 사람이 생겨났고 자연히 입대를 지원하는 사람이 적어졌다.

그것은 끝으로, 화약과 조총의 수요를 보장할수 없었기때문이다. 봉건국가가 포수, 살수, 사수의 3수가운데서 가장 중요시한것은 포수였다.

1595년 10월 국왕이 무예를 겨루는데 참석하여 조총의 위력이 활의 5배나 된다는것을 확인하였고 새로 입대한 군사를 모조리 포수로 삼도록 한것은 당시 포수를 얼마나 중시하였는가를 말하여준다. 그러나 조총과 화약에 대한 수요를 당장 충족시킬수 없는 사정으로 하여 포수의 수를 줄이고 살수와 사수를 늘이지 않으면 안되였다. (《선조실록》 권74 29년 4월 정사)

이와 같이 훈련도감군을 더 많이 늘일수는 없었으나 1596년까지 대체로 1 000명의 군사가 확보되여 중앙군의 주력을 이루었다. (《선조실록》권77 29년 7월 갑신) 1597년 일본군의 재차침략을 무찌르는 싸움이 벌어졌을 때 800여명의 포수, 살수가 출전하였다. (《선조실록》권92 30년 9월 무술)

이처럼 왜적들의 침공을 물리치는 전쟁때에 창설된 훈련도감은 전쟁의 승리를 이룩하는데서 일정한 역할을 하였으며 군사제도를 새롭게 정비강화하는데서 커다란 의의를 가지였다.

의의는 첫째로, 봉건국가의 급료에 의하여 유지되는 직업적상비군이 출현하였다는것이다.

종전 5위제도하에서 중앙군을 이루던 군사는 대부분 병농일치의 원칙에서 번상하던 군사였다. 일반량인농민으로 무어진 번상정병은 말할것 없고 갑사와 같은 고급군인도 그자신은 농사를 짓지 않는다 하더라도 그 가족 또는 하인들이 농사에 종사하였으므로 어차피 농사와 인연을 가지고있었고 6개월동안 복무하고 2년동안은 하번중에 있었으므로 직업군인은 아니였다.

교대없이 복무하는 직업군인이 출현한것은 소수의 정예한 군사를 꾸릴수 있게 하였다.

둘째로, 속오법과 유정장, 유정졸의 원칙을 적용하여 부대의 편성을 더욱 째여지게 하였다는것이다. 평시에 지휘관은 지휘관끼리 모여있고 병사들은 패두를 정하고 그들끼리 모여있는 엉성한 조직을 가지고서는 싸움에 이골이 난 왜적들을 무찌를수 없었다. 대(10명), 기(3대), 초(3기), 사(5기), 영(5사)으로 된 속오법이 적용되고 대장, 기총, 파총, 초관 등의 고정된 지휘관이 정해짐으로써 부대를 째여진 전투조직으로 만들고 강한 명령체계를 세울수 있었다. 속오법의 적용과 고정된 지휘관의 엄격한 명령체계를 세운것은 군사제도가 전투의 정황에 맞게 보다 째여졌다는것을 보여준다.

셋째로, 활을 기본무기로 한 보병으로부터 조총과 칼, 창을 위주로 한 보병에로의 전환의 시초를 열어놓은것이다.

훈련도감의 설치는 우리 군사를 조총사격과 칼쓰기에 준비시켜 먼거리에서의 사격전과 근거리에서의 육박격투에 다 준비시키도록 한 제도적조치였다. 군사훈련에서의 성과에 대한 평가가 흔히 포수와 살수에게만 차례졌기때문에 중앙과 지방의 무사들이 실망하였다는 사실에서 활중심의 군사체제를 포수, 살수위주의 군사체제에로 전환시키려고 한 봉건정부의 의도를 찾아볼수 있다. (《선조실록》 권67 28년 9월 계사)

끝으로, 인민들속에서 무술을 련마하는 기풍을 조장시켰다는것이다.

부패무능한 봉건통치배들은 군사를 홀시하였을뿐아니라 인민들의 무술련마를 반봉건투쟁에 폭력적으로 진출할수 있는 위험한 요소로 보고 이를 백방으로 저애하였다.

훈련도감이 설치되고 조총, 칼, 창, 활 등의 무기를 다룰데 대한 장려조치가 취하여지자 인민들은 주로 살수의 기능을 련마하는데 열중하였다.

《평양에서 재주시험을 치울 때 민간의 아동들까지도 대오에 대한 규정을 알며 기발을 가지고 진을 치며 또 살수의 기술에 능하여 합격한 사람이 38명이나 되니 대단히 기특합니다.》(《선조실록》 권64 28년 6월 을묘)

1595년 여름에 올라간 비변사의 이 제의는 애국적이며 슬기로운 인민들속에서 무술이 널리 련마되였음을 보여준다. 당시 한성에서도 수십명의 아동들이 훈련도감에 입대하여 맹렬한 훈련을 벌리였다.

왜적들을 물리치는 싸움에서 실지 효과를 본 훈련도감은 전쟁이 끝난 후에도 북방에서 새로 일어난 녀진의 세력이 급속히 확대되는데 대처하여 그대로 유지되였다.

2. 기타 중앙군의 변화

임진조국전쟁시기 훈련도감이 설치되여 직업적상비군이 출현한 외에도 중앙군은 몇가지 중요한 변화를 나타냈다.

그 변화는 첫째로, 금군이 량적으로 장성하였으나 그 질이 급격히 떨어진것이였다.

1592년 4월말 국왕이 수도를 버리고 떠날 때 3청의 금군 즉 겸사복, 내금위, 우림위의 군사가 모두 도망쳐서 호위하는 군사가 적었

다는것은 잘 알려진 사실이였다. (《징비록》 권1 총론 선조 25년 4월 30일)

금군이 갑자기 늘어난 원인은 전쟁이 격렬해지고 장기화됨에 따라 군공을 세운 병사들에게 함부로 금군의 칭호를 주었기때문이였다.

《8도에 군공을 세운 부장, 수문장, 금군이 만명이나 됩니다. 요즈음 이들은 먹을것이 없어 수도에 수많이 모여들었는데 평시에 수문장이 30명도 되나마나하던것이 지금은 200여명이나 되며 부장이나 금군도 그와 같이 많습니다.》(《선조실록》 권46 26년 12월 기사)

1593년 12월 승정원에서 한 이 보고에서 알수 있는것은 봉건국가가 무사의 최고영예로 되는 금군직을 군공을 세운자들에게 마구 주었다는것 그리고 그들의 일부가 식량난으로 하여 수도에 모여들었다는것이다.

무술과 용력이 뛰여난자를 시취를 통하여 선발하던 종전의 제도가 무너지고 군공에 의해 금군직을 수여한 결과는 그 질을 급격히 떨어지게 하였다. 1594년 6월 겸사복 400명가운데서 활을 쏘아 100보까지 보낸자가 겨우 100명밖에 되지 않았다.

《경국대전》에 의하면 정원이 50명이던 겸사복이 400명으로 늘어났는데 군사로서의 초보적인 자질을 갖춘자는 그의 4분의 1뿐이였다.

당시의 봉건통치배들은 금군을 가리켜 《지방의 잡된 무리》, 《활도 다룰줄 모르는 잡다한 무리》라고 비난하였는데 이것은 금군의 신분적변화에 대한 방증자료로 된다.

문관의 집현전에 대비되던 내금위의 질이 떨어져 거기에 입대하는것을 수치로 생각하였다는 당시의 기록은 금군의 신분구성에서의 변화를 뚜렷이 보여주고있다. (《선조실록》 권66 28년 8월 을축)

금군의 량적장성은 국왕의 호위와 왕궁을 수비하는 군사가 늘어났음을 의미하지 않았다.

금군의 질적저하와 군사제도의 문란으로 하여 1596년 3월 궁궐을 수비하러 입직하는 군사는 하루 50명에 불과하였다. (《선조실록》 권73 29년 3월 임신)

이러한 형편에서 봉건정부는 금군의 수를 줄이여 군량을 절약하며 무예를 시험쳐서 불합격된자를 훈련도감군사로 또는 일반군역에 충당하는 조치를 취하였다. 그리고 산만하고 무질서한 금군에 속오법을 적용하여 12명으로 1개 대를 만들고 3개의 대에 기총을 두고 3개의 기총에 1명의 초관을 두어 통솔하는 체계를 세웠다.

그러나 무술은 뛰여나지 못하나 공로를 세워 금군으로 된 사람들을 함부로 처리할수 없었고 또 그렇게 되면 인민들의 투쟁의욕을 저하시킬수도 있었기때문에 봉건정부는 금군의 정비강화대책을 론의하는데 그치고 근본적인 《수술》을 단행하는것을 삼가하는 립장을 취하였다.

속오법의 적용에 대하여 말하더라도 지휘관들의 무능, 금군일반의 자질의 저하 등으로 하여 훈련도감에서와 같이 그렇게 큰 효과를 거두지 못하였다.

중앙군에서 일어난 변화는 둘째로, 대립현상이 성행하면서 대역가가 무명으로부터 쌀로 바뀌여진것이였다.

대립현상이 생겨난것은 전쟁전부터였다. 군사제도문란상의 반영인 대립현상은 준엄한 전쟁때에는 없어져야만 군사의 강화와 수도보위의 만전을 기할수 있었다.

대립이 지속된 리유는 우선 1593년말이후 휴전기간이 지속되면서 번상정병들이 농사철을 잃지 않기 위하여 대역을 원하였기때문이였다. 그들에게는 쌀이나 무명을 내는 한이 있더라도 번상을 하지 않고 농사를 짓는것이 더욱 유리하였던것이다.

그 리유는 다음으로 왜적의 략탈과 파괴로 걸식하는 장정들이 수도안에 많았는데 그들은 대역가를 비싸게 받지 않고서도 대립할것을 원하였기때문이였다.

그 리유는 끝으로 번상한 군사의 복무가 전적으로 파괴된 관청과 궁궐을 복구수리하는데 역사로 되였기때문이다.

이러한 형편에서 봉건통치배들에게는 지방출신의 외롭고 허약한 군사보다도 수도에 사는 장정을 대역시키는것이 오히려 유리하기도 하였다. (《선조실록》 권61 28년 3월 무자)

봉건국가는 또한 전시에 가장 첨예하게 나선 군량문제를 해결하기 위하여 수도에로의 번상을 면제하는 대가로 쌀이나 좁쌀을 받아내기도 하였다.

병조의 관리들과 5위의 위장들은 자기 집 하인이나 종을 대립케 하고 무명이나 쌀을 받아냈으며 심지어 한사람에게 3~5명분의 군역을 맡아하게 하고 폭리를 얻어냈다.

　봉건정부는 이러한 위법행위를 통제하는 한편 1595년 3월 대립가를 1달에 9말로 정하고 그것을 병조가 직접 징수하여 대역자에게 나누어주도록 하였다. 그리고 농사철이 끝난 10월부터는 본인이 직접 번들도록 하였다.

　그러나 대립으로 인한 폐단이 근절되지는 않았다. 량반관료들의 하인들이 대립가로 받아내는 액수가 1달에 무명 3필이였다. 이 3필은 전쟁전에 비하여 절반도 못되는것이였는데 번상자가 줄어든것은 번상해야 할 농민의 령락과 수도에 눅은 값으로 대립할것을 요구하는 장정이 많았던데 그 원인이 있었다.

　중앙군의 변화는 셋째로, 전시에 복수군 또는 분의복수군이라는 새로운 부대가 편성된것이였다.

　왜적들에게 부모나 처자를 피살당한 사람들로 한개 부대를 편성할데 대한 문제는 1596년 12월에 제기되였다. 즉 병조는 부모처자가 적들에게 살해당한 사람들을 자원적으로 모집하여 복수군을 조직하며 그 인원을 제한하지 말것을 제의하였다. (《선조실록》 권83 29년 12월 경오)

　병조의 제의는 이듬해 1월 비변사에 의하여 더욱 구체화되였다. 비변사는 원쑤를 갚으려는 사람들로 대오를 편성하여 도체찰사에게 소속시키고 힘이 모자라 싸움판에 직접 나서지 못할 사람들은 무기, 군량을 마련하든가 건장한 종을 대신 복무하도록 할것을 제의하였다.

　1597년 2월 수도 남쪽교외에 모인 700명의 성원들은 부모의 원쑤를 갚을것을 다짐하였다. (《선조실록》 권85 30년 2월 갑술)

　여기에는 왕족들, 고위관료들을 비롯한 여러 계층이 참가하였고 그 지휘는 충청수군절도사영의 우후이던 원유남이 담당하였다.

　당시 한성에 1만여호와 3 000여명의 장정이 있고 훈련도감의 포수, 살수가 1 000여명이였던데 비해보면 분의복수군이 700여명이였다는것은 결코 홀시할수 없는 력량이였다. 분의복수군이 결성된 이후에도 남쪽 여러 도들에서 복수할 사람들을 계속 초모하여 그 병력을 늘이였다.

　그러나 분의복수군은 그 인원의 구성이나 병력의 규모에 맞는 역할을 놀지 못하였다.

분의복수군에는 량반관료들뿐아니라 아전, 관청과 개인의 종 등 피지배계급신분도 입대하였는데 편성된지 얼마 안되여 충분한 훈련을 받지 못하였으므로 병사로서의 자질을 원만히 갖추지 못하였다.

그러나 적들과 피맺힌 원쑤를 지고있는 사람들로써 독립적인 부대가 조직되였다는것은 왜적의 침략을 반대하는 임진조국전쟁의 정의적성격을 선명하게 부각시키며 전쟁시기 중앙군을 특색있게 하였다.

중앙군의 변화는 넷째로, 중앙군의 수를 대폭 늘일데 대한 대책이 추진된것이였다.

1594년 4월 도체찰사 류성룡은 《수도안에 5개 영을 설치하고 매개 영에 2 000명씩 배속시켜 5개 방위의 빛갈로 표시하며 유사시에는 무기를 잡고 무사할 때에는 둔전을 경작하여 항상 1만명의 군사를 확보하여야 한다.》고 제의하였다. (《선조실록》 권50 27년 4월 을축)

류성룡이 확보하려고 하였던 1만명의 군사는 직업적상비병인 훈련도감의 군사와는 달리 병농일치, 병농합일의 원칙에서 편성되는 군사였다. 그들이 번상정병과 다른 점은 하번기간을 자기 집에서 보내는것이 아니라 둔전을 경작하면서 집체적으로 모여서 생활한다는 것이였다. 그리고 그들은 훈련과 군무의 거점인 군영을 가지고있었다는 점에서도 종전의 중앙군과도 구별되였다.

중앙군 1만명을 확보할데 대한 구상은 전면적으로 실현되지 못하였으나 그 구상이 보다 구체화되였고 실지 추진되였다는데 일정한 의의가 있었다.

제3절. 속오군의 편성, 지방군제의 변화

1. 속오군의 편성

속오군이란 임진조국전쟁때 개편하여 조직된 지방군을 가리키는것으로서 초군, 민병 등으로도 불리웠다.

중앙군도 속오법에 의하여 편성되였으나 속오군이라고 할 때에는 지방군을 의미한다.

속오법이란 대오를 일정한 단위로 층층이 올라가면서 편성하는 방법을 말한다.

임진조국전쟁전 무정장, 무정졸의 원칙은 지방군은 물론이고 중앙군에서도 적용되였다. 각 고을에서 림시로 징발된 장정들은 그 어떤 편제에 소속됨이 없이 또 고정된 지휘관의 통제를 받음이 없이 적당히 로역에 혹사당하다가 기일이 되면 되돌아왔다.

고려시기는 물론 리조초에도 군사들은 정연한 편제를 갖추고있었다. 호군(장군)이 1 000명의 군사를 거느리고 그아래 단위의 대장(교위)이 50명을 지휘하며 대부(대정)가 25명을 통솔하는것이 바로 그러하였다.

그런데 그후 군사일반이 로역을 담당하게 되고 무정장, 무정졸의 원칙이 적용되면서 수십명의 군사를 거느려야 할 대장, 대부는 소속된 병사를 가지지 못하고 그들자신이 잡역을 담당한 군사로 되여버렸다.

임진조국전쟁의 첫 시기 적들이 일시적으로 국내깊이까지 쳐들어올수 있었던것은 군액이 감소된데도 원인이 있지만 그나마 군사들이 고정된 지휘관의 통솔을 받는 째인 편제하에 있지 못하였기때문이였다.

적당히 로역을 위하여 인원을 나누고 그것이 끝나면 제각기 생활하다가 진법훈련을 할 때에야 지휘관과 병사가 만나는데 지휘관은 자기가 직접 훈련을 시킨 병사들을 거느려서는 안된다는것이 당시의 제도였다.

무정장, 무정졸의 원칙을 적용해서는 왜적들을 타승할수 없다는것을 체험한 봉건정부는 훈련도감을 창설하고 중앙군은 물론 지방군도 속오법에 기초하여 개편하기 시작하였다.

황해도에서는 1594년 10월이전에 벌써 지방군의 개편이 완료되였다.

1594년 10월 비변사의 제의에 의하면 조인득이 이전에 황해도 병마절도사로 있을 때 정예한 군사 4 000명을 골라뽑아 속오법에 기초하여 대장이 1개 대를 통솔케 하고 기총이 3개 대를 통솔하며 초장 (초관)이 3개 기를 통솔하게 하였다고 한다. (《선조실록》 권56 27년 10월 을축)

류성룡은 무너진 진관제도를 복구하며 지방군을 속오법에 의하여 개편하고 지방군속에서도 포수와 살수를 키울것을 극력 주장하였다.

그는 1595년 10월 령의정으로서 경기, 황해, 평안, 함경 4개 도의 도체찰사로 되여 군정의 직책을 겸임하게 되자 관하 각 도의 순찰사, 방어사, 병사들에게 지시문을 발송하여 속오군편성을 다그칠데 대하여 강조하였다.

그가 제기한 대오편성의 구체적내용은 다음과 같다.

첫째로, 각 고을의 면, 리 면적의 크고작음을 구분하여 초관을 선정하고 그로 하여금 기총, 대총을 각각 선출케 한 다음 백성들을 뽑아 훈련을 실시한다.

둘째로, 한개 영은 5개 사를 통솔하고 사에는 파총이 있으며 한개 사는 5개 초를 통솔하고 초에는 초관이 있으며 한개 초는 3개의 기를 통솔하고 기에는 기총이 있으며 한개 기는 3개 대를 통솔하고 대에는 대총이 있으며 한개의 대는 화병(취사병)까지 합하여 11명으로 한다.

각 면, 부락의 군사(군정)가 적으면 6~7명으로도 1개 대를 구성하고 군사가 많으면 규정에 구애됨이 없이 4개 기, 5개 기를 편성한다.

셋째로, 군사가 비록 많다 하더라도 대장이 영장에게 명령한다면 통솔하는것은 단지 5사람뿐이고 영장이 파총에게 명령하면 통솔하는것은 역시 5사람이고 파총이 초관에게 명령한다면 통솔하는것은 단지 3사람뿐이고 기총이 대총에게 명령한다면 통솔하는것은 3사람뿐이므로 정연한 명령체계를 확립할수 있으며 또 그렇게 되도록 하여야 한다.

이밖에도 그는 속오군의 조직과 훈련규정을 더욱 구체화한 여러 사항을 작성하여 각 도에 내려보냈는데 바로 그것이 속오군편성을 위한 봉건정부의 기본의도로 되였다.

당시 속오군을 편성하고 훈련시키는데서 기본으로 되였던 군사단위는 초였다. 매개 면은 1개의 초 즉 3개의 기(9개 대) 100명정도의 군사를 확보하여야 하였고 군사를 통솔하는 초관도 그 면, 그 부락에서 선발되고 초관이 기총과 대총을 임명하도록 되여있었다.

그리고 훈련장도 면을 단위로 갖추도록 하였고 그 면의 군사를 교련할 직접적인 책임도 초관에게 있었다. 5개 초 즉 1개 사는 대체로 각 고을이 확보해야 할 군정이였는데 그 인원수는 보통 400~500명 정도였다.

각 도에는 전, 후, 좌, 우, 중의 5개 영을 두었는데 그 편성정형을 경기의 실례를 들면 다음과 같다.

좌영; 리천, 려주, 광주, 양근, 지평, 양주, 포천, 가평의 군사
우영; 수원, 남양, 인천, 부평, 양천, 통진, 김포, 안성군의 군사
전영; 죽산, 음죽, 진위, 안산, 양지, 룡인, 금천, 과천의 군사
후영; 고양, 파주, 교하, 풍덕, 장단, 련천, 삭령, 영평, 개성 부의 군사
중영; 한성 훈련도감의 군사

매개 영은 전, 후, 좌, 우, 중의 5개 사로 이루어졌는데 좌영의 실례를 들면 전사는 리천, 좌사는 광주, 우사는 양근, 중사는 지평, 후사는 양주, 포천, 가평이였다.

다른 도에서도 대체로 이상과 같은 체계로 속오군이 편성되였다. 류성룡이 도체찰사로 있던 경기, 황해, 평안, 함경의 4개 도에서는 1596년 여름까지 속오군이 정비되였고 적들과 직접 맞서 싸우고 있던 경상, 전라와 기타 도들에서는 속오군으로의 개편사업이 예정대로 진척되지 못하였다.

그러나 속오군의 편성으로 그 이전시기에 비하여 보다 많은 군정을 확보할수 있게 되였다. 1596년 11월 충청도에만도 거의 6 000명의 속오군이 편성되여있었다. (《선조실록》 권82 29년 11월 신축)

속오군은 고정된 지휘관과 정연한 편제를 가지고있는외에도 다음과 같은 특징을 가지고있었다.

첫째로, 속오군편성에서 그 거주단위와 훈련단위를 일치시키도록 한것이였다. 속오군은 면을 단위로 조직되고 훈련장도 면에 설정되였다. 대(11명), 기(33명)가 리를 단위로 편성되였다면 3개의 기 즉 1초는 초관의 지휘하에 훈련하는것이 원칙이였다. 군사들이 식량을 마련해가지고 제 집을 떠나 고을에 올라가지 않고 훈련한다는것

은 그들의 부담을 크게 더는것으로 된다. 그리고 농사철도 잃지 않고 영농작업과 훈련을 다같이 보장할수 있었다.

　　둘째로, 속오군도 훈련도감의 3수군을 본받아 포수와 살수를 양성하는데 큰 비중을 둔것이였다. 1595년 7월 봉건정부는 해주고을의 장정들을 해당 거주지역에 등록한 다음 량인이나 내수사노비, 사노비나 할것없이 모두 군사로 삼고 신역을 면제하여주며 훈련도감의 규례에 따라 포수, 살수, 사수로 대오를 편성한 다음 초관을 배치하여 거느리게 하고 대장을 두어 통솔케 하였다. (《선조실록》 권65 28년 7월 정축)

　　셋째로, 각이한 신분, 계층이 속오군에 망라된것이였다. 그것은 군정수가 줄어들어 량인만으로는 속오군을 편성할수 없었기때문이였고 또 천인으로 불리우던 노비신분층이 군인으로서의 육체적준비가 원만하였기때문이다.

　　속오군의 조직은 그 편제와 훈련내용, 무장과 신분구성으로 보아 군사제도면에서 전진의 계기로 되였다.

　　그러나 속오군을 조직하고 유지강화하는데서는 적지 않은 폐단과 부족점도 나타났다.

　　첫째로, 속오군에 대한 지휘체계가 명확하지 못한것이였다.

　　각 고을의 원이 파총과 영장의 임무를 겸임하기도 하였고 경기의 경우에는 파총과 고을원이 별도로 존재하였는데 파총의 권한이 더 커서 그들사이의 마찰이 군사지휘에 혼란을 주었으며 또 고을원이 초관을 자주 교체하여 군사훈련에 지장을 주는 일도 적지 않았다.

　　둘째로, 부족되는 군량을 확보하기 위하여 복무를 면제해주는 대가로 량식을 징수하였으므로 대오의 유지강화에 지장을 준것이였다.

　　실례로 1597년 경상도에서는 속오군의 태반이 쌀을 바치고 복무를 면제받았기때문에 정원 3 000명을 확보하기가 어려운 형편이였다.

　　셋째로, 속오군은 그 편성의 제도적조치가 갖추어지지 못하고 법적인 담보가 마련되지 못한것이였다.

　　이러한 형편에 대해서는 《각 도의 이른바 속오군이라고 하는것은 바로 신역이 있건없건, 공노비건 사노비건 관계없이 훈련을 감당해낼만 한 사람들을 묶어서 대오를 편성한것으로서 그 본의는 단지 위급할때에 싸우고 지키는 일에 쓰자는것이였다.》(《선조실록》 권94

30년 11월 계묘)라고 한 비변사의 제의를 통해서 잘 알수 있다.
　봉건사회에서는 제도적규정이 명확하여도 규정대로 실시되지 못하는것이 보통인데 애당초 규정조차 제대로 세워지지 못한채 속오군이 편성되였으므로 많은 편향을 나타내지 않을수 없었다.
　그러나 속오군제는 종전에 허술하였던 지방군제의 약점을 극복하고 보다 째여진 제도를 지향하였다는 점에서 일정한 의의를 가지였다.

2. 기타 지방군의 변화

　임진조국전쟁시기 속오군이 편성된외에도 지방군은 다른 면에서도 몇가지 변화를 나타냈다.
　지방군의 변화에서 중요한것은 첫째로, 군사와 농민을 구분하여 전문화한것이였다. 다시말하면 군사는 그 복무의 대가로 군량을 보장받고 농민은 군사복무를 하지 않는 대가로 군량을 공급하도록 하는것이였다. 이 조치는 당시 도체찰사였던 류성룡의 발기에 의하여 실시되였고 특히 경상도지방에서 효과를 거두었다.
　군사와 농민을 구분한 목적은 우선 군사에게는 군량걱정을 없애자는것이였고 농민에게는 군사복무로 인하여 농사를 망치는 일이 생겨나지 않도록 하자는것이였다.
　《홍리상이 새로 부임한 초기에 각 고을의 군사수효를 등록한 다음 륜번으로 주둔지에 들여보내고 남은 사람은 식량을 마련하여 공급하도록 하였는데 이것은 군사와 농사를 갈라놓는 제도를 대략 가지고있으므로 백성들은 모두 안심하고 농사를 지을수 있었다. 그리하여 령남사람들이 그 혜택을 많이 입었다.》(《선조실록》권67 28년 9월 을해)
　국왕의 질문에 대한 류성룡의 이 대답은 경상도에서 군사와 농민을 구분한것이 매우 효과적이였음을 보여준다.
　류성룡은 1594년 3월 변방고을의 전투경험있는 군정들로 고을을 지키고 해변이나 국경지대가 아닌 나라중심부의 속오군을 줄여 전쟁과 농사를 동시에 보장할것을 제의하였다.

울산, 밀양, 청도 등 적들과 오래동안 대치하여있는 경상도 여러 고을의 군정들은 싸움에서 단련되였기때문에 민병 100명이 이 고을들의 전투경험있는 군사 하나를 당할수 없다는것이였다. 그러므로 이 지방의 장정들을 군사로 선발하여 군량만 대준다면 잘 싸우는것은 물론이며 민병도 농사와 휴식을 제대로 보장할수 있었다.

이처럼 군사와 농민을 가르는것은 군사의 질과 군량, 농사와 휴식을 다같이 보장할수 있는 합리적인 제도였다.

지방군의 변화에서 중요한것은 둘째로, 평안도지방군의 부담이 더욱 커진것이였다.

그것은 우선 북방에서 일어난 녀진의 있을수 있는 침습에 대비하기 위한 압록강연안 7개 고을의 방어가 중요한 과업으로 나섰기때문이였다. 그런데 당시 강계로부터 의주에 이르는 고을의 군사는 2 000여명에 불과하였다.

이러한 한심한 형편에서 봉건정부는 다른 고을의 군사들에게 2중의 군사부담을 지워 이 지방의 부족되는 방어군을 확보하려고 하였다.

1593년 2월 철산고을의 경우를 보면 본래는 군사복무가 4개 번으로 정하여졌는데 전쟁이 일어난 후 2개 번을 첨가하였으므로 4개 번에 속한 군사들을 헤쳐서 6개 번으로 만들면 합리적이였을것이다. 그러나 그렇게 하지 않고 본래의 4개 번외에 2개 번을 첨가하여 본래 번을 선 군사를 끌어내여 첨가한 군사의 호수로 삼았다. (《선조실록》권37 26년 4월 경인)

이렇게 한 군사에게 2중으로 군사부담을 지운 결과 군사복무가 간고한것은 물론이고 군정이 모자라 열살 남짓한 남자가 장정으로 지목되여 상토보와 만포진 같은 먼곳에 가서 수자리를 살게 되였다. 그래도 부족되는 인원을 채울수 없어 늙거나 죽어도 군적에서 벗어나지 못하는것이 당시의 실태였다.

평안도인민들의 군사부담이 컸던것은 또한 그들이 먼 남쪽도들에 가서 왜적과 싸우는 임무도 감당하였기때문이다.

전시에 평안도인민들은 침략자에 대한 불타는 적개심을 품고 무술련마에 열중하였다. 그러므로 《평양성안에는 칼쓰기와 총쏘기를 연습하지 않는 사람이 없다.》고 전하고있다. (《선조실록》권52 27년

6월 계유)

　　1592년 10월 무과시험을 실시하여 순안에서만도 원래 군사외에 또 500명을 얻었으며 이후 전국적으로 무과합격자가 8 000여명이나 되였는데 그중 평안도사람이 수천명이나 되였다.

　　봉건정부는 무과합격자들을 적들과 직접 대치하고있는 경상도일대의 전장이나 압록강 상류지방의 여러 방어지점을 수비하는데 동원하였다. 그러나 봉건정부는 군보(봉족)의 지급도, 교대를 위한 조치도 마련함이 없이 무과합격자들을 마구 동원하였다.

　　그리하여 보통군졸로 있을 때에는 오히려 봉족이 차례졌고 순번에 의하여 복무하였으나 무과에 합격한 다음에는 그전보다 훨씬 못한 상태에서 싸워야만 하였다.

　　평양일대의 군사들이 자기의 무과합격증인 홍패를 관청문에 걸어놓고 도망쳤다는 사실은 봉건정부의 그릇된 처사와 군사복무의 간고성을 여실히 보여주었다.

　　지방군의 변화에서 중요한것은 셋째로, 지방군의 징발이 토지면적을 기준으로 진행된것이였다.

　　1596년말~1597년초 적들의 대규모적인 침략기도가 더욱 로골화되였다. 이러한 위급한 형편에서 봉건정부는 각 도의 산성을 보수하고 한강일대의 방어를 강화하는 한편 군사를 대량적으로 징발하였다. 특히 1597년 1월에 들어와 왜적들이 많은 무력을 일본으로부터 계속 끌어들이고있는 형편에서 적들이 도사리고있는 경상도에서 가장 가까운 충청도의 장정은 모조리 징발되였다.

　　당시 충청도에는 군사를 모집하여 대오를 편성한것이 500여명이 있었고 훈련중에 있는 선봉군이 또 800여명이나 되였다. 이때 충청도에 속오군 6 000여명이 있었다고 하지만 군사로서 싸울만 한 병력은 천수백명뿐이였다. 그런데 적들의 재차침략이 기정사실로 된 형편에서 도원수 권률은 충청도에서 1만명의 군사를 우선 뽑을것을 명령하였다.

　　이렇게 급작스레 징발된 군사는 절제사가 지휘하는 군사나 또 이미 조직된 속오군과는 별도로 편성되는것이였다. 정황은 긴급하고 명령은 하달되였는데 할당된 군정의 동원이 어려운 조건에서 충청감사는 토지 8결마다에서 장정 1명씩 선발하였다. (《선조실록》권84 30년 정월 무오)

《토지 8결에서 장정 1명을 내며 1년에 부역일수는 6일을 초과하지 않는다.》(《경국대전》 권2 호전 요부)

이처럼 부역자를 징발하던 단위가 군정을 내는 단위로 되였다.

그렇게 된 리유는 전시에 군적이 헝클어져 군정을 장악하는 체계가 약화되였기때문이며 다른 하나의 사정은 적들의 침략으로 온 도가 싸움판으로 될 형편에서 장정들을 깡그리 징발하는것이 요구되였기때문이였다.

그러나 실지 집행에서는 8결이 아니라 2결을 단위로 장정들을 마구 뽑아내여 큰 소동이 일어나게 하였다. (《선조실록》 권84 30년 2월 병술)

봉건적의무병제가 헝클어지고 군정의 원천이 고갈된 형편에서 이러한 방법에 매여달릴수밖에 없었으나 그것이 로역에 종사할 일반장정이 아니라 전투를 담당할 군정을 확보하려는것이였다는 점에서 볼 때에는 소기의 목적을 달성할수 없었다는것은 처음부터 명백하였다.

그것은 《8결을 단위로 군사를 모으면 이들은 호미자루나 잡고있던 무리들인데 소란이나 피울뿐이다.》라고 한 국왕의 말을 통해서도 잘 알수 있다. (《선조실록》 권84 30년 정월 무오)

군사징발에서의 계전법은 임진조국전쟁시기 불가피한 사정으로 하여 한때 적용된 방법이였다.

제4절. 군대의 신분과 병종구성 및 지휘체계의 변화

1. 군대의 신분과 병종구성에서의 변화

임진조국전쟁시기에는 군대의 신분과 병종구성에서도 일정한 변화가 있었다.

군대의 신분구성에서 일어난 변화는 우선 부대편성에서의 신분적차별이 대폭 완화된것이다.

전쟁전에는 량반, 량인, 신량역천 등 고정된 신분에 따라 부대가 편성되였으며 일부 량반과 소수 량인상층에게만 군사복무가 특전으로 되였다. 특히 국왕을 호위하는 금군가운데서도 내금위는 제일 우대를 받던 병종으로서 그 전원(190명)에게 체아직이 차례졌고 주로 량반들에게만 그 복무가 허용되여왔다.

그런데 전쟁이 일어나자 서얼들에게도 내금위에 복무하도록 하는 전례가 마련되였다.

1592년 5월 국왕이 평양에 있을 때 서얼출신으로서 금군에 소속된자들에게 부장벼슬을 주라고 하였다. 이에 대하여 여러 대신들은 서자들에게 벼슬길을 열어주는것만 해도 큰 영예로 되는데 공로도 세우기 전에 서경(량사의 동의수표)을 받는 벼슬까지 준다는것은 온당치 않다고 반대하면서 내금위에 임명할것을 제의하여 승인을 받았다. (《선조실록》권26 25년 5월 정묘)

이처럼 전쟁시기에 서얼들에게도 내금위에 복무할수 있는 자격이 부여되였다. 서얼들에게 내금위복무를 허락한것은 벼슬길이 막힌데 불만을 품고있는 량반의 첩자식들을 회유하자는것이였고 겸하여 부족되는 금군의 인원을 채우자는데도 목적이 있었다.

금군으로 복무하는데서 같은 량반신분안에서의 적자와 서자의 차별이 완화되였을뿐아니라 피지배계급신분에게도 금군으로 될수 있는 문이 열려졌다.

1593년 12월 봉건정부는 훈련도감에 소속된 량인신분의 포수로서 무예가 뛰여난 경우에는 금군으로 임명한다는것을 결정하였다. 그리고 1594년 3월 봉건정부에서는 훈련도감에 소속된 사노비, 공노비출신의 군사로서 무예가 뛰여난 경우에는 시험을 쳐서 금군으로 임명할데 대한 문제가 론의되였다. 5월에는 관청노비나 사노비가 왜적의 머리를 1개 베였을 때에는 천인신분을 벗겨주고 2개 베였을 때에는 우림위에 소속시키며 3개 베였을 때에는 벼슬길을 열어주고 4개 베였을 때에는 수문장으로 임명한다는것을 재확인하였다. (《선조실록》권51 27년 5월 을유)

이밖에도 사노로서 무예를 습득한 경우에는 그 상전을 벼슬로 표창하기도 하고 다른 남자종을 대신 넣어주고 천인신분을 벗겨주는 규정도 제정되였다. 이처럼 노비신분의 인민들에게 면천을 미끼로 무예를 장려하고 군공을 세우도록 하는 조치가 강구되였다.

그러나 이러한 제도상의 규정대로 군공을 세운 노비들을 몽땅 면천하였을리는 없고 설사 그들의 일부가 군공을 세워 금군으로 임명되거나 기타 벼슬자리를 차지하였다고 하더라도 량반출신의 관료나 금군에게서 차별과 멸시를 당하였으리라는것은 명백하다.

량반지배계급이 권력을 독차지하고 본래의 피줄이 심하게 따져지던 신분제사회에서 사태가 다르게 될수는 없었다.

그러나 어쨌든 량인이나 노비와 같은 신분층이 금군으로 된다는것을 생각할수도 없었는데 그들의 일부가 금군으로 되였다는것은 군대의 신분구성의 변화를 보여주는 뚜렷한 실례로 된다.

군대의 신분구성에서 일어난 변화는 다음으로 군대 또는 무과합격자가운데서 노비의 비중이 전반적으로 높아진것이였다.

군사가 수많이 요구되였으나 반인민적인 통치의 후과로 본래의 군정이 감소된 형편에서 봉건정부는 노비신분의 장정들을 대량적으로 군오에 받아들였다.

지방의 속오군은 물론 중앙의 훈련도감의 군사들가운데도 노비신분의 장정이 많았다.

1596년 1월 국왕은 훈련도감의 사수는 몽땅 공노비, 사노비로 충당할것을 지시하였는데 그래야 그들을 고무격려할수 있다는것이였다. (《선조실록》권71 29년 정월 경인)

이것은 군사로서의 노비의 자질과 그들의 역할을 봉건통치배들이 공개적으로 인정하였다는것을 의미한다. 또한 훈련도감군의 구성에서 노비의 비중이 매우 컸다는것을 보여준다.

광범한 노비장정이 무술을 련마하고 군인으로 됨에 따라 무과합격자가운데는 노비들이 많아졌다.

무과합격자를 망탕 늘이여 많이 뽑는 경우에는 1 000명이 넘고 적은 경우에도 100명이하로 내려가지 않는다. 조예, 백정, 공노비, 사노비들이 무과에 합격하여 지금 속담에 《도망친 종을 찾으려거든 무과시험합격자명단을 조사하라》라는 말이 생기였다(《선조실록》권87 30년 4월 기묘)고 한 당시 력사기록을 맡은 사관의 이 말을 통하여 무과합격자가운데 노비가 많았다는것을 알수 있다.

물론 노비신분의 인민들은 반침략투쟁에 기여한 거대한 공적에 비해서는 극히 보잘것없는것을 받았으나 자기의 신분적지위를 향상시켜나가려는 노비들의 투쟁은 결코 보람이 없은것이 아니였다.

군대의 병종구성에서 생겨난 변화는 포수(조총수)의 비중이 전반적으로 높아진것이였다.

봉건정부안에서 포수양성이 구체적으로 론의된것은 1593년 7월이였다. 비변사에서는 포수 200명을 선발하여 군사대장을 작성하고 또 50명의 예비인원을 확보한 다음 재주시험을 매달 2번씩 실시하여 사격술이 약한 사람은 내보내고 예비인원가운데서 우수한자로써 보충할것을 제기하였다. (《선조실록》 권40 26년 7월 신사)

200명의 포수는 결코 많은 인원이 아니였다. 그러나 이것은 적들의 조총에 맞설수 있는 새로운 화포군 즉 포수가 편성되였다는것을 의미하며 지금까지 활을 기본무기로 하던 리조군대에서 총포로 장비된 새로운 부대(병종)가 생겨났다는것을 보여주었다.

1593년말 훈련도감의 창설을 계기로 중앙군안에서 포수가 가장 중요한 비중을 차지하였다.

1596년 4월 《지금 군사훈련명단을 보면 모조리 포수로 만들어놓았으니 화약과 조총을 당장 해결하기가 곤난하다.》고 한 사실은 포수의 양성이 얼마나 중요시되였는가를 보여준다. (《선조실록》 권74 29년 4월 정사)

포수의 비중은 지방군에서도 급격히 높아졌다. 1594년 비변사의 지시에 따라 포수를 큰 고을에서는 200명, 중간고을에서는 100명, 작은 고을에서는 50명을 양성하기로 하였다. (《선조실록》 권49 27년 3월 병오)

이처럼 화약과 조총이 부족한 형편에서도 지방에서의 포수양성은 강행적으로 진행되였다. 같은 시기에 각 도에 있는 젊은 승군 수백명을 수도에 보내여 총쏘는 방법을 전습시키도록 하는 대책도 강구되였다.

1595년 4월에는 각 고을의 포수들로 하여금 매달 5～10일간 량식을 마련해가지고 군영에 들어와 총쏘는 시험을 치도록 하였다.

지방의 포수들이 늘어나고 총쏘는 훈련이 강화됨에 따라 그들이 무예를 습득하는데서 큰 전진이 있었다. 1595년 4월 평양에서 취재시험을 칠 때 훈련도감의 포수와 살수 각각 2명을 선발하여 데리고가 시험이 끝난 후 평양사람과 재주를 겨루도록 하였는데 포수 1명, 살수 2명이 평양사람에게 졌다는 사실은 지방군의 사격술이 중앙군에 못지 않았음을 보여준다. (《선조실록》 권62 28년 4월 신미)

1595년 10월 봉건정부안에서 북방 녀진의 세력이 장성하는데 대처하여 압록강연안의 방비대책이 론의될 때 중추부 지사 신잡이 평안도에서도 훈련받은 포수를 잘 뽑으면 2 000명은 해결할수 있다고 하였는데 이것은 벌써 평안도에만도 상당한 력량의 화포군이 마련되여 있었음을 보여준다. (《선조실록》 권68 28년 10월 병진)

당시 강계로부터 의주에 이르는 압록강연안의 여러 고을에 2 000여명의 토병이 있었다는것을 념두에 둘 때 동원이 가능한 포수가 그만한 수에 달하였다는것은 결코 적은것이 아니였다.

포수에 비하여 수적으로 많지는 못하나 살수도 중앙과 지방에 편성되여있었다. 포수의 사명은 먼거리에서 적의 유생력량을 소멸하는것이였다면 사수의 주되는 임무는 육박격투에서 적들을 살상하는것이였다.

전쟁과정에 조총과 칼을 가지고 대드는 적들과 싸우는데 적합한 부대(병종)가 편성강화되였다. 이렇게 되여 무기사용에서 활에만 치우쳤던 종전의 부족점이 시정되고 먼거리에서의 사격전과 가까운 거리에서의 육박전을 다같이 벌리는데 적합한 병종들이 보병구성에서 상당한 비중을 차지하게 되였다.

바로 이것은 전쟁시기 군사제도의 변화발전을 보여주는 중요한 사실의 하나로 된다.

전쟁시기 군종으로서의 수군제도에서도 몇가지 변화가 있었다.

우선 그것은 수군의 립역질서가 헝클어진것이였다. 본래 수군에는 1년에 4번씩 보인과 봉족 3명이 륜번으로 복무하는것이 원칙이였다. 그런데 전쟁개시이후 군정이 줄어들고 노젓는 격군이 부족하게 되자 봉건정부는 교대없이 무질서하게 수군역에 장정을 동원시키였으며 70~80살이 되여도 그 역에서 면제하지 않았다.

1594년 6월 비변사의 제의에 의하면 평소에 수군의 인원수가 전라도는 1만 1 836호이고 여기에 3보를 합하면 4만 7 300여명이였으며 충청도는 6 853호인데 여기에 3보를 합하면 2만 7 400여명이였다. 이만한 력량이면 얼마든지 규정대로 교대를 나누어 질서있게 복무할수 있었다. 그런데 전쟁이 일어난 이후 흩어지고 죽은 사람이 많아 필요한 인원을 확보할수 없게 되자 군사들은 교대없이 장기간 바다에서 간고한 군사복무를 감당하지 않으면 안되였다.

다음으로 수군제도의 변화는 부족되는 기선군과 격군을 확보할수 없게 되자 륙군을 수군역에 동원시키는 조치가 강구된것이였다.

1596년 12월 비변사에서는 수군절도사영에 속해있는 각 고을에서 륙군과 공노비, 사노비를 물론하고 장정들을 뽑아서 수군이 출동할 때 배부리는 격군으로 쓰고 전투를 마치고 돌아온 다음에 다시 륙군으로 삼는 조치를 취할것을 제의하였다. (《선조실록》 권83 29년 12월 무인)

1597년 3월에도 교동, 강화의 륙군을 모두 수군에 소속시켜 농한기에 바다싸움에 대한 훈련을 시켰다가 유사시에 배를 태워 출동케 하도록 하자는 조치가 취해졌다.

한 군정을 륙군과 수군에 2중으로 복무케 하는것이 합리적인 측면이 전혀 없는것은 아니나 군정에게는 견딜수 없는 부담으로 되였다. 물론 이러한 제도가 전쟁전에는 없던것이였다.

끝으로 수군제도의 변화는 해변가에 사는 노젓는 사람들이 많이 죽었기때문에 8결을 단위로 장정 1명을 뽑아 노젓는 역을 부담시키도록 한것이였다. (《선조실록》 권81 29년 10월 무진)

토지의 결수를 기준으로 군정을 뽑도록 한것은 군정의 징발이 일반부역자의 징발과 같은 방법으로 진행되였다는것을 의미하며 동시에 그것은 봉건국가가 군정을 장악징발하던 종전의 체계가 헝클어졌음을 말하여준다.

군대의 신분과 병종구성 및 수군에서 일어난 이 모든 변화는 왜적을 반대하는 투쟁에서 노는 피지배계급신분인민들의 역할이 더욱 커졌다는것과 불철저하나마 군사제도가 합리적으로 개편된 측면도 있다는것을 보여주었다.

2. 군사행정기관 및 지휘체계의 변화

임진전쟁시기에 군사행정기관과 지휘체계에서도 일련의 변화가 있었다.

그 변화에서 중요한것은 첫째로, 전시의 요구와 관련하여 새로운 군정기관이 수많이 설치된것이였다.

새로 설치된 군사관계 관청으로는 훈련도감외에도 군공청, 의용도감, 의용훈련청, 청용청, 복수청이 있었다.

군공청은 글자 그대로 군사들가운데서 군공을 세운자들의 표창을 맡은 관청이였고 의용도감과 의용훈련청은 군사이외의 일반장정의 훈련 및 입대를 담당한 기관이다.

청용청은 왜적들과 싸워본 경험이 있는 무사들과 무과합격자들을 장악소속시켰다가 유사시에 동원하기 위하여 설치한 관청이였고 복수청은 주로 군량을 기부받아 운반에 종사하는 복수군을 관할하는 기관이였다.

이러한 관청들은 왜적을 물리치고 전쟁의 승리를 보장하는데서 일정한 역할을 하였으나 행정적측면에서는 적지 않은 부족점도 나타냈다.

그 원인은 6조와의 통속관계가 불명확하였고 불필요한 관원들이 많았기때문이였다.

의용훈련청 같은 기관에는 하는 일이 없이 이름이나 걸고 료미를 타먹는 인원이 거의 100명이나 되였다.(《선조실록》 권49 27년 3월 신사)

그 변화에서 중요한것은 둘째로, 전쟁시기에 비변사의 권한이 확대된것이였다.

이미 전쟁전에 상설관청으로서의 체제를 갖춘 비변사는 점차 그 기능을 확대하여오다가 전쟁이 개시된 이후 정치와 군사를 모두 장악통솔하는 최고중앙관청의 역할을 놀았다. 비변사의 기능이 확대되고 사업량이 늘어남에 따라 그 관원도 많아졌다. 비변사의 관원은 크게 도제주, 제주, 부제주, 랑청으로 구성되였다.

도제주는 시임의정(현직의정), 원임의정(전직의정)들이 겸직으로 차지하였고 제주는 2품이상의 지변사재상(변방의 사정을 잘 아는 재상)과 리조, 호조, 례조, 병조의 판서와 강화류수가 겸임하였으며 훈련도감이 창설된 이후에는 훈련대장도 비변사의 제주를 겸임하였다. 부제주로는 정3품 문신들가운데 군무에 밝은 사람이 임명되였다. 도제주, 제주, 부제주로는 모두 정3품 통정대부이상의 관료들이 임명되였으므로 그들을 비변사당상이라고 하였다. 그중에서 군무를 잘 아는 관료 3명을 선발하여 일상적으로 비변사에 나와 사업을 주관하도록 하였는데 그들을 유사당상이라고 칭하였다.

비변사의 기구상 당상관은 정원이 없었으며 실무를 직접 주관하는 랑청 즉 당하관은 모두 12명이였다. 그가운데서 4명은 문관이였고 8명은 무관이였다. 이밖에도 비변사에는 잡무를 담당한 서리, 잡역을 맡은 사령을 비롯한 여러 관속들이 있었다.

임진조국전쟁시기 비변사의 기구와 기능이 확대된것은 전쟁승리를 위한 방략을 꾸미고 행정 및 군정업무를 통일적으로 장악처리할수 있게 하는 점에서는 일정한 의의가 있었으나 그것은 의정부를 실권이 없는 관청으로 되게 하는데 박차를 가하는 결과를 가져오게 하였다.

그 변화에서 중요한것은 셋째로, 3도수군통제사제가 실시된것이였다. 1593년 8월 봉건정부는 전라좌수사 리순신에게 충청도, 전라도, 경상도 3도수군통제사를 겸임시켰다. (《선조수정실록》 권27 26년 8월)

전쟁이 개시된 이후 우리 수군은 련전련승하여 적들의 수륙병진기도를 파탄시키였다.

3도수군통제사가 생겨난것은 경상도, 전라도, 충청도 3도의 수군을 통일적으로 장악지휘함으로써 적수군을 더욱 효과적으로 격멸할수 있게 하였다는데 의의가 있었다. 특히 그 통제사로 리순신이 됨으로써 그의 지휘가 수군전체에 미칠수 있게 되였다.

리순신은 전라좌수사로서 3도수군통제사를 겸임하였다.

그 변화에서 중요한것은 끝으로, 지방군에 대한 지휘체계와 그 운영사이에 모순이 생겨난것이였다.

전쟁이 개시된 이후 왜적들을 물리치기 위하여 강구된 중요한 조치의 하나는 지방군전투부대를 조직지휘하는데 필요한 지휘체계, 지휘기구를 확립하는것이였다.

이러한 목적에서 임명된것이 도체찰사, 순찰사, 방어사, 조방장, 순변사 등의 각급 지휘관들이였다. 의정이 겸임하는 도체찰사는 수도 또는 후방에서 전쟁을 총지휘하고 방어사, 조방장은 전장에 파견되여 감사, 병사, 수사와 함께 싸우며 순찰사는 한개 지역의 군사를 지휘감독하고 도원수는 모든 전선의 륙군, 수군을 총지휘하였으며 순변사는 그때그때 현지에 파견되여 맡겨진 임무를 수행하였다.

그들을 4가지 계렬로 나누어볼수 있는데 첫째는 전쟁을 총지휘할 임무를 맡은 도체찰사와 그를 보좌하는 인원들이였다. 도체찰사는 도체찰사영 즉 군문을 가지고있었고 여기에는 군사실무 기타 잡무, 잡역을 맡은 인원들이 소속되여있었다.

둘째는 전선 즉 전장의 륙군과 수군을 총지휘하는 도원수계렬의 각급 인원들이였다. 도원수가 현지에서 군사를 총지휘한 전례는 1510년 3포왜란 당시에도 있었다.

셋째는 순찰사, 방어사, 조방장 등 중앙으로부터 지방에 파견되여 현지에서 싸움을 돕거나 감독하는 임무를 지닌 지휘관들이였다. 그들은 주로 도체찰사의 지시와 명령에 따라 임무를 수행하였다.

넷째는 감사, 병사, 수사 등 지방군무를 담당할 임무를 지니고 본래부터 파견되여있는 지방관들이였다.

이상의 4계렬의 각급 지휘관들이 있은것은 그 제도면에서는 합리적인 점이 적지 않았으나 실지로는 그렇게 되지 못하였다.

지방군에 대한 지휘가 신속하게 그리고 정확하게 보장되려면 도원수의 유일적인 지휘체계가 수립되여야 하였다. 그리고 한성에 있는 도체찰사와 현지에서 싸움을 총지휘하는 도원수사이에 밀접한 련계가 이루어져야만 하였다.

그런데 실지 싸움에서는 지휘면에서 여러가지 페단과 결함이 드러났다.

첫째로, 각급 지휘관들이 군사를 제각기 거느리고있는 페단이였다. 이에 대하여 당시 체찰사로 있던 류성룡은 다음과 같이 말하였다.

《또 들은바에 의하면 각 군에 있는 군사를 그 도안에 있는 관원들이 각각 한 고을군대씩 갈라서 거느리고있으므로 순찰사의 군사, 병사, 수사의 군사, 방어사의 군사, 어사의 군사, 군수, 현감의 군사가 있어서 명령이 몇갈래로 나오고 공문거래가 몹시 복잡하여 어디를 따라야 할지 알수 없으니 이것은 우리 나라에서 종래부터 있던 페단으로서 군정이 문란하게 된 원인이 여기에 있었는데 충청도 등지에는 아직

도 이러한 구습이 남아있다고 하니 속히 고치도록 하여야 한다.》

이처럼 군사를 통일적으로 장악하고 지휘하는데 지장을 주는 현상은 전쟁이 개시된지 3년이 지난 당시까지도 일부 지방에 남아있었다.

둘째로, 부대의 전투력을 약화시키고 군사의 단합에 지장을 주는 무정장, 무정졸의 원칙이 전선부대들에서까지 일부 적용된것이였다.

지휘관과 병사가 훈련과정에 서로 사귀여 가까와진것으로 하여 생겨날수 있는 반란의 근원을 미리 막으려는 목적에서 생겨난 이러한 제도가 대규모로 쳐들어온 왜적과 싸우는 준엄한 전시에까지 존재하였다는것은 당시 봉건통치배들이 왜적과의 싸움보다도 저들의 정권을 유지하는데 선차적인 관심을 가지고있었음을 보여준다.

셋째로, 전선에 있는 도원수가 수도에 있는 도체찰사의 절제를 받도록 한것이였다.

1597년에 들어와 왜적들이 새로운 무력을 대대적으로 끌어들여 또다시 대규모의 침공을 망상하는 조건에서 전선의 형편은 매우 긴장하여졌다. 바로 이러한 때 도체찰사의 지시에 도원수가 복종하지 않았다는것이 봉건정부안에서 시비되였다.

비변사의 비밀제의에 의하면 리원익이 4도도체찰사로 되였고 원수이하 모두를 통제하기로 되여있는 이상 권률은 모든 문제에 대해서 응당 일일이 지시를 받아가지고 집행하여야 한다는것이였다. (《선조실록》권85 30년 2월 병술)

비변사의 이러한 주장은 부당한것이였다. 먼 지방에 있는 도원수가 수도에 있는 도체찰사의 명령과 지시를 받아서 군사문제를 처리해야 한다는것은 전선의 정황이 수시로 변하는 형편에서 림기응변으로 신속한 대책을 세울수 없게 한다.

도원수 권률을 도체찰사의 절제하에 두려고 한것, 군사지휘의 최종권한을 도체찰사에게 속하게 한것은 군사지휘에서의 도원수의 권한증대가 그 어떤 반란을 초래할수도 있지 않겠는가고 생각한 봉건통치배들의 우려와 관련된것이였다.

이처럼 봉건통치배들은 전쟁의 준엄한 환경에서도 능률적인 군사지휘를 보장하려고 한것이 아니라 군사지휘관의 독자적인 행동을 제한하는 방법으로 왕권의 안전을 보장하려고 하였다.

제4장. 17세기-19세기 전반기 군사 제도의 변화와 문란

봉건통치배들은 17세기 전반기 두차례에 걸친 청나라의 침입을 반대하는 투쟁에서 심각한 교훈을 찾을 대신 정권을 차지하기 위한 당파싸움을 계속하면서 무너져가는 봉건통치체제를 유지강화하는데 급급하였다. 한편 18세기 중엽이후 자본주의적관계가 발생함에 따라 봉건제도의 해체과정이 다그쳐졌다.

19세기 초중엽 안으로는 자주성을 위한 인민들의 투쟁이 줄기차게 벌어지고 밖으로는 유미렬강의 침략이 본격화됨에 따라 리조봉건국가의 대내외적위기는 심각화되였다.

제1절. 5영제의 성립

1. 임진조국전쟁후 훈련도감의 정비변화

임진조국전쟁시기에 림시관청으로 설치된 훈련도감은 전후에도 왜적의 재침과 북방 녀진의 침습에 대처하기 위하여 그 존립의 필요성이 계속 인정되였고 다소의 정비변화는 있었으나 1882년까지 존속되였다.

정비변화된 내용을 보면 첫째로, 훈련도감의 재정적지반이 마련 된것이였다. 훈련도감설치와 함께 가장 중요하게 나섰던 긴급한 문 제의 하나는 군량을 보장하는것이였다. 그리하여 량향청이 설치되여 도감군사의 군량을 확보하였고 때로는 도감군사가 집체로 둔전을 경 영하여 수요되는 량식을 마련하였다.

그러나 훈련도감이 림시관청인것으로 하여 그의 재정적뒤받침 을 항구적으로 보장하는 제도적규정이 마련되지 않았다. 그러던것이 전후에 와서 즉 1602년부터 평안도, 함경도를 제외한 나머지 도들에 서 논과 밭을 물론하고 매 결당 1말씩 징수하여 훈련도감 3수군의 급 료를 보장하도록 하였다.

그후 이와는 별도로 도감기병에게는 매 호에 4보(4명), 보병에 게는 매 호에 3보(3명)를 주어서 매 사람마다 무명 3필씩 바쳐 호수의 뒤바라지를 하게 하였다. (《현종개수실록》권10 4년 11월 무인)

이밖에 둔전을 많이 두어 량곡을 축적하고 군사경비로 충당하였 는데 무기, 기발, 북과 같은것을 마련하는데도 모두 량곡을 팔아 장 만하였다.

둘째로, 훈련도감의 별대가 편성된것이였다.

훈련별대는 1669년 2월에 설치되였는데 각 도 감영, 병영, 수영 에 속하여 잡역을 지고있는 영장가속 5만 4 000여명가운데서 역을 지 고있는자와 공, 사노비를 제외한 1만 108명을 뽑고 여기서 다시 평 안도와 함경도의 장정을 제외한 장정 6 665명을 13번으로 나누어 매 번 512명을 훈련도감에 보내여 복무하도록 하였다. 이 512명을 다시 4등분하여 127명은 호수가 되고 나머지는 봉족이 되게 하였다.(《비 변사등록》권28 현종 10년 2월 20일) 그러니 결국 훈련별대 한사람에 게 3명의 봉족이 해당되였다.

그런데 《현종개수실록》에서는 우와 약간 다른 내용의 기사를 전 하고있다. 즉 훈련별대가 처음에 7 000명이던것이 1만 3 700명으로 늘어났다는것, 4개 부로 나누어 여름과 가을에는 번을 서지 않고 겨 울과 봄에만 번을 섰으며 매 군호에 봉족 3명이 차례졌는데 그들은 각기 쌀 12말씩 바쳐 번을 서는 군사들에게 주었으며 매번 10개 초가 번을 섰는데 그 수는 1 370명이였다는것이다.

이상의 기사내용은 1683년 《현종개수실록》이 편찬되던 당시의 사실을 담고있다. 훈련별대의 출현은 직업적상비군으로 이루어졌던 훈련도감에 비직업적인 군사, 다시말하면 봉족의 뒤받침을 받는 번상군인이 섞여졌다는것을 의미한다.

봉건국가가 훈련별대를 편성한 목적은 파국에 처한 국가재정의 지출을 줄이려는데 있었고 또한 도감의 군사들이 유명무실하여졌기때문이였다. (《증보문헌비고》권116 병고 8 현종 10년)

훈련별대의 출현은 훈련도감군사의 질이 떨어졌다는것을 보여준다.

셋째로, 그 기구와 관원이 제도화된것이다. 1744년에 간행된 《속대전》에 규정된 문무관원과 장교들은 다음과 같다.

도제주 1명(정1품), 제주 2명(정2품 2명, 호조, 병조 판서가 겸임), 대장 1명(종2품), 종군 1명(종2품), 정3품의 별장 2명, 천총 2명, 국별장 3명, 파총 6명(종4품), 랑청 6명(종6품), 초관 34명(종9품). 이상이 품계를 가진 훈련도감의 문무관원들이였다. 이밖에 장교들로서 지곡관 10명, 기패관 20명, 별무사 68명, 군관 15명, 별군관 10명, 권무군관 50명, 국출신 150명이 있었다. 그후 관원, 장교들의 명칭과 정원은 달라졌으나 기본적으로 유지되였다.

이처럼 훈련도감에는 50여명의 문무관원과 320여명의 각급 장교들이 소속되였다.

넷째로, 기병이 설치되고 그 정원이 늘어난것이였다.

전후에 각 도로 하여금 매 식년마다 건장한 군정 200명씩 뽑아 《속오포수》라는 이름으로 장구를 갖추어 수도에 올라와 복무하도록 하였다. 이것은 훈련도감의 각 초의 결원을 보충하자는것이였다. 도감군사의 정원이 늘어난것은 1623~1649년이였다. 북방에서 일어난 청나라의 두차례에 걸친 침입에서 교훈을 찾은 봉건국가는 훈련도감의 군사를 늘이였다.

그리하여 도감군사의 정원은 3 000명이던것이 4 000명으로 되였고 또 기병 200명을 두어 그것을 좌, 우령으로 편성하였다. 그후 기병 300여명을 더 두어 5초로 나누고 또 보병 1사 5초를 더 두어 도합 35초로서 기병과 보병의 총수는 5 000여명으로 되였다.

1650~1659년에 또 기병 1초, 보병 10초가 늘어났고 《현종개수실록》편찬당시인 1683년경에는 훈련도감의 원래 군사가 6 000명인

데 각기 봉족이 4명이므로 모두 2만 4 000명으로 되였다. 별대는 1만 3 700명인데 봉족은 모두 4만 1 100명이였다.

정규의 군인은 원군과 별대를 합하여 1만 9 700명 즉 2만명에 가까왔고 봉족은 6만 5 100명으로서 합하면 8만 4 800명에 달하였다. 그러나 봉건국가는 그만한 수의 군정을 실지로 장악동원하지는 못하였다.

1809년에 발간된 《만기요람》에 의하면 훈련도감의 부대별 군액은 다음과 같다.

표 43   훈련도감부대별군액

부대명	초수 및 군액				1초당 군인수
	초수	비률	군액	비률	
마병	7	21.2%	833	20.8%	129
포수	20	60.6%	2 440	60.8%	122
살수	6	18.2%	738	18.4%	123
계	33	100%	4 011	100%	

19세기초 훈련도감에는 4 000여명의 군사가 있었는데 그 가운데는 포수가 60%를 넘으며 그 나머지가 마병과 살수로서 거의 비슷한 인원을 차지하였다. 이밖에도 도감군사로는 1 230명의 제색표하군이 있었다. 이 군사를 합하면 5 000여명의 병력이 있는것으로 된다. 이것은 전세기에 비하여 군액이 퍽 줄어든것으로 되는데 그것마저도 제대로 확보하지 못하였다.

19세기초의 훈련도감의 편제는 오→대→기→초→사→부로 되여있는데 그것을 다음과 같이 간단히 표시하기로 한다.

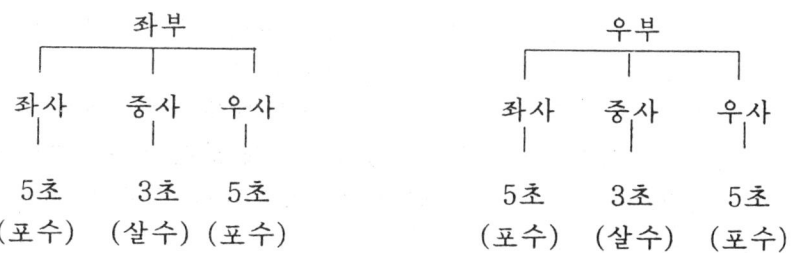

이처럼 량부 6사 26초로 이루어졌다. 좌부와 우부는 각기 포수 10초, 살수 3초로 구성되였다. 마병 7초(별대 1초를 포함하면 8초)는 이 편제밖에 별도로 존재하였다.

훈련도감의 기구와 편제는 엄연히 존재하였으나 19세기 초엽에 들어와 봉건통치질서가 문란해지고 국가재정이 파국에 처함에 따라 실지 확보된 군정은 그 몇분의 일도 안되였다.

2. 어영청의 설치, 그 병력과 편제

어영청은 1624년에 설치된 군문으로서 이해 1월 리괄이 반란을 일으키자 연평부원군 리귀가 개성을 지키면서 용맹한 장정 260여명을 모집하여 화포술을 가르치고 이들을 어영군이라고 한데서 시작되였다.

리괄의 반란군이 한성을 점령하자 국왕은 공주로 피난가고 사냥군가운데서 화포에 유능한자들을 큰 고을에서는 7명, 중간고을에서는 4명, 작은 고을에서는 2명씩 모집한 결과 그 군액이 600명으로 증가하였다. 한성이 수복된 후 그 군사들은 총융사에 소속되였다가 1628년 다시 어영청을 설치하고 리서를 제주로, 구인후를 대장으로 하여 다시 발족하였다.

그후 어영군은 3 000명으로 늘어났다. (《현종개수실록》권10 4년 11월 무인)

어영군사로는 량인과 공사노비를 불문하고 무예만 뛰여나면 입대시켰는데 공노비와 사노비에게는 잡역을 면제하고 복호를 주었기때문에 지망하는자가 대단히 많았다. 1635년에는 입대한 군정이 5 250여명에 달하였고 상번중에 있는 군사만도 770~780여명이나 되였다. (《인조실록》권31 13년 10월 을미)

1636년 청나라와의 전쟁시기 국왕을 따라 남한산성에 들어간 어영군은 5 000여명이나 되였다. 당시 성안에 있던 군사가 1만 4 000명 가량 되였는데 그 3분의 1이상이 어영군이였다. (《승정원일기》54책 인조 14년 12월 20일)

1639년 어영군사는 7 000여명으로 늘어났고 봉건정부는 이에 따라 종전에 800명이 6개월씩 번상하는 규정을 고치여 1 100명이 6개월씩 복무케 하여 3년에 1번씩 차례가 돌아오도록 하였다. (《인조실록》권39 17년 7월 병자)

어영군제는 1650년대에 들어와 크게 달라졌다.

첫째로, 1652년 리완이 어영대장이 된 후 군영을 갖추고 군액을 2만 1 000명으로 늘이였다. 그리고 1 000명이 2달씩 번상하여 1년동안에 번상하는 군인총수를 6 000명으로 정하였다. *

> *《효종실록》권8 3년 6월 기사.
> 《현종개수실록》에서는 그 편제를 5부 별3사, 별중초로 정하고 매 번은 10초로서 그 인원이 1 440여명이였다고 전하고있다.

둘째로, 1658년에 별마대를 더 두고 황해도의 량인장정과 봉족들가운데서 무술이 능한자들을 뽑아 14개 번으로 나누어 수도에 올라와 복무하도록 하였다. 그리고 주로 대포를 쏘는것을 임무로 한 별파진 511명을 어영청에 소속시키고 15개 번으로 나누어 륜번으로 립역하도록 하였다.

셋째로, 1652년에 어영군사에게 처음으로 봉족(보) 3명을 주었는데 1명은 호수(정군)의 뒤바라지를 하게 하였고 나머지 2명에게서는 베 2필 또는 쌀 12말을 받아내여 군비로 충당하였다.

두차례에 걸친 청나라의 침략이후 늘어났던 어영군사는 청나라와의 관계가 호전되면서 줄어들었다. 1706년 별3사, 별중초가 철페되고 1영 5부의 제도로 개편되였다. (《만기요람》군정편 3 어영청 6도군보)

18세기 중엽에 나온《속대전》에 기재된 문무관원과 장교들은 다음과 같다.

도제주 1명(정1품), 제주 1명(정2품, 병조 판서 겸임), 대장 1명(종2품), 중군 1명(종2품), 별장 1명(정3품), 천총 5명(정3품), 파총 5명(종4품), 외방 겸 파총 10명*(종4품), 랑청 2명(종6품), 초관 45명(종9품)

* 외방 겸파총이란 고을원이 파총을 겸임하는것으로서 그러한 고을은 군위, 거창, 청안, 람포, 진안, 고부, 금천, 적성, 장련, 이천 등이였다.

장교들로는 교련관 12명, 기패관 10명, 별무사 22명, 군관 45명, 별군관 10명, 권무군관 50명, 가전별초 50명이 있었다.

19세기초에 들어와 관원들과 장교들의 명칭이 다소 달라지고 그 인원에서도 변화가 있었으나 《속대전》에 기재된 그것이 거의 그대로 유지되였다.

이 시기에 6도 어영군사와 그 보인의 수는 다음과 같다.

표 44   어영군 도별군액표

	정군		자보	관보	별파진보	기사보
	초	인원				
경기	11	1 431	1 534	3 002	88	
공충도	33	4 301	4 611	.11 947	195	
전라도	27	3 523	3 777	10 021	135	
경상도	35	4 564	4 893	17 114	262	
황해도	12	1 566	1 679	6 073	10	3 729
강원도	7	915	981	2 018	90	
계	125	16 300	17 475	50 175	780	3 729

(《만기요람》 군정편 3 어영청조에 의거함)

6도의 군, 보는 정군이 1만 6 300명, 정군의 뒤를 대주는 자보가 1만 7 475명, 국가에 베 또는 쌀을 바치는 관보가 5만 175명, 별파진보가 780명, 기사보가 3 729명으로서 그 총수는 8만 8 449명에 달하였다.

그 편제는 오→대→기→초→사→부로서 5부 25사 125초였다. 그것을 표를 만들어 제시하면 다음과 같다.

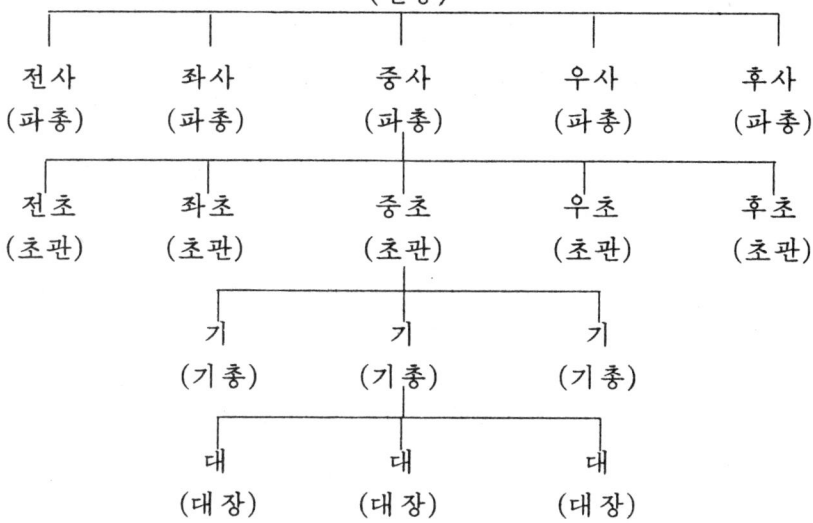

　매개 대에는 정군 10명, 화병 1명, 복마군 1명이 있었고 여기에 대장을 합하면 13명으로 된다. 1개 기는 3개의 대로 이루어졌으므로 그 인원은 기총을 합하여 40명이였다. 그러므로 3개 기인 1초는 정원이 120명이였다.

　총 125초를 25번으로 나누어 한번에 5개 초가 2달동안 번상하였으므로 4년에 한번 차례가 오는것으로 된다. 번상할 때에는 5개 초 600명외에 인원이 증가되였다. 즉 천총 표하군 9명, 파총 표하군 8명, 5개 초관의 표하군 각기 7명이 보태져 번상하는 군인총수는 652명이였다. (《만기요람》 군정편 3 어영청 6도군보)

　봉건국가는 수도에 올라와 복무하는 650여명의 상비군을 확보하기 위하여 정군 1만 6 000여명과 그 보인까지 합하여 8만 8 000여명의 장정을 장악하였으니 약 120명의 장정이 1명의 군인을 뒤바라지 하는셈이였다. 그러나 실지로는 정상적으로 600여명의 군사도 확보하지 못하였다.

　봉건국가는 흉년이 들었거나 전염병이 돌면 어영군사의 번상을 중지시키거나 그 인원을 줄이였으며 그 대신 군정들에게서 신포를 받아냈다. 1794년이후 화성성(수원성)축조공사가 벌어지게 되자 봉건국가는 번상군 5개 초 652명 가운데서 135명의 번상을 중지시키고 그 대신 신포를 받아내여 공사의 경비로 충당하였다. 그리하여 번상하는 군인은 517명으로 줄어들었는데 실지 형편은 500명도 되지 못하였다.

이러한 사실은 어영군의 편성이 봉건통치의 아성인 수도를 지키기 위한 군사의 확보와 함께 군인 및 그 보인들로부터 포목과 쌀을 수탈하려는 목적도 중요하게 작용하였음을 보여준다.

19세기초 봉건국가는 관보 5만 175명으로부터 무명 3만 2 148필, 베 1 637필, 쌀 6 535섬을 수탈하였다.

이 모든 사실은 어영군이 반혁명적폭력이며 강제적으로 편성된 로역부대일뿐아니라 봉건국가가 인민들을 체계적으로 수탈하기 위하여 편성한 도구였음을 말하여준다.

3. 총융청의 설치, 그 병력과 편제

중앙5군문의 하나인 총융청은 1624년에 수도를 둘러싼 경기지방의 방어를 위하여 설치되였다.

처음 완풍부원군 리서가 총융사가 되여 수원, 광주, 양주, 장단, 남양의 5영을 설치하고 그 군사를 관할하였다. 설치당시에는 도체찰사에 속하였으나 체찰사가 없어진 후 총융사라는 관직만이 남았다.

1639년 총융사 구굉이 경기의 속오군가운데서 날랜자 1 000명을 선발하여 장초군이라고 하고 훈련도감에 소속시켜 훈련받게 하다가 1656년 총융청에 다시 속하게 하였다. (《증보문헌비고》권109 병고 제치 1)

이때에 와서 총융청은 설치당시와는 달리 북한산성을 거점으로 수도이북의 경기지방을 방어하는것이 기본임무로 되였다.

총융청은 외영과 내영 두 체제를 갖추고있었다.

외영을 이루는 5개 영가운데서 광주와 남양은 1626년에 수어청이 설치된 이후 여기에 소속되였고 그후 또 여러차례의 변화를 거쳐 19세기초에는 남양(전영), 파주(중영), 장단(후영) 등 3영제로 되였다.

광주, 죽산, 양주의 3개 영을 수어청에 넘기고 수원, 남양, 통진, 파주, 장단의 5개 영이 총융청에 소속되였던 17세기 후반기 군사총수는 1만 4 891명이였다. (《현종개수실록》권10 4년 11월 무인)

　　이밖에도 장초군 10초, 개성의 속오군 1 000명, 아병 15초가 소속되였는데 후에 6초만 남기고 그 나머지는 보로 떨구어 쌀을 바치게 하였다.

　　1764년 총융청의 편제는 남양, 수원, 장단, 파주의 4영과 북한산 관성장으로 하여금 중영장을 겸임시키여 5영의 체제를 갖추었다. (《비변사등록》146책 영조 40년 11월 16일)

　　당시의 병력을 살펴보기로 하자.

　　내영에는 장초군 13초, 아병 13초, 별파진 100명, 표하군 852명, 군수보 6 010명이 있었다. 외영의 군액은 표 45와 같다. (《증보문헌비고》권116 병고 군문 총융청)

표 45　　　　　　　　총융청 외영의 군액표

	마병	속오군	표하군	치중군	보군	아병	별파진	승군	진군	취철아병
전영(남양)	2초	20초	551	50						
좌영(수원)	6초	30초	706	200	3초					
중영(북한산성)			137				5초	200	351	
우영(파주)	2초	16초	537			4초			62	77
후영(장단)	2초	12초	478	50						
계	12초	78초	2 409	300	3초	9초	200	351	62	77

　　표 45에서 보는바와 같이 총융청의 기본병력은 마병 12초, 속오군 78초, 표하군 2 409명이였다.

　　그런데 19세기초에 이르러 5영체제가 3영체제로 바뀌여지면서 그 병력에서도 상당한 변화를 가져왔는데 표 46과 같다. (《만기요람》군정편 3 총융청 군제)

표 46 **총융청 3영병력표**

	별효사	속오군	란후군
전영	2초	2부 4사 12초	
중영	2초	2부 4사 12초	1초
후영	2초	2부 4사 12초	
계	6초	2부 4사 36초	

이처럼 3영은 각기 별효사 2초와 2부 4사 12초의 편제를 가진 속오군이 속하여 도합 별효사 6초, 속오군 36초를 이루었다.

전세기에 비하여 군액이 대폭 줄어든것은 국가재정의 파탄으로 하여 군사를 유지하기 어려웠고 봉건정부가 경비를 충당하기 위하여 종래의 군인들을 군포 또는 쌀을 납부하는 보(봉족)로 전환시켰기때문이였다.

총융청에는 또한 승군의 군영인 치영이 속하여있었다. 1711년 봉건정부는 북한산성을 개축하고 그안의 중흥사에 6도에서 번들러오는 승군의 본부인 치영을 두었다. 여기에는 승군 372명과 총섭 1명, 중군승 1명, 장교승 47명이 있었다.

다음으로 19세기초 내영의 편제를 살펴보면 좌, 우의 2부밑에 각기 2개 사와 중사가 속하였고 좌, 우사는 각기 5초를, 중사는 각기 3개 초를 거느렸으므로 총 26개 초를 이루었다.

좌, 우 2부에는 좌, 우사뿐아니라 2개의 중사가 있었으므로 이것을 《2중사》라고 하였다. 이 26개 초는 장초 10초, 둔장초 3초, 아병 10초, 둔아병 3초로 구성되였다.

내영에는 또한 8색표하군 995명이 소속되여있었다.

총융청의 군사가 수도를 지키는 반혁명적폭력이였다는 점에서는 어영청의 군사와 성격을 같이하였다. 그러나 총융청의 군사는 주로 경기 각 고을에서 징모된 속오군 또는 아병으로 이루어졌다. 이러한 면에서 6도에서 번상한 지방출신 군사와 일부 직업군인으로 편성된 어영청의 군사와 구별되였다.

4. 수어청의 설치, 그 병력과 편제

5군문의 하나인 수어청은 1626년에 설치되였다.

북방 녀진과의 관계가 긴장해지자 수도의 방비가 긴절한 과업으로 나섰다.

후금의 제1차침입이 있은 다음해인 1628년 봉건정부는 강화도에 피난하는 경우 광주에 있는 남한산성이 지대가 험하여 들어가 지켜 낼수 있다고 보고 고을관청을 이 성안으로 옮기면서 성을 더 높이 쌓고 군량을 저축하여 불의의 사태에 대비케 하였다. 그리고 이해 11월 광주목사로 하여금 남한산성 방어사를 겸하게 하여 군정과 행정을 일치시키도록 하였다.

1636년 청나라가 두번째로 쳐들어왔을 때 국왕이 성안에 들어가 수십일간 있은 이후 이곳의 방어상 중요성이 더욱 인정되여 다시 성을 수축하여 량곡을 축적하고 군사들을 집결시켰다. 이것이 군영으로서의 체제를 갖추게 된 중요한 계기로 되였다.

그후 1650～1659년에 청나라에 대한 강경책이 론의되면서 군액이 늘어나고 남한산성을 거점으로 하는 수도 남부를 방어하는 체계가 확립되였다.

그후 수어청은 몇차례의 개편을 거쳐 《속대전》에 군영아문의 하나로 고착되였다.

수어청의 장관인 수어사와 광주의 행정장관인 부윤(또는 목사)의 호상관계의 변화는 수어청의 사업에 막대한 혼란을 주었다.

즉 1652년 광주부윤을 수어청의 부사로 삼아 군정과 행정을 일치시켰으나 그후 광주류수가 수어사를 겸임하기도 하고 때로는 이러한 체제가 폐지되기도 하는 등 변화가 많았다. 또 수어사의 본부를 남한산성에 두기도 하고 한성에 설치하기도 하였다. 그러다가 1795년 8월 수어경청 즉 한성에 둔 수어사의 본부를 폐지하고 광주부를 류수부로 승격시켜 광주류수가 수어사를 겸임하게 하고 그밑에 판관을 두어 광주의 행정을 담당케 하였다. (《승정원일기》 정조 19년 8월 18일)

이처럼 수어청은 그 본부가 남한산성으로 옮겨지고 광주류수의 지휘하에 놓이게 됨에 따라 19세기초이후 중앙군영으로서의 의의는 없어지고말았다. 《만기요람》 군정편에서 중앙의 군영을 렬거하면서도 수어청을 빼놓은것은 이상과 같은 사정으로 설명된다.

다음으로 수어청의 편제를 보면 수어청은 설치된 이후 오래동안

정해진 편제를 갖추고있지 못하다가 그 군액이 크게 늘어난 1650년대에 와서 경기 3영(광주, 죽산, 양주)과 지방 3진(원주, 철원, 충주)의 체제를 이루었다. 이 각 영, 진으로부터 약 1만 6 000명을 징집하여 유사시 남한산성을 지키게 하였다.

17세기 말엽에 이르러 3영 3진의 체제는 4영 3부의 체제로 바뀌여졌다. 즉 수어청에 광주, 양주, 죽산, 원주의 4개 영을 소속시키고 종전에 수어청에 속하였던 충주는 조령을 지키게 하고 철원은 북도를 방어하게 하였다. 이 4개 영에 소속된 군사는 속오군이 1만 1 009명이고 아병이 1 887명이며 수어군이 4 440명이였다.

얼마후 김석주가 수어사로 있으면서 남한산성의 둘레가 길어 2만명의 군사가 있어야 성을 지켜낼수 있는데 산성에 소속된 군사가 1만여명밖에 안된다고 하면서 경기좌도의 각 고을에 있는 아병을 좌부에, 충청도 각 고을의 아병을 우부에 소속시켜 철원, 충주 2개 진의 군사를 대신케 하며 강원도 령서의 여러 고을에서 총쏠줄 아는 장정을 새로 모집한 700~800명과 홍천, 횡성, 지평의 아병 300명으로 1개 사를 편성하여 중부에 속하도록 하였다.

그리하여 성을 지키는 군사를 2만여명으로 늘이였는데 4영 3부제를 보면 표 47과 같다.

표 47   **4영 3부제**

4영	3부	
(광주, 양주, 죽산, 원주) 속오군 1만1 009	좌부(경기 좌도 각 고을의 아병) 우부(호서와 가까운 고을에 있는 아병)	
아병 1 887 수어군 4 440	중부	령서의 여러 고을에서 총쏠줄 아는 장정으로 새로 모집된자 700~800 홍천, 횡성, 지평의 아병 300
수성군 총수 2만여명		

4영 3부의 군사 2만여명 가운데서 기본은 4영의 군사였다. 4영 군사는 합계 1만 7 253명으로서 수어청산하 군사의 압도적다수를 차지하였다. 3부의 군사는 약 2 747명으로서 여기에서 중부의 군사

1 000여명을 제외하면 좌부, 우부의 군사는 약 2 000명이 된다. 그러므로 3부는 각기 1 000명안팎의 군사를 소속시키였다.

4영 3부의 체제는 18세기초에도 그대로 유지되였으며 이때에 와서 그 소속군사는 3만 9 589명으로서 거의 두배로 증가하였다. (《숙종실록》권40 30년 12월 갑오)

1704년 12월 5군문과 수군의 군제를 고치게 됨에 따라 수어청의 4영 3부제는 3영 2부제로 바뀌여졌다. 매개 영은 각기 5사, 매개 사는 각기 5초로서 3영은 총 75초였다. 그리고 매개 부는 아병 각기 16초, 마병 각기 3초 및 훈어군, 마보군, 친아병을 소속시키고있었다. 이리하여 3영 2부의 실지군정은 1만 6 500명이였고 각종 보인을 합하면 3만 2 350명이나 되였다.

1704년의 《군제변동》의 결과 7 000여명의 군액이 줄어들었는데 이것은 과도한 재정지출을 줄이기 위한 조치의 결과였다고 인정된다.

《속병장도설》에 의하면 18세기 중엽에도 3영 2부제는 그대로 유지되였다. 그러다가 18세기말~19세기초에 이르러 5영제로 바뀌여지고 3영은 1영=5사=25초의 체제로 되고 좌, 우의 2영은 1영=4사=16초의 체제로 되였다. (《만기요람》군정편 경영진식 수어청)

수어청은 중앙의 5군문의 하나이면서도 다른 군문들과는 몇가지 차이점을 나타냈다.

그것은 첫째로, 수도 또는 남한산성을 지키는 고정된 군사를 가지고있지 못하였다는것이다.

수어청산하의 군사는 그 창설초기 1만 6 000여명으로부터 3만 수천명으로 늘어났으나 여기에는 군정의 뒤를 대주는 보인이 많았고 군정인 경우에도 봉건국가에 쌀을 바친 대가로 훈련 또는 복무를 면제받는 경우가 많았다. 더우기 수어청에는 직업적상비군이 없었고 장교층을 제외하고는 지방의 속오군, 아병으로 구성되였다.

그것은 둘째로, 중앙군으로서의 실제상의 역할을 하지 못한것이다.

수어청의 설치목적은 수도 또는 수도의 주변을 지키는데 있었다. 다시말하면 남한산성을 거점으로 수도를 보위하자는것이였다.

그러나 그 본부가 최종적으로 남한산성에 옮겨진 18세기말이후 수어청은 산성방어에 필요한 군정을 확보할수 없었다. 남한산성에는 2 268개의 치첩(성가퀴)이 있었는데 큰 치첩을 지키는데는 8명, 중간크기를 가진 치첩을 지키는데는 6명, 작은 치첩을 지키는데는 4명이 요구되였다. (《숙종실록》권40 30년 12월 갑오)

만일 치첩을 통털어 중형으로 잡아도 1만 수천명의 방어군이 요구되였는데 18세기말이후 산성에는 그 몇분의 일의 군사도 확보되여있지 않았다. 산성조차 제대로 지킬수 없는 형편에서 수도를 방어한다는것은 생각할수 없었다.

그리하여 수어청은 명칭과 내용이 부합되지 않는 5군문의 하나로 존속될수밖에 없었다.

5. 금위영의 설치, 그 병력과 편제

금위영은 1682년 훈련대장을 겸하고있던 병조 판서 김석주의 제의에 따라 정초군과 훈련별대를 통합하여 설치되였다.

정초군은 1623~1649년에 병조 판서로 있던 리시백의 제의에 따라 번을 서는 기병가운데서 정예한자를 뽑아 편성하였는데 그 수는 100여명정도였다.

1668년에는 정초청을 설치하고 그 편제를 정비확대하였다.* 즉 정초청에 기병 8번호 1만 9 391명을 소속시키고 그가운데서 40초의 4 440명을 8번으로 나누어 5초씩 교대로 번상케 하였다. 그리고 매 군인당 자보 1명을 주어 그뒤를 대주게 하고 나머지 1만 511명으로부터는 쌀과 베를 징수하였다. (《만기요람》군정편 3 금위영)

> *《현종개수실록》4년 11월 무인조에는 병조 판서 홍중보가 경술년 즉 1670년에 정초군을 정비확장한것으로 기록되여 있다. 그러나 경술년에 홍중보는 이미 우의정으로 있었으므로 그 정비확장의 년대는 1668년이 옳다.

1673년에 자보가운데서 1 220명을 떼내여 10초를 편성하고 종전의 40초에 합쳐 50초가 10번으로 나뉘여 교대로 5초씩 번상하였다.

정초청의 설치목적은 봉건정부가 국가의 부담에 의존하지 않는 군사를 확보하여 재정지출을 줄이면서 동시에 수도의 방비를 강화하려는것이였다.

훈련별대란 훈련도감 본래의 군사 즉 직업적상비병이 점차 유명무실해지고 더우기 국가재정이 파탄의 지경에 처한 형편에서 국가경비에 의존하지 않는 군사를 확보하려는 목적에서 조직된 부대였다.

정초군과 훈련별대의 통합은 수도와 왕궁을 수비하는 목적에서 편성된 금위영의 군사가 국가부담이 아니라 전적으로 보(봉족)에 의거하여 유지되는 군사였음을 보여준다.

설치당시 그 본영을 금위영이라고 하고 그 군사를 금위별대라고 불렀다. 그리고 금위별대를 7개 번의 금군의 기병, 보병과 서로 배합하여 10개 번으로 만들고 1번에 두달씩 돌림차례로 번들게 하였다. (《숙종실록》 권13 상 8년 3월 갑자)

결국 군사는 1년 8개월동안에 두달 복무하여야 하였다. 그 설치초기의 금위영은 4부 20사 100초로서 황해도, 경기, 공충도, 전라도, 경상도, 강원도의 6도향군으로 편성되였다.

그후 그 편제인원은 늘어났다. 1704년 군제변동이전의 편제는 5부가 각기 5사 별양사를 소속시켰고 매 사는 각기 5초 별중초의 편제를 갖추어 5부는 총 136초였다. 매 초의 정원은 127명이였고 매 군사에게 보인 3명이 달리였다. 이밖에 표하군, 별효위, 별파진 등을 합하여 금위영의 군액총수는 9만 1 696명이였다.

1704년 군제변동이후 금위영의 군액은 약간 축소되였다. 즉 별양사와 별중초가 없어져 5부 25사 125초로 단일화되였다. 그리고 각종 군사를 합한 총수는 8만 5 274명으로 6 400여명이 줄어들었다.

1707년 1월이후 125초를 25번으로 하여 매 번이 5초씩 교대로 두달동안 번상하였다. 19세기초까지 그 군액에서는 약간의 변동이 생긴채 거의 그대로 유지되였다. 각 도별군액을 보면 표 48과 같다.

표 48 6도 군, 보 일람표

군정 도별	정군		자보	관보	비고
	초	인원			
경기	14	1 787	1 913	1 882	
공충도	25	3 185	3 410	9 438	
전라도	25	3 185	3 410	13 811	
경상도	30	3 822	4 092	14 010	
강원도	11	1 398	1 497	3 107	
황해도	20	2 548	2 728	11 132	
계	125	15 925	17 050	53 380	

(《만기요람》 군정편 3 금위영 6도군보에 의거)

 이상과 같이 6도 정군은 1만 5 925명, 자보 1만 7 050명, 관보 5만 3 380명으로 총계 8만 7 175명이였다. 정규군은 125초=1만 5 925명이였고 정군을 제외한 자보와 관보의 총수는 7만 1 250명이였다.
 8만 7 000여명 가운데서 약 1만 6 000명이 실지 군사로 복무하였고 매 번 5초씩 즉 600여명이 두달을 기한으로 수도에 올라와 번을 섰으며 나머지인원은 6도에 분산되여있었다.
 금위영설치당시 그 대장은 병조 판서가 의례히 겸임하였다. 그러나 병조 판서의 권한이 커질것을 우려한 봉건정부는 1754년이후 금위대장을 따로 두고 병조 판서는 금위영 제주만을 겸임하게 하였다.
 《속대전》에 실린 금위영의 관원과 장교들은 다음과 같다.
 품계를 가진 관원으로는 도제주 1명(정1품), 대장 1명(종2품, 병조 판서 겸임), 중군 1명(종2품), 별장 1명, 천총 4명(정3품), 파총 5명, 외방 겸 파총 12명(종4품), 랑청 2명(종6품, 문, 무 각 1명), 초관 45명(종9품)이 있었다.
 장교로는 교련관 15명, 기패관 12명, 별무사 30명, 군관 5명, 별군관 10명, 권무군관 50명이 있었다.
 우에서 본바와 같이 금위영의 군사는 6도에서 번상하는 지방군을 기본으로 하고 직업군인인 소수의 장교층으로 이루어졌다.

6. 5군영설치의 결과

훈련도감, 어영청, 총융청, 수어청, 금위영의 5군영(또는 5군문)은 리조 후기 중앙군제의 기본을 이루었으며 그것은 편제와 병력에서 일정한 변화는 있었으나 1880년대까지 수백년동안 존속되였다. (《증보문헌비고》권110 병고 2, 권226 직관고 13)

5군영은 리조 전기의 5위제가 문란해진 형편에서 출현한 군사조직이였고 임진조국전쟁과 그 이후 두차례에 걸친 외래침략자를 반대하는 투쟁에서 심각한 교훈을 찾은 봉건통치배들이 저들의 정권을 유지강화하기 위하여 설치정비한 군사기구였다.

5군영의 출현은 직업적상비군을 양성하여 정예한 군사를 확보하려던 임진조국전쟁시기 봉건정부의 정책이 파탄되였음을 보여주었다.

5위체계를 기본으로 하는 리조의 중앙군제는 16세기에 들어와 군정의 해이, 군적의 허실화, 대립현상의 격증으로 하여 심히 문란하여졌다. 임진조국전쟁시기 왜적과의 싸움에서 피어린 교훈을 찾은 봉건정부는 국가에서 군량을 공급한다는 조건으로 건장한 군사를 모집선발하여 훈련도감군사를 편성하였다. 이리하여 직업적상비군이 출현하였다.

그러나 전후 수어, 어영, 총융, 금위 등 여러 군영의 설치는 국가경비에 의존하지 않으면서도 손쉽게 군사를 편성할수 있는 종전의 제도에로 되돌아갔음을 의미하였다. 새로 설치된 군영들은 소수의 직업군인을 제외하고는 절대다수가 번상하는 지방의 농민들로 이루어졌다.

17세기 중엽 봉건정부는 삼수미로 유지되는 훈련도감군을 제대로 확보할 방도가 없어 보(봉족)의 뒤받침을 받는 훈련별대를 조직하였다. 상비적직업군인의 기본을 이루는 훈련도감이 이와 같이 된데는 국가재정의 파탄이라는 객관적사정보다도 손쉽고 값눅게 군사를 편성하려는 봉건통치배들의 주관적의도가 많이 작용하였다.

사실 봉건정부는 관보들이 바치는 쌀과 베를 군비로 돌린것이 아니라 다른 목적에 탕진하였다.

5군영이 설치된 결과 군액은 총체적으로 늘어났으나 상비무력은 오히려 줄어들었다.

어영청과 금위영의 정군과 보인은 표 49와 같다.

표 49와 같이 어영청의 군사, 보인총수는 정군이 1만 6 300명, 정군의 뒤를 직접 대주는 자보가 1만 7 475명, 국가에 쌀 또는 베를 납부하여 어영청의 군비를 조달하는 관보가 5만 175명으로서 별파진보와 기사보를 제외하고 그 합계는 8만 3 950명이였다. 그런데 정군 125초 1만 6 300명 가운데서 실지 번상하는 군정은 5초 652명이였다.

표 49   어영청, 금위영의 군사, 보인 일람표

	정군		자보	관보	별파진보	기사보
	초	인원				
어영청	125	1만 6 300	1만 7 475	5만 175	780	3 729
금위영	125	1만 5 925	1만 7 050	5만 3 380	774	2 924
계	250	3만 2 225	3만 4 525	10만 3 555	1 554	6 653

봉건국가가 근 8만 4 000명의 장정을 장악한데 토대하여 600여명의 상비군을 편성하였으므로 120여명의 장정 가운데서 한명의 군인을 선출하는셈이였다. 이렇게 된데는 봉건국가가 관보로부터 수탈한 무명과 쌀을 다른데 류용하였기때문이다.

관보 5만 175명은 무명을 바치는 목보 3만 2 148명, 베를 수탈당하는 포보 1 637명 그리고 쌀을 납부하는 미보 1만 6 337명, 콩을 바치는 태보 53명으로 이루어졌다. 봉건국가가 1년에 관보로부터 수탈하는 총량을 보면 목보와 포보는 각기 매해 1필의 무명과 베를 납부하였으므로 그 총량은 무명 3만 2 148필(약 643동), 베 1 637필(약 33동)이였다. 그리고 미보는 1년에 쌀 6말, 태보는 콩 12말을 바쳐야 하였으므로 국가가 수탈하는 총량은 쌀 6 535섬, 콩 43섬이였다.

이상의 수자는 제도상의 규정이며 보인은 항상 이보다 더 많은 량을 수탈당하였다.

그런데 봉건국가는 번상하는 군사 600여명에게 매달 료미로 9말을 지출하였으므로 그 총량은 년간 4 320섬에 지나지 않았다. 그것은 봉건국가가 판보로부터 수탈한 총량의 5분의 1정도였다.

※ 5만여명의 판보가 1명당 쌀 6말을 납부하였다고 보면 그 총량은 2만 70섬으로 되는데 이것은 군사들에게 년간 료미로 지출되는 4 320섬의 약 5배이다.

어영청의 관원과 장관에게 지출되는 록봉, 장교층에게 주는 료미 그리고 무기의 수리와 보관 등에 그 2배에 해당하는 경비가 지출되였다 하더라도 판보에게서 수탈해들인 총량의 약 절반은 군비로 사용되지 않았으며 이러한 현상은 어영청뿐아니라 모든 군영에서 다 나타났다.

군액은 늘어나지만 상비병력이 줄어드는것은 이 시기 모든 군영에서 찾아볼수 있는 하나의 뚜렷한 경향이였다.

봉건국가가 함부로 군액을 늘인것은 방위력의 강화를 위해서가 아니라 인민들로부터 포목과 쌀을 더 많이 수탈하기 위해서였다. 이것은 인민들의 참을수 없는 고통과 부담으로 되였다.

당시의 기록에 《백성은 적어지고 군사는 늘어나는데 이것은 각 도, 각 고을의 공통된 걱정거리였다.》고 한것은 바로 그것을 말하여준다. (《비변사등록》 164책 정조 6년 정월 24일)

5영의 설치는 중앙군제를 더욱 복잡하고 혼란되게 하는 결과를 가져왔다.

우선 5영은 제각기 설치되여 그 병력, 관원, 장관, 장교수 등에서 합리적인 통일성이 보장되지 못하였다. 봉건정부는 그때그때 고식적인 방법으로 개별적인 군영의 유지에 급급하였으나 모든 군영을 하나의 체제로 개편할데 대해서는 애당초 생각하지도 않았다.

다음으로 군영호상간의 긴밀한 련계, 5영군과 금군, 5영군과 지방군과의 합리적인 련계가 보장되지 못하였다. 그것은 5개 군영의 군사를 통일적으로 지휘통제하기 위한 군사기구가 없었기때문이다.

리조 전기에는 그 역할이 미약하였으나 5위를 지휘하는 5위도총부가 있었다. 그러나 리조 후기에는 5영을 지휘하는 기구는 없었다. 그리하여 5영호상간의 긴밀한 련계란 있을수 없었다.

5영과 지방군과의 관계도 마찬가지였다. 5영이 제각기 6도의 각 고을에 정군과 보인을 차지하고있었는데 지방의 감사, 병사, 수사도 역시 정군과 보인을 차지하고있었다. 그리하여 2중, 3중의 군사부담을 지는 군정이 늘어나는 결과를 초래하였다.

이밖에도 5영의 설치와 그 유지는 종전의 5위제를 완전히 유명무실하게 하였으며 인민들의 군사적부담을 증대시키고 군사의 질을 저하시키는 등 나라의 방위력강화에 부정적인 작용을 준 측면이 적지 않았다.

제2절. 중앙 및 지방군제의 변화

1. 중앙군제의 변화

17세기에 들어와 5군영이 설치되고 그것이 정비유지된것은 리조 후기 중앙군제에서 생겨난 가장 큰 변화였다. 이밖에도 중앙군제에서 일어난 변화는 첫째로, 국왕을 호위하고 왕궁을 수비하는 금군이 통합되고 그것을 통일적으로 지휘하는 상설관청이 생겨난것이였다.

임진조국전쟁과 그후 또 두차례의 반침략전쟁 그리고 봉건왕조를 반대하는 반란을 겪은 봉건정부는 금군부대를 통합하고 그 지휘기관을 강화할 필요성을 절실히 느끼였다.

금군의 통합이 실천에 옮겨진것은 1652년이였다. 그와 관련하여 취해진 중요한 조치는 우선 내3청에 도별장을 설치하고 품계가 높은 무관으로 하여금 총괄하게 한것이였다.

다음으로 금군3청의 629명의 군사를 6번으로 나누어 1~3번을 좌별장에, 4~6번의 군사를 우별장에 소속시키였다.

끝으로 겸훈련록사, 겸선전관 등 금군의 록을 타먹으면서도 다른 직무에 종사하는 200명을 제거하고 어영청의 별초무사를 내3청에 속하도록 하였다. (《효종실록》 권9 3년 8월 기미, 무진)

이때 취해진 조치에서 가장 주목되는것은 내3청장 즉 도별장을 두어 겸사복, 내금위, 우림위를 통일적으로 지휘하도록 한것이였다. 그런데 《만기요람》 군정편에는 《효종때에 처음 금군을 설치하고 내3청이라고 칭하였다.》 라는 기사가 전한다.

이것은 이때에 와서 비로소 금군이 설치되였다는것이 아니라 겸사복, 내금위, 우림위를 통칭하여 《금군》이라는 정식명칭을 부여한것이였다.

도별장의 임명 등은 3개의 금군부대를 통일적으로 지휘장악할수 있게 한 중요한 계기로 되였다.

1657년에 이르러 금군은 1 000명으로 늘어났는데 이때 편제는 10명=1령, 3령=1정이였고 또 장(겸사복장, 내금위장, 우림위장) 10명을 두어 별장→장→정→령의 명령체계를 세웠다. (《만기요람》 군정편 2 룡호영)

1666년에 약간의 변동이 생겨 금군의 수를 700명으로 정하고 내금위장 3명을 줄이여 금군을 7번으로 편성하였다. 그리고 매개 번을 장 1명이 지휘하도록 하고 좌, 우별장을 없앤 다음 별장 1명이 금군을 총지휘하도록 하였다. 《속대전》에는 이때에 고쳐진 제도가 그대로 법제화되여있고 다만 내3청이 금군청으로 바뀌여져있을뿐이다.

1755년 금군청은 룡호영으로 고쳐졌으나 그 편제와 인원에서는 큰 변동이 없었다. 1791년에 금군 100명을 줄이여 6번으로 하였다가 1808년 병조판서 김리익의 제의에 따라 다시 7번으로 늘이였다.

룡호영의 벼슬로는 2품이상의 관리가 겸임하는 별장 1명, 번장 7명(내금위장 3명, 겸사복장 2명, 우림위장 2명), 당사군관 16명, 교련관 14명, 별부료 군관 120명이 있었다.

한마디로 요약하면 리조 전기에 비하여 금군의 수가 약 200명 늘어난것, 금군부대를 통일적으로 관할하는 관청이 생겨난것이 차이로 된다. 수도에 상주하는 중앙군의 수가 리조 전기에 비하여 전반적으로 줄어들었음에도 불구하고 금군의 수가 늘어나고 정비된것은 봉건국가가 수도전체의 방비보다도 국왕의 안전을 위한데 더 많은 관심을 돌렸다는것을 보여준다. 이 시기의 금군은 협소한 지배계급의 리익을 위하여 복무하는 반인민적폭력으로서의 성격을 더욱 두드러지게 나타내고있다.

중앙군제에서 일어난 변화는 둘째로, 수도를 지키는 경군전반에 대한 봉건국가의 대우가 떨어진것이였다.

봉건국가는 번상립역하는 5영의 군사들에게 한달에 료미 9말을 공급하는 제도를 세웠으나 규정대로 실시되지는 않았다.

중앙군에 대한 물질적대우가 떨어진 중요한 사실은 18세기 중엽 서반체아직을 주는데서 5영의 군사가 모두 제외된데서 찾아볼수 있다.

표 50에서 보는바와 같이 18세기 중엽 서반체아직 총수는 1 131개였다. 이것은 15세기 중엽 《경국대전》에 실린 서반체아직 3 005개(잡직 체아 1 607개 제외)의 약 30%정도도 되지 않는다. 15세기에는 5위안팎의 군사들이 전체 서반체아직의 96%(2 847자리)를 차지하였다면 18세기에 와서는 서반체아직을 받는 금군 700명을 제외한다면 5영의 군사로서 서반체아직을 받는자는 훈련도감군사 18명, 금위영군사 2명으로서 모두 20명뿐이였다. 이것은 서반체아직이 전세기에는 5위안팎의 일반군사를 대상으로 하는것이였다면 18세기에 와서는 금군 700명과 비군사인원을 대상으로 하는것이였음을 뚜렷이 보여준다.

5영의 각급 장관들에게도 체아직이 차례졌는데 그 수는 모두 합해야 41명이였고 그나마 그들도 일반군사는 아니였다. 서반체아직과 관련하여 생겨난 이러한 변화는 전세기에 비하여 군인들에 대한 대우를 낮아지게 하였고 비록 량반신분은 아니지만 시취를 통하여 정예한 군사를 확보할수 있었던 이전에 비하여 중앙군의 질을 떨어지게 하였다.

중앙군제에서 일어난 변화는 셋째로, 리조 전기에 비하여 수도에 머무르는 상비군의 수가 퍽 줄어든것이였다.

중앙군을 이루는 5영군가운데서 총융청과 수어청의 군사는 수도에 번상하지 않았으므로 실지 수도에는 훈련도감, 어영청, 금위영 3군문의 군사가 상주하였다.

훈련도감의 기본부대인 포수, 살수, 마병이 모두 33초 4 011명이였고 여기에 도감산하의 제색표하군 1 000여명을 합하면 그 군액은 총 5 000여명으로 된다.

표 50   18세기 중엽 서반체아직 일람표(《속대전》병전차 도목)

번호	명칭	정원	번차	도목	번상차지	정3품	종3품	정4품	종4품	정5품	종5품	정6품	종6품	정7품	종7품	정8품	종8품	정9품	종9품	계
1	선전관무겸	71		4①④ / 7⑩			1		1		1		1		1, 13		6, 10		9, 27	71
2	풍신적장			4①④ / 7⑩			2		2		7		7		6				20	44
3	충의위			4①④ / 7⑩									2				3			5
4	습독관			4①④ / 7⑩	장번						5		9		7		11		43	75
5	의원			4①④ / 7⑩	장번				4		5		3		2		8		2	24
6	내구방사악			4①④ / 7⑩	장번														2	2
7	수문장			2①⑦	장번								1		3				19	23
8	훈련원권지			4①④ / 7⑩	장번										40		2		4	46

번호	명칭	정원	번차	도목	변상자	정3품	종3품	정4품	종4품	정5품	종5품	정6품	종6품	정7품	종7품	정8품	종8품	정9품	종9품	계
9	검가인의		장변	4①4⑦⑩											6		6			12
10	리문학관		장변	4①4⑦⑩					1				1		1		1			4
11	사자관		장변	4①4⑦⑩		1	1		1		1		1							5
12	계술관		장변	4①4⑦⑩											1		2			3
13	화원		장변	4①4⑦⑩									2		1		1			4
14	보자관		장변	4①4⑦⑩															1	1
15	교서관 창준		장변	4①4⑦⑩															4	4
16	훈련도감 장관		장변	4①4⑦⑩					8		6									14

번호	명칭	정원	번차	도목	번상차	정3품	종3품	정4품	종4품	정5품	종5품	정6품	종6품	정7품	종7품	정8품	종8품	정9품	종9품	계
17	금위영 장관		장번	4①④⑦⑩					6		5									11
18	어영청 장관		장번	4①④⑦⑩					8											8
19	총융청 장관		장번	4①④⑦⑩					3											3
20	수어청 장관		장번	4①④⑦⑩					5											5
21	포도청 군관		장번	4①④⑦⑩					5		12		18		12					47
22	금군		장번	4①④⑦⑩	3				13		31		82		115		132		324	700
23	훈련도감 군사		장번	2①⑦					2		4		6		6					18
24	금위영 군사		수위 기사 15, 보군25	2①⑦									1		1					2
	계					6	4		59		77		134		214		182	20	435	1 131

- 249 -

그리고 어영청의 군사가 125초인데 25번으로 나누어 번상하였으므로 1번에 5개 초 600명이 립역하였다. 금위영의 군사 역시 125초가 25번으로 나누어져 5개 초가 번상하였으므로 어영군과 거의 같은 병력이 수도에 상주하였다. 그러므로 제도상 수도의 상비무력은 6 000여명으로 된다. 이것은 리조 전기에 비하여 중앙상비무력이 수천명이나 줄어든것으로 된다.

갑사 2 960명, 별시위 300명, 대졸 600명, 팽배 1 000명, 파적위 500명, 장용위 120명인데 갑사 2 960명에서 량계 류방갑사와 착호갑사를 제외하면 약 2 000명으로 된다. 이 6개 부대의 병력은 4 520명으로 되는데 이것만 하여도 리조 후기 3군문소속 상비병력과 거의 맞먹는다. 그런데 여기에 정병으로서 수도에 번상해야 할 인원 수천명을 합하면 약 8 000~9 000명이 수도에 머무르는것으로 된다.*

  * 정병 4만여명이 8번으로 나누어져 번상하였으므로 수도에 상주하는 정병은 5 000명으로 된다.

이처럼 리조 후기에는 수도에 주둔하는 상비무력이 훨씬 줄어들었다. 1710년 중추부 판사 리이명이 《금위영, 어영청 두 영의 군인들을 모조리 상번시키고 훈련도감의 군사와 합하더라도 5 000~6 000명에 불과할것이니 왕궁의 호위가 허술함이 한심하다.》고 하였는데 수도방위군의 축감은 봉건통치배들속에서 응당한 우려를 자아내게 하였다.

중앙상비군의 축감은 봉건통치배들이 정권탈취를 위한 당파싸움에 몰두하면서 수도방위의 만전을 기하기 위한 적극적인 대책을 취하지 않았음을 보여주었다. 또한 그것은 5영제가 제도면에서나 운영에서 적지 않은 부족점을 가지고있었다는것을 의미하였다.

중앙군제에서 일어난 변화는 넷째로, 종전의 5위제도가 완전히 무너진것이였다. 임진조국전쟁전야에 이미 5위제는 헝클어졌으나 그 틀거리는 남아있었다.

그러나 5군영이 설치정비됨과 함께 5위제는 완전히 없어지고말았다. 《지금 5위의 병제는 완전히 페지되고 단지 벼슬이름만 남아있다. 장(5위) 및 부장은 번을 나누어 입직, 행순하고 호군, 사직, 사과, 사정, 사맹, 사용은 군함체아에 소속시켜 그 록봉자리를 줄이여 승급 또는 떨어져 내려오는 각색 인원들을 대우한다.》(《속대전》권4 5위)

5위제가 페지되자 5위의 군사를 거느리고 입직하던 부장은 내3청에 옮겨졌고 5위 무관직의 정원은 전반적으로 줄어들었다.

그것을 보면 표 51과 같다.

표 51   《경국대전》, 《속대전》 무관직 대비표

품계	무관직	《경국대전》	《속대전》
종2품	장	12	12
정3품	상호군	9	8
종3품	대호군	14	12
정4품	호군	12	4
종4품	부호군	54	76
정5품	사직	14	11
종5품	부사직	123	100
정6품	사과	15	21
종6품	부장 부사과	25, 176	25, 177
정7품	사정	5	20
종7품	부사정	309	249
정8품	사맹	16	15
종8품	부사맹	483	213
정9품	사용	42	24
종9품		1 939	581
계		3 248	1 523

5위제가 페지되면서 5위의 무관직은 3 248개로부터 1 523개 즉 절반이상이 줄어들었다. 5위제가 페지되고 그 무관직이 줄어들면서 리조전기 주로 5위가 담당하던 입직(왕궁수직)하는 규례가 달라졌다.

《속대전》병전 입직조를 보면 입직하는데 있어서 5위장 4명, 부장 4명 모두 8명이 동, 서, 남, 북의 4개 소를 담당하고 병조의 당상관, 랑관 각각 1명과 도총부(5위) 당상관, 랑관 각각 2명이 중소(中所)에 입직하였다. 그리고 선전관 4명, 무겸(무관으로서 선전관을 겸한자) 6명이 국왕이 있는 근처에서 입직하고 금군청의 장 1명, 호위청의 별장 1명, 충장위의 장 1명, 충익위의 장 1명, 별군직청의 별조직 3명이 각기 자기 경비장소를 지키며 수문장 9명이 궁성 각 문을 지키였다. 훈련도감의 파총 2명, 초관 2명, 금위영의 초관 1명, 국별장 1명이 각각 자기 장소에 입직하였다.

우에서 본바와 같이 5위장에서부터 국별장에 이르기까지 13개 갈래의 46명의 관원이 입직하는 군사의 지휘부를 이루었다. 입직하는 군사의 계통과 그 인원을 보면 ① 충의위 3～4명 또는 5～6명, ② 충순위 2명, ③ 충찬위 2명, ④ 병조의 근장군 10명, ⑤ 조라치 8～9명 또는 10명, ⑥ 금군 100명, 화포군 2명, ⑦ 군관 30명, ⑧ 충장위 3명, ⑨ 충익위 6～7명 또는 10명, ⑩ 훈련도감 포수 200명, ⑪ 금위영 군사 114명, ⑫ 국출신 45명이다.

이처럼 입직하는 군사는 12개 갈래의 약 530명으로 이루어졌다. 그 가운데서도 금군(100명), 훈련도감(포수 200명), 금위영(114명)의 군사가 주력이였다.

18세기 중엽 입직하는 규례가 5위제도하에서와 다른 점은 우선 5위제하에서는 매개 위의 한개 부에서 수직하는 군사가 동원되였다면 리조 후기에는 그것과 전혀 인연이 없는 별개의 체계로 수직군사가 이루어진것이다. 충순위, 충의위, 충찬위 등 부대가 존속되였는데 이것은 물론 5위에 소속된 군사는 아니였다. 다음으로 종전에는 5위에 소속된 고위무관들이 입직에서 중요한 역할을 하였으나 리조 후기에는 그들의 역할을 전혀 찾아볼수 없다.

끝으로 그 차이는 18세기에 와서 수직서는 군사의 갈래가 더 많아지고 보다 복잡하여진것이였다. 봉건국가가 많지도 않은 군사와 그 지휘관들의 갈래를 복잡하게 만든것은 군사들, 지휘관들의 접촉과 단합을 의도적으로 방지함으로써 있을수 있는 반란의 화근을 없애기 위해서였다.

리조 전기간 왕궁을 수비하는 군사가 무정장, 무정졸의 원칙에서 편성되였다는 면에서는 동일하였다. 다만 리조 후기에는 그것이 많은 폐단을 동반하면서 더욱 표면화되였다는데서 차이점을 찾아볼수 있다.

중앙군제에서 일어난 변화는 다섯째로, 5군영밖에도 몇몇 군영이 새로 설치된것이였다.

우선 1700년 강화부에 진무영을 설치하고 강화류수가 그 장관을 겸임하도록 하였다. 이것은 서해로부터 수도로 들어오는 적들을 막기 위한 군영이였다. 1779년 강화에 통어영을 두게 되자 진무영을 여기에 통합하였다가 1789년에 통어영은 경기수영으로 옮기고 진무영은 다시 독립적인 군영으로 되였다.

진무영은 외아문으로 인정되기도 하였으나 총융청, 수어청과 같이 수도의 관문을 지키는 역할을 하였으므로 경아문으로 취급되였다. 진무영은 자기 관하에 5개 영 즉 전영(부평), 좌영(통진), 중영(강화), 우영(풍덕), 후영(연안)을 소속시키였다.

진무영에는 사 1명(종2품), 중군 1명(정3품), 진영장 5명(정3품)과 종사관 1명, 천총 4명, 파총 10명, 초관 63명, 교련관 10명, 기패관 71명, 군관 15명이 있었다. 그리고 진무영에 속한 군정총수는 약 1만 8 000명이였다.

다음으로 1711년 개성부에 관리영을 두고 개성류수로 하여금 그 장관을 겸임하게 하였다. 이것은 대흥산성을 잘 관리하여 수도의 북방방어를 강화하려는것이였다.

여기에는 사(진무사) 1명, 중군 1명(정3품), 종사관 1명, 별장 2명, 천총 3명, 백총 4명, 파총 6명, 초관 32명, 교련관 8명, 기패관 36명, 당상군관 50명, 군관 250명이 있었다. 그리고 여기에 속한 군정총수는 약 7 000명이였다.

이밖에도 18세기 말엽 정조통치년간 수도와 수원에 장용영 내영과 외영이 설치되여 다른 하나의 중앙군문이 생겨났다.

이상과 같이 리조 후기의 중앙군제는 여러 면으로 변모되였다. 그것은 한마디로 말하면 군영의 람설과 중앙상비군의 축감이였다. 봉건정부는 군영을 새로 설치하여 이미 무력해진 중앙군을 보강하려고 하였으나 그러한 시도는 빈번히 수포로 돌아가고말았다.

이것은 봉건통치배들의 부패타락, 군문대장들과 장관들의 탐오행위가 혹심하여졌기때문이다. 더우기 군인들은 잡다한 고역에 혹사당하였으므로 군역을 회피하는 현상이 늘어났고 군액은 날로 감소되었다.

그러므로 새 군영을 설치하고 군사를 편성하였다 하더라도 얼마 안가서 다른 군영과 꼭같이 무력해지고말았다.

새로운 군영의 설치는 중앙군제의 정비보강이 아니라 그것이 문란해지고 약화된 사실의 반영이였다.

2. 지방군제의 변화

리조 후기에 들어와 지방군제도 상당한 정도로 변모되였다.

지방군제에서 일어난 변화는 첫째로, 리조 전기의 진관제를 대신하여 진영제가 실시된것이였다.

임진조국전쟁시기 류성룡을 비롯하여 군정을 책임졌던 관료들은 왜적과의 싸움에서 심각한 교훈을 찾고 속오법에 토대하여 지방군을 편성하는 한편 진관제를 복구하려고 시도하였다.

그러나 제 고을을 자체의 군사로 지켜낸다는 진관제는 다시 확립되지 못한채 전쟁이 끝나고말았다. 그리하여 고을원은 일반 행정을 담당하고 지방군의 주력을 이루는 속오군에 대한 지휘는 파총, 초관 등에게 내맡겨져있었다.

지방군을 지휘, 통제하는 전임무관을 내온것은 지방군제발전에서 합리적인 측면을 내포하고있었다. 그러나 전후에 곧 속오군에 대한 지휘를 고을원이 겸임하는 체제로 바뀌여졌는데 그 원인은 국가경비의 절약과 전임무관을 매 고을에 배치하는것을 달가와하지 않는 중앙의 문관관료들의 반대와 관련되였다. 고을원이 군직을 겸임하게 되면서 자연히 속오군에 대한 훈련과 지휘는 소홀히 되였다.

1624년 리괄의 반란과 1627년 후금과의 전쟁을 치르고난 봉건정부는 이해 4월 영장절목을 작성하고 속오군을 전임무관인 영장의 휘하에 두는 조치를 취하였다. (《인조실록》 권16 5년 4월 병진)

그후 영장제는 다시 철페되였다가 1654년이후 재차 실시되여 《속대전》 병전 외관직조에 법적으로 고착되였다.

그것을 보면 표 52와 같다.

표 52　　　　　　　　　**각 도 진영 일람표**

도별	진영수	진영장 소재지									
		전영	좌영	중영	별중영	우영	후영	별전영	별좌영	별우영	별후영
경기	6	광주	남양	양주	수원	장단	죽산				
충청	5	홍주*	해미	청주*		공주	충주*				
경상	6	안동*	상주	대구*	김해	진주*	경주*				
전라	5	순천*	운봉	전주*		라주	려산				
황해	6	봉산	풍천	안악	산산	곡산	평산				
강원	3		철원	원주		삼척*					
함경	6	홍원	갑산	영흥	단천	삼수	덕원				
평안	9	숙천	덕천	중화		순천	함종	룡천	구성	가산	녕원
계	46										

(*가 있는것은 전임진영장이 배치된 곳임)

　　표에서 보는바와 같이 전국 46개의 진영가운데서 33개 진영에는 그 고을의 원이 영장을 겸임하고 나머지 13개 진영에만 전임영장이 배치되였다. 이것은 결국 리조 후기에 겸임영장제가 주로 실시되였음을 말하여준다. 충청도, 전라도, 경상도의 하3도에 전임영장이 배치되였고 함경도, 평안도에서는 고을원이 영장을 겸임하고있었다.

　　영장은 대체로 당상관으로서 그 관할고을의 군사를 지휘하였다. 례를 들면 경상도의 좌영장(전임)은 상주에 있으면서 상주, 금산, 개령, 지례, 함창의 군사를 지휘하였고 별중영장(김해부사가 겸임)은 창원, 함안, 철원, 고성의 군사를 지휘하였다.

　　전국 3백수십여개의 고을중에서 33개 고을원만이 영장직을 겸임하였으므로 그 나머지 고을원은 자기 고을의 속오군을 동원하여 진영장들에게 보내주면 그것으로써 임무는 끝났다. 그리고 무기보관, 군사훈련, 군량조달 등의 군무는 주로 좌수가 관여하는 사업으로 되였으므로 고을원은 군무의 제2선으로 물러서게 되였다. 다시말하면 고을원은 그의 관할하에 움직이는 군사를 가질수 없게 되였다.

종전의 진관체제하에서도 전국이 수십개의 진관으로 구분되여 있었다. 그러나 진관아래 개개의 고을이 하나의 독자적인 군사단위로서의 임무를 수행하였다. 영장제하에서는 매개 진영이 독자적인 군사단위였고 그아래 고을들은 독자적인 군사단위로서의 역할을 놀지 못하였다. 바로 여기에 영장제가 진관제와 구별되는 중요한 차이가 있었다.

대부분의 고을원은 군사를 조달할 임무를 지닐뿐 휘하의 군사는 없었다. 그리하여 고을원은 관찰사, 병사, 영장이 장악하고있는 군사와는 별도로 군사를 편성할수밖에 없었는데 그것이 바로 리노대였다.

이러한 형편에 대하여 다음과 같은 기사가 전한다. 《우리 나라의 군사제도에는 고을원이 수하에 직접 통솔하는 군인은 한명도 없다. 소위 속오군이니, 별대니 하는것들이 있으나 만일 싸움이 일어나면 고을원이 이들을 거느리고 진관에 가서 진영 즉 영장에게 바치고 돌아와서 리노들로 대오를 무어 초를 편성하여 자기 고을을 지키게 할뿐이니 향리와 노비들을 련습시키는것이 실로 중요한 일이다.》(《목민심서》 권8 련졸)

고을원이 거느리는 리노대가 편성된 시기는 1710년경이였다. 이해에 일본해적의 침습사건이 있어 방비를 강화하기 위하여 그 고을의 향리와 관노, 공노들로 리노대가 편성되였다. 1740년에 다시한번 리노대의 훈련을 강화할데 대한 규정이 작성되였다. 그러나 유사시 고을원의 지휘하에 제고장을 지킨다는 리노대는 명색뿐이였고 실지 지방군으로서의 구실은 하지 못하였다.

지방군제에서 일어난 변화는 둘째로, 지방군의 갈래가 매우 복잡하여진것이였다.

임진조국전쟁전 류방정병과 번상정병으로 구분되였던 지방군은 여러가지 명칭을 띠고 그 갈래가 매우 복잡하여졌다.

지방군을 관찰사휘하의 군사, 절도사지휘하의 군사, 영, 진에 소속된 군사 그리고 기타 산성과 방어영에 속한 군사 등 4가지 계통으로 구분하였는데 표 53-표 56과 같다. (《증보문헌비고》 권118, 권119 병고 주군병)

표 53   관찰사휘하의 군사

부대별\도별	마병	속오군	친아병	표하군	아병	당보군	수솔군	치중군	별포수	장10부군	순별초군	친병	포수	진군작대	별무사	방수군
충청도	2초	19초	20초	634											360	
전라도	2초			683	35초	96	225	380								
경상도	10초		6초	831	31초	30		303								
강원도	6초			315	20초										815	236
황해도	6초			1 306	45초		66		6초						500	
평안도	12초			1 421		2초				100초	16초	5초			1 517	
함경도	11초	50초		842		1초 3초						2초	1초	6초		
계	49초	69초	26초	6 032	131초	126	291	683	6초	100초	16초	7초	1초	6초	3 192	236

표 54   진영소속의 군사

도명	진영	마병	속오군	표하군	당보군	수솔군	단속수군	아병	무학	정초속오	노삼수군	모군	진군	방수군	작대군	장무대마병	수영패	자모별대
충청도	전, 좌, 중, 우, 후	26초	135초	1 516														
전라도	전, 좌, 중, 우, 후	21초	212초	1 456	600	3 570												
경상좌도	전, 중, 후	27초	129	836	176	1 914												
경상우도	좌, 별중, 우	17초	129	792		1 901												
강원도	좌, 중, 우	10초	73초	495			4초											
황해도	전, 좌, 중, 별중, 우, 후		67초	2 865				26초	41초									
평안도	전, 좌, 중, 우, 후			1 476	40					50초	3초 43초 73초 1초	354			17초			
함경도	별전, 별좌, 별우, 별후 전, 좌, 중, 별중, 우, 후	35초	96초	2 361							4초		18		18초		8초	11초
계		136초	712초	11 797	816	7 385	4초	26초	41초	151초	43	354	18		35초		8초	11초

표 55 절도사휘하의 군사(초를 제외한 단위는 명)

도별 \ 부대별	친마병	친아병	표하군	신선아병	아병	수솔군	수용군	방군	친병	주진군	별표수	별사수	수성군	치중군	당보군	성정군	천수군진군	별대군	연별군	별무사	판후사	장사부	갑사	아군	수영파	춘어별초	친기위	속오군	봉영친기위
충청	7초	10초	342	12초																									
전라	3초		1200		66초	90 700																							
경상 좌우	6초		310 300		5초			12초 7초 34초 3초 2초	4초 13초 2초	548 2초			50 140 548							425									
강원	4초		796											15초						500									
황해			581					6초							120														
평안	30초 17초		625 1575					17초					284			20초 15초	2초	2초		938	80초	24초	40초	4초	12초	60초	10초	1000 4초 500 40초	500
합경 남북																													
계	67초	10초	5 729	12초	71초	90 700		12초		2초	5초	62초	548 334 140 120	35초			2초	2초	80초	1863	80초	24초	40초	4초	12초	85초	10초	1500 500	44초 500

- 258 -

표 56 산성, 방어영 및 기타 소속군사

도명	소속	마병	속오군	표하군	아병	수솔군	성정군	표수	중시인	방과수군	수첩군	별파진	별무사	치중군	별포수	당보군	승군	부장	모군	진군	한후군	작무마병	정초수오	창군	작대군	총위사	겸사	유군
전라도	제주목사 산성(5)	15초 44초	1216	4초	256	837	915	1502777초35	7초	28																	
경상도	동래수성장 산성(5)	3초 11초 34초	143 380		59초 1518	200	38초		550			2초	29	50	60	294		4초 200									
황해도	산성(6)	15초 38초 8초 28초	1440 1304				98초 86초								280		1300		15초 21초 24초	28							
함경도	남5위 북5위		106 452 311 176 230 334						98초9정초	5초	2초	330 330 330 330 330		2초	2초102						2초 5초 2초 5초 2초	22초 21초 15초 8초 16초	1 5초	30 5초 5초 10초	700 24	2초	
평안도	산성 방어영 청남방어영 청북방어영 좌방어영 우방어영																										
	계	41초 214 7032	63초 2811	1137	150 277	12초 35초	648	2초 28	2초 160	29	2초 50	2초 162	574	1300	4초 200	39초	5초 28	16초	82 16초	1 초	20초 30	700 24	2초	

표 53-표 56에서 알수 있는바와 같이 리조 후기 지방군의 갈래는 매우 복잡하였다.

관찰사의 경우 함경도에서는 그의 휘하에 7개 부대가 소속되였고 8도를 통털어서는 16개 부대가 있었다. 그것을 합하면 8도 관찰사휘하에는 414초와 1만 560명의 군사가 있었다. 관찰사들이 공통적으로 소속시키고있는 부대는 마병, 표하군, 아병이였다. 특히 아병은 131초로서 16개 부대 가운데서 가장 많은 병력을 이루었다. 여기에 충청도의 친아병(20초), 평안도와 함경도의 친병 5초, 2초를 합하면 158초로 된다. 아병이야말로 관찰사가 거느리는 가장 중요한 부대로 되였다.

다음으로 절도사의 경우 평안도 절도사휘하에 12개 부대로서 가장 많은 부대를 소속시키였고 강원도를 제외한 7도 절도사휘하에는 통털어 30개 부대 596초 1만 1 524명의 군사가 소속되여있었다. 매개 절도사가 공통하게 거느리는 부대는 마병과 표하군이였다. 그러므로 마병과 표하군이 직속부대였다고 볼수 있다.

절도사에게는 많은 종류의 부대가 소속되였으나 그 병력은 많지 못한것이 특징으로 된다.

진영에는 대체로 5~6개 부대들이 소속되여있다. 전국진영에는 17개 부대 1 128초, 2만 413명의 군사가 소속되였다. 그가운데서도 마병, 속오군, 표하군은 대체로 많은 진영들이 가지고있었으며 특히 속오군은 841초(평안도, 함경도의 정초속오를 합하면 992초)로서 가장 큰 비중을 차지하였다. 그러므로 진영장이 거느리는 기본무력은 바로 속오군이였다고 말할수 있다.

이밖에도 산성, 방어영 및 기타 지방에도 총 27개 부대 725초, 1만 5 404명의 군사가 배치되여있었다.

이 4계통의 군사를 합하면 약 3 000초, 5만 4 000여명으로 된다. 그 가운데서도 가장 많은 병력을 차지하고있던것은 진영(1 128초, 2만 413명)이였다. 46개 진영에는 전국지방군의 근 절반이 소속되여있었다.

지방군의 여러 부대 가운데서 가장 많은 수를 차지한것이 속오군(1 272초)이였다. 영, 진에 소속된 속오군은 리조 후기 지방군의 주력이였다.

부대의 종류를 보면 경상도, 전라도, 충청도 등 하3도와 평안도, 함경도지방이 서로 큰 차이를 나타내고있다. 평안도, 함경도 일대에 각이한 부대와 많은 군사가 주둔한것은 국방상의 비중과 관련된 조치였다.

리조 전기에 비하여 많은 부대들이 존재한것은 각 지방에 따라 같은 무기와 임무를 가졌음에도 불구하고 각이한 명칭으로 불렀기때문이였다.

갈래가 복잡한 부대들이 많이 존재한것은 군사지휘를 신속하게 할수 없게 하였고 군정실무를 맡은 향리들이 협잡과 롱간을 제멋대로 할수 있게 하였다. 갈래가 복잡한 부대들이 많이 존재한것은 신분에 맞게 부대들이 편성되였던 리조 전기의 군사제도가 무너진 사실의 반영이기도 하였다. 속오군에는 일반 량인과 노비신분의 인민들이 뒤섞여 들어갔고 훈련도감에는 물론 금군에까지도 군공을 세운 노비들이 포함되여있었다.

봉건사회에서 신분과 군역이 련계되지 않을수 없었으나 신분제도가 헝클어져가고있던 형편에서 봉건정부는 신분관계를 크게 고려하지 않고서도 여러 부대를 편성할수가 있었다. 바로 이것이 리조 후기에 들어와 부대가 많이 설치될수 있었던 요인의 하나였다.

지방군제에서 일어난 변화는 셋째로, 지방군의 주력인 속오군의 질이 급격히 떨어진것이였다.

17세기 중엽 약 10만이던 속오군은 17세기말에 이르러 약 20만으로 되였고 18세기 말엽에도 대체로 그만한 군액을 유지하였다. *

> * 《정조실록》권6 2년 9월 병신조에 의하면 전국의 속오군수는 19만명이상이였다. 그리고 앞의 표에 제시된 《증보문헌비고》에 의하더라도 전국속오군은 1 272초였다.

속오군이 처음 편성될 당시 주로 량인과 노비신분의 인민을 그 대상으로 하였다. 량인신분의 인민이 줄어들었던 형편에서 량인과 함께 천인신분의 인민을 동원한것은 불가피하였다. 그리하여 속오군안에는 노비출신이 매우 많았다. 특히 위험하고 힘든 복무로 되는 포수, 살수가 그러하였다.

그러나 전후 부유한 량인장정은 속오군에서 빠져나가게 되고 노비와 가난한 량인들만 남게 되였다. 그들은 봉건국가와 상전이 강요하는 신공, 신역을 부담하면서 동시에 속오군으로서의 군역까지 짊어졌다.

1750년 균역법발포를 전후한 시기에 량인의 2중적부담을 덜어준다는 미명하에 량인으로서 속오군에 망라된자는 그대로 두고 더는 입대시키지 않았다. 또한 공노비, 관노비, 내수사노비 등 직접적수탈의 대상도 입대에서 제외하였으므로 속오군은 주로 사노비로 구성되였으며 18세기에 이르러 속오군은 사노비의 대명사처럼 되고말았다..

이처럼 속오군은 전후에 와서 수적으로 증가하였으나 그에 맞게 질적으로 강화된것이 아니라 오히려 그 반대의 현상이 일어났다.

속오군의 질적저하는 주로 다음과 같은 사정에 기인하였다.

우선 속오군은 면, 리단위로 편성하고 훈련하여 그 왕래의 부담을 덜어줄뿐이고 그외에 어떤 물질적보장도 없었다.

전후에 와서 속오군을 경제적으로 뒤받침하여줄데 대한 문제가 여러차례 론의되였다.

조총, 화약, 탄환을 보장하며 복호를 주고 신역을 면제하여주어 그 복무를 제대로 하게 하고 특히 1654년에는 경상감사의 제의에 따라 본도의 속오군에게 보(봉족)를 줄데 대하여서도 결정하였다. (《효종실록》 권13 5년 8월 병인)

그러나 속오군의 경제적뒤받침에 대한 온갖 대책이나 결정은 수포로 돌아가고말았다.

그리하여 속오군은 아무런 보장대책이 없는 조건에서 봉건국가와 상전이 들씌우는 온갖 신역을 감당하면서 훈련에 동원되여야만 하였는데 그 부담이란 감당하기 어려운것이였다.

더우기 지방관들은 훈련에 참가해야 할 속오군의 수를 의식적으로 줄이고 그들로부터 포목을 징수하여 사복을 채우기가 일쑤였다.

1655년에 동래부의 속오군이 겨우 400명이였다는것은 당시 속오군의 한심한 실태를 말하여준다. 훈련이나 속오군에 대한 검열이 진행될 때에는 부족한 군액을 다른 사람을 고용하여 메꾸었으며 없는 병장기는 다른 사람 또는 이웃고을에서 비싼 값으로 빌리여다 변통하였다.

속오군의 이러한 형편에 대하여 《현재 작은 현의 속오군이 다 5~6초이상은 된다. 그러나 아무런 양성체계없이 군적에만 편입시켜 놓았으니 모두다 빈이름뿐이다. 빈이름 1만명이 실지 양성한 10명만도 못하다.》(《경세유표》 권2 하관 병조 도통영)라고 기록되여있다.

19세기초 속오군의 형편은 이러하였다. 명색만 남은 속오군의 한심한 형편을 우려한 일부 봉건통치배들은 늙고 병든 장정을 속오군에서 제대시키고 실지 싸울수 있는 2만여명을 따로 편성하여 불의의 사태에 대비하거나 금위영과 같은 중앙군영을 뜯어고치고 그 유지에 지출되던 비용과 인원으로 속오군을 강화할것을 제의하였다.

그러나 부패무능한 봉건통치배들은 17세기 후반기이후 200여년 간 전쟁이 없는 상태가 계속되자 국방을 등한히 하면서 지방군을 강화하는데 관심을 돌리지 않았다.

지방군제에서 일어난 변화는 넷째로, 새로운 지방군부대들이 설치되고 지방군배치에서의 변화가 일어난것이였다.

1713년 함경도에 친기위라는 기병 1 200명을 두었다. 여기에는 무과합격자, 한량 등과 함께 무예에 뛰여난 공노비, 사노비 등도 속량시켜 소속시키도록 하였다. (《숙종실록》권54 39년 10월 병자)

함경도 북도지방에 천수백명의 기병을 둔것은 나라의 동북지방의 방비를 강화하려는 중요한 조치였다. 그후 친기위는 2 000명으로 늘어났다.

1727년에는 평안도의 4개 방영(강계, 선천, 창성, 삼화)에 각각 별무사 150명 그리고 의주에는 300명을 더 두었다.

별무사란 함경도 친기위의 본을 받아 설치된것이였는데 입대를 지망하는 사람들이 적지 않기때문에 그것을 증설하는 대책이 취해진것이였다. (《영조실록》권11 3년 5월 경진)

1731년에는 이미 있던 평안도의 《정삼장》 즉 정초군, 량3수, 장무대를 정비하여 병사휘하의 군사를 든든히 하는 조치도 취하였다. (《영조실록》권29 7년 6월 신해)

이때 봉건정부가 취한 대책들은 무력해진 지방군을 정비하거나 새로운 부대를 내옴으로써 국경지방의 방비를 강화하려고 한것이였다. 그러나 취하여진 대책들은 소기의 효과를 거두지 못하였다. 군사들은 량반, 관료, 아전들의 혹심한 천대와 수탈을 당하였고 특별한 경제적뒤받침이 없이 힘든 군역을 강요당하였다. 평시의 군역이란 물론 로역이 대부분이였다.

제3절. 18세기 중엽 - 19세기 초엽 군사제도의 전반적문란

리조 후기 군사제도전반을 헝클어지게 한데는 여러가지 요인이 복잡하게 작용하였다. 즉 봉건적통치체제의 문란과 국가가 장악한 토지와 인민의 감소, 봉건적지주소유토지의 확대와 농민의 파산몰락, 국고수입의 감소와 국가재정의 만성적파국 등은 군사제도를 문란시킨 객관적요인으로 되였다. 그렇다고 하여 문란해진 군사제도를 수습하는것이 절대적으로 불가능한것은 아니였다.

그러나 정권이 부패무능한 량반관료들의 손에 들어있는 한 군사제도에서의 획기적인 개선이란 기대할수가 없었다.

그리하여 군사제도면에서의 불합리한 모순이 쌓이고 군사들을 못견디게 하는 악페는 겹치여 끝내 나라의 군사형편은 한심한 지경에 놓이게 되였다.

1. 군포수탈의 강화

리조봉건국가는 량인장정들에게 병역의무를 지우고 그들로부터 병역대신에 무명 또는 베를 수탈하였다.

임진조국전쟁이후 5군문이 설치되고 훈련도감을 비롯한 일부 군영들에서 한성과 그 부근의 장정들을 고용하여 직업적상비군을 편성하게 됨에 따라 군포징수는 인민들에게 무거운 부담을 주는 하나의 제도로 고착되였다.

힘들게 군사복무를 하는 대신에 군포를 납부하는것이 인민들의 큰 부담으로 된것은 우선 군포가 량인의 일부 계층에게만 들씌워진 부담이였기때문이다.

1750년대를 전후한 시기 평안도와 함경도를 제외한 6도의 민호는 약 134만이였는데 그중 량역부담이 애당초 불가능한 호가 72만이였고 나머지 62만호가운데서 사대부, 토반, 서리, 역자 및 중들을 제외하면 군포를 부담하는 호는 10만에 지나지 않았다. [《조선토지제도사》(중) 과학원출판사, 1961년, 256~269페지]

군포의 부담은 오직 이 10만의 량인호에 적용되였다. 이리하여 병역 즉 군포부담은 《량역》이라는 말로 불리워졌다.

전국 백수십만호중에서 그리고 그 절반이 넘는 량인호가운데서 10만호에 군역이 편중되였다. 이 10만호도 부유한 량인호가 아니라 적은 토지를 소유하였거나 전혀 가지지 못한 가난한 량인호였다. 그러므로 제도상의 규정대로 2필의 군포가 매해 부과되였다 하여도 그것은 빈약한 량인농민들에게는 큰 부담이 되지 않을수 없었다.

군포부담이 감당할수 없는 가혹한것으로 된것은 특히 10만의 량인호에 50만명의 량역이 들씌워졌기때문이다. 그것은 매개 호가 평균 5명의 량역을 담당하는것으로 되였는데 면포로는 10필, 쌀로는 60말(4섬), 돈으로는 20량에 해당되였다. 이러한 부담은 령세한 토지를 자작하거나 소작하여 겨우 입에 풀칠이나 하는 농민들로서는 도저히 감당할수 없는것이였다. [《조선인민경제사》(리조편) 사회과학원출판사, 1964년, 417~424페지]

이른바 한 군정이 2~3명분의 량역을 지는 《첩역》, 없는 장정을 거짓으로 등록하는 《허록》, 죽은 사람에게서 군포를 받아내는 《백골징》, 어린아이에게 군포를 물리우는 《황구징》 등 봉건관료들과 아전들의 파렴치하고 강도적인 군포수탈은 다른 형태의 수탈과 겹쳐져서 인민들의 단순재생산을 불가능하게 하였으며 그들의 생활을 도탄에로 이끌어갔다.

1750년에 실시된 균역법은 가혹한 군포수탈을 반대하는 인민들의 투쟁을 눅잦히기 위한 봉건정부의 린색한 《양보》정책의 산물이였다. 봉건통치배들은 군포를 절반으로 줄인다고 선포하였으나 16개월에 2필이던것을 12개월에 1필로 개정함으로써 실지에 있어서는 3분의 1을 감액하였으며 10만의 량인호가 부담하던 50만에 해당하는 불합리한 액수를 그대로 둠으로써 앞으로 그 수자를 비법적으로 늘일수 있는 여지를 남겨놓았다.

균역법이 실시된 이후 군포수탈은 그전과 다름없이 더욱 강화되였다.

그것은 군역을 모면하는자들이 늘어나고 군액의 절대수가 증가하였기때문이였다.

함경도 삼수부에서는 토착민으로서 군관이나 장교로 합당한 사람들과 량인장정과 봉족들이 소 1마리를 내면 향소임(좌수) 임명장을 받아 평생 군역에서 면제되였다. (《영조실록》 권119 48년 7월 경자)

1793년 경상도 비안고을에서는 400호가 1 886몫의 군역을 졌고 1782년 동래부에서는 1인 4역을 지는 사람도 있었으며 전체 군역자의 3분의 1이상이 2중으로 군역을 지고있었다. 이처럼 첩역와 허록에 의하여 군액의 절대수는 현저히 증가되였다.

18세기말에 이르러 전국의 군총은 150만정도로 늘어났는데 이것은 군역법이 실시된 때에 비하여 약 3배가 증가한것으로 된다. *

> * 《목민심서》 권8 첨정조에서 정다산은 《지금 백성들이 내는 몫이 균역법을 실행할 초기에 비하여 거의 4배로 되였으니 백성들이 어

찌 곤난하지 않으며 그들의 살림이 가난하지 않겠는가.》라고 균역법실시 당시에 비하여 18세기말~19세기초에 군액이 4배로 증가하였다고 하였다.

《백성은 적고 군인은 많아졌으며 학질은 뗄수 있어도 첩역은 떼지 못한다.》는 당시의 말에는 군포수탈을 반대하는 인민들의 원성이 스며있었다.

가혹한 군포수탈이 군사제도를 문란시키는데 미친 부정적영향은 첫째로, 군적의 내용을 변화시키고 군적을 완전히 허구적인것으로 만든것이였다.

군적은 군인의 명단이였다. 중앙군제와 지방군제의 확립은 군적을 작성하는것으로부터 시작된다. 군적은 군제확립의 기초적인 문건이며 첫 출발로 된다. 그런데 군포수탈이 강행되고 군적이 오직 군포를 수탈하기 위한 문건으로 화하면서 군인을 징발하는 명단으로서의 군적본래의 의의는 완전히 없어져버리고말았다.

《살을 매는것은 물고기를 잡자는것이며 덫을 놓는것은 토끼를 잡자는것이며 군적을 만드는것은 면포를 거두자는것이니 이미 물고기와 토끼를 잡았다면 살과 덫을 잊어버려도 가하며 쌀과 포를 거두었다면 군적을 잊어버려도 가하다.》(《목민심서》 권8 첨정)

이처럼 18세기말~19세기초에 이르러 군적은 량인신분의 인민들에게서 군포를 수탈하기 위한 대장으로 되여버렸다. 그리하여 군적은 존재하였으나 군인은 없었고 군적에 등록된 장정이 늘어나면 늘어날수록 실지 군사로 복무해야 할대상자는 줄어드는 실태가 빚어졌다. 군적의 내용이 달라지면서 군역의 의미도 변화되였다. 즉 군사로 복무하거나 군사부담을 감당한다는 의미를 가졌던 군역은 군포를 납부한다는 뜻으로 바뀌여지고말았다.

군적에 강아지이름이 오르고 절구공이명칭이 들어있었다는것은 결코 지어낸 말이 아니였다.

당시의 량반통치배들이 빈이름뿐인 1만명이 실지 양성한 군인 10명만도 못하다고 한탄한것은 결코 우연한것이 아니였다.

부정적영향은 둘째로, 수탈된 군포가 군사와 전혀 관계없는 부문에 류용되면서 군비로는 극히 적게 지출된것이였다.

일반 면포가 아니라 군포라는 명칭이 붙은것은 그것이 군사를 유지하는 비용으로 사용되여야 한다는것을 의미하였다. 그러나 임진조국전쟁에도 그 이후에도 군포는 일반경비로 지출되였으며 군사비로 사용되지는 않았다. 1750년 균역법실시를 전후한 시기 군포수입은 5개군문의 보포가 45만 6 543필, 중앙과 지방 각 관청의 보포가 4만 6 116필로서 합계 50만 2 659필이였다. 그런데 당시 봉건국가의 1년경비는 63만 3 708필이였으므로 군포수입으로써 충당되는 몫은 1년 경비총액의 근 80%를 차지하였다. (《영조실록》권71 26년 6월 경인)

　이처럼 봉건정부는 균역법실시이후에도 량인농민들로부터 군포를 악착하게 수탈하여 국가경비의 기본재정원천으로 삼으면서도 군대의 비용은 오히려 줄이였다.

　군역법실시이후 번상하는 군사들인 경우 정군(기병, 보병)은 4필을, 복마군은 8필을 받았는데 이것은 균역법이전에 차례지던 량의 절반밖에 안되였다. (《비변사등록》125책 영조 29년 2월 24일)

　그리고 수군에게는 보장원천이 적다는 구실밑에 쌀 4말밖에 주지 않았는데 이것으로써는 한달 생계비도 엄청나게 부족하였다.

　이밖에도 봉건정부는 무기의 제작과 보관, 함선의 건조와 개량 기타 군사력의 강화와 국방사업에 응당 군비를 지출하여야 하였다. 그러나 봉건국가는 군포는 수탈하면서도 그 거의 전부를 군사와는 관계없는 부문에 탕진하고말았다.

　국방을 등한히 한 봉건통치배들의 이러한 시책은 국가에 의하여 부양되는 직업적상비군을 제대로 확보할수 없게 하였을뿐아니라 그 질을 높일수 없게 하였으며 필요한 전투기술기재를 마련하지 못하게 하였다.

　부정적영향은 셋째로, 군사에 대한 인식을 그릇되게 하고 군사복무에 대한 의욕을 마비시킨것이다.

　군인들에게 토지를 준다든가 조세를 감면시키는 등 일련의 기만적인 《혜택》은 유사시 봉건지배계급을 위하여 목숨을 바칠것을 요구하도록 하기 위한 일종의 회유책이였으며 군인의 생활을 최소한 유지하기 위한 대책이기도 하였다.

　그러나 군정들은 봉건국가로부터 그 어떠한 부담도 면제받은것이 없을뿐아니라 오히려 과중한 군포부담을 지고있었다.

　《가정에 있는자는 재물을 내고 군인으로 된자는 생명을 바치는 것이 옛날의 도리였다. 장차 생명을 바칠것을 요구하면서 먼저 재물을 내라고 하니 이런 리치가 어디 있겠는가.》(《목민심서》권8 첨정)

　이처럼 군포제는 18세기에 와서 군사로 복무하는자는 복무의 비용을 얻으며 군포를 내고 군사로 복무하지 않는자는 시간을 얻게 하여 군사와 농민을 전문화하는 합리적인 제도로 더는 되지 않았다.

이밖에도 군포수탈의 강화는 농민들의 단순재생산을 파탄시키고 군역대상자를 줄어들게 하였으며 봉건적중앙집권제를 약화시키고 통치질서를 문란시키는데 박차를 가하게 하였다.

2. 중앙군제의 문란

리조의 중앙군제는 임진조국전쟁이후 이러저러한 변화를 겪다가 1744년에 와서 《속대전》에 일단 법적으로 고착되였다. 그러나 이것은 중앙군제가 18세기 중엽에 이르러 정비강화되였음을 의미하는것은 아니였다.

18세기 후반기~19세기 전반기에 생겨난 중앙군제의 문란상은 첫째로, 지금까지 번상하던 중앙의 여러 군문의 군사들이 번상을 그만두는 대신에 군포를 바치는 《납포군》으로 전화된것이였다.

1816년에 봉건정부는 호조 판서 박종경의 제의에 따라 금위영, 어영청 두 영의 향군(지방에서 번상하는 군사)은 다음해부터 매 초에서 각각 27명씩 번상을 중지시키고 군포를 바치도록 하는 조치를 취하였다. (《비변사등록》 205책 순조 16년 11월 20일)

이때 향군의 번상을 중지시키는 기간은 15년간이였는데 그후 얼마 안있어 20년으로 연장되였다.

향군의 번상을 그만두게 하고 군포를 수탈한 사실은 이에 앞서도 있었다. 흉년이 들었거나 전염병이 돌거나 국가재정지출이 많은 공사가 진행될 때 봉건국가는 일시적으로 번상을 정지시키고 군포를 수탈하였다.

례를 들면 1794년 화성성(수원)축조공사가 벌어졌을 때 봉건정부는 어영군가운데서 135명의 번상을 중지시키고 그 대신에 군포를 바치게 하여 공사의 경비로 충당하였다.

어영청과 금위영의 군사가 각기 5초씩 번상하였으므로 줄어든 번상군의 총수는 270명이였다. 번상을 중지시킨 대신에 얻게 되는 봉건국가의 수입은 270명의 군사에게서 군포 1필씩 수탈하였으므로 270필이였고 그들의 보인에게서 보포로 8량(4년분에 해당)을 징수하였으므로 그 액수가 2 160량이였으며 매 군사에게 료미로 매달 9말씩 공급하던 군량 총 162섬(2 430말)을 줄일수 있었다.

이처럼 봉건국가는 300명미만의 군사를 줄이는 대신에 막대한 면포, 군량, 돈을 손쉽게 거두어들일수 있었다.

20년을 기한으로 일부 군사의 번상을 중지시키던 제도는 그후 5년마다 연장되면서 계속 실시되여 19세기 중엽에 와서는 금위영, 어영청의 향군을 모두 정번시키는데까지 확대되였다.

향군의 번상정지는 수도에 상주하는 중앙군의 수가 줄어들게 된 중요한 계기로 되였다. 그렇다고 하여 중앙군이 질적으로 강화된것도 아니였다. 봉건정부는 향군의 번상을 정지시키고 얻어지는 수입을 군수적목적에 쓰지 않고 재정이 긴장하다는것을 구실로 호조에 보내여 일반경비로 탕진하였다.

금위영, 어영청군사의 정번제도가 실시된지 40년이 지난 1856년에 봉건국가는 또다시 20년동안 번상군을 줄일데 대한 결정을 채택하였다. (《비변사등록》 243책 철종 7년 정월 16일)

일시적으로 기한부로 적용된 향군의 정번은 반세기동안이나 실시되면서 제도화되고말았다.

중앙군제의 문란상은 둘째로, 수도에 상주하는 군사의 질이 급격히 떨어진것이였다.

19세기 초엽 중앙군의 이러한 형편에 대하여 《경군으로서 군오에 편입된자는 열손가락이 보들보들하고 살결이 흰눈같아서 100걸음만 달려도 헐떡거리다가 그만 쓰러지고말며 혹독한 추위와 더위를 못견디는 병졸들뿐이다.》(《경세유표》 권2 하관 병조 도통영)라고 기록되여있다.

군사의 질이 이와 같이 떨어진것은 중앙군문의 부패한 관료들이 군적을 허위로 작성하여 빈이름을 올려놓고 료미를 중간에서 착취하였기때문이였다. 그리고 입직, 점검, 훈련 때에는 한성의 류랑민, 빈민, 량반집의 종을 림시로 고용하여 군사로 충당하였다. 군사복무보다도 료미를 타먹는데 리해관계를 가진 이러한 장정들은 군인으로써는 전혀 적합하지 않았다.

군사의 질이 낮아진 다른 하나의 원인은 무예를 시험하여 건장하고 정예한 군사를 선발하는 선군편오제도가 오래전에 이미 시행되지 않은것이였다. 여러 군정들가운데서 특별히 힘이 세고 무술에 능한 군사를 엄격한 시험의 관문을 거쳐 선발해야만 직업적인 군사를 확보하는 본래의 목적을 달성할수 있었다.

그러나 시취를 통하여 정예한 군사를 선발하는 제도는 적용되지 않은지 오래되였다.

량반상전들은 자기의 종을 군사명부에 올리고 군료를 횡취하였으며 담당장관은 군사로는 적당치 않다는것을 뻔히 알면서도 안면으로 군적에 올리여 인원을 보충하였다. 애당초 육체적으로나 군사기술면에서나 군인으로 전혀 쓸모없는자들을 입대시키거나 군적에 올린데다가 훈련마저 실시되지 않았으므로 그 형편은 말이 아니였다.

중앙군의 문란상은 셋째로, 왕궁과 국왕을 호위하는 금군이 취약하여진것이였다.

겸사복, 내금위, 우림위로 구성된 금군은 국왕의 근위군, 호위군이라는 임무로 하여 편제면에서나 대우에서나 특별한 위치에 있었다. 그것은 《속대전》에 금군 700명전원에게 체아직이 차례지도록 규정된 사실을 통하여서도 알수 있다.

그런데 중앙군의 핵심으로 되여야 할 금군의 전투력이 급격히 약화되였다. 이러한 형편에 대하여 봉건통치배들은 금군이 군사로 쓸모없는 《서울의 무뢰배》라고 아우성을 치면서 급작스레 대책을 세우느라고 하였다.

1846년 8월 봉건정부는 총융청을 총위사로 고치고 그 군사를 입직시켜 허술해진 궁궐수비를 보장하려고 하였다. 그후 1849년에 총위사는 다시 총융청으로 되였다.

그리고 1861년에는 훈련도감의 마군, 보군 및 별기군가운데서 60명을 선발하여 무감(무예별감)을 늘이고 훈련도감의 가장 낮은 급의 무관인 국출신 50명을 군오에 충당하여 허술해진 숙위를 강화하려고 하였다. (《철종실록》권13 12년 11월 을유)

그러나 봉건정부가 취한 그 어떠한 대책도 문란약화되여가는 중앙군의 전투력을 추켜세울수는 없었다. 그리하여 도성전반의 방어가 아니라 왕궁수비가 난문제로 나서는 경우가 적지 않았다.

중앙군제의 문란상은 끝으로, 군사규률이 해이해진것이였다.

1819년 3월 어영청의 남소영화약고에 불이 나서 건물 100칸, 화약 9만 3 280근, 연환 61만 1 400개가 타버리고 20여명이 죽는 참사가 일어났다. (《순조실록》권22 19년 3월 경신)

이러한 화재는 화약고경비의 해이, 화재방지대책의 부족 등과 관련되는것이였다.

군사규률의 문란은 1825년 9월 훈련도감의 포수 김치운이라는 군사가 병치료를 위한 미신적인 행사로 함부로 대포를 쏘아 그 소리가 왕궁에까지 미치여 소동이 벌어지는 지경에까지 이르렀다.

3. 지방군제의 문란

지방군제의 문란상은 우선 지방군의 주력인 속오군이 유명무실하여진것이였다. 리조 후기 속오군은 천수백초로서 지방군을 이루는 여러 부대들가운데서 가장 많은 수를 차지하고있었다.

19세기 초엽의 이러한 형편에 대하여 다음과 같은 기록이 전한다. 《현재 작은 현의 속오군이 다 5~6초이상은 된다. 그러나 아무러한 양성체계가 없이 군적에만 편입시켜놓았으니 모두 빈이름뿐이다.》(《경세유표》 권2 하관 도통영)

속오군이 유명무실하여진것은 군적의 기초로 되는 호적이 헝클어져서 군정을 장악하는 체계가 마비되였기때문이였다. 속오군에 있어서 가장 중요한것은 점검과 훈련이였는데 군적에 등록된 이름과 실지로 동원되는자가 다르고 봄철에 가르친 군정과 가을에 훈련받는 군정이 달라서 그 체계적인 장악과 훈련이란 생각할수 없었다.

속오군이 유명무실하여진것은 다음으로 그 중견사관층으로 되는 초관, 기패관 등이 자기 임무를 백방으로 회피하였기때문이다.

속오군제가 제대로 유지되자면 향촌에서 선발된 초관, 기패관 등이 자기 사업에 대한 최소한의 의욕을 가지고 그 임무를 집행하여야 하였다. 그러나 그들은 뢰물을 바치고 백방으로 청탁하여 모면하려고 하였다. 그것은 초관으로서 복장을 갖추는데 많은 비용이 들뿐아니라 병영의 장교들이 감행하는 가혹한 수탈을 견딜수 없었기때문이였다.

그리하여 속오군의 병사는 그들대로 점검과 훈련을 회피하고 기총은 기총대로 그 직무를 모면하려고 하였으므로 상하가 모두 군오에서 리탈하여 도저히 걷잡을수 없는 지경에 처하게 되였다.

속오군이 유명무실하여진것은 또한 그 편성단위와 지휘체계가 일치하지 않았기때문이였다. 속오군은 고을을 단위로 편성하였으나 그 고을의 장관은 속오군을 직접 지휘통솔할 임무는 없었다. 그들은 유사시에 징집된 속오군을 거느리고 영, 진에 가서 그들을 넘겨주고 돌아와서는 리노대를 지휘하기로 되여있었다.

그리하여 편제상으로는 각 지방에 20만~30만명의 속오군이 있었고 그만한 인원이 군적에 올라있었으나 실지 유사시에 싸울수 있는 군정이란 그 100분의 일도 되나마나하였다.

지방군제의 문란상은 다음으로 전투력이 약해지고 쓸모없이 된 부대를 대신하여 새로운 부대들을 편성하는 일이 잦아진것이였다.

1813년 평안도 관찰사 정만석의 제기에 따라 감영(병영)장교들의 자식들가운데서 날래고 건장한 사람 352명을 뽑아서 3개 초를 편성하여 장중위라고 칭하고 별장 1명, 령장 3명을 두어 거느리게 하며 그들의 옷과 료미를 영문에서 주도록 하였다. (《순조실록》권17 13년 9월 무진)

장중위를 새로 편성한 목적은 평안도지방군의 주력인 장 10부가 해이해져 군사로서의 쓸모가 없어졌기때문에 지방군을 질적으로 강화하려는것이였다.

종전의 지방군과는 별도로 새로 부대를 조직하여 소수의 정예한 병사들을 확보하려는 사업은 같은 시기에 함경도에서도 시도되였다. 1814년 함경도 관찰사 김리양은 포수 200여명, 사수 800명을 모집편성하여 《친병》이라는 명칭을 달았다. (《비변사등록》204책 순조 14년 8월 20일)

1847년에는 제주도에서도 도의 군제가 문란해져 지금 있는 목마대 10초, 보군 30초의 정원이 부족하다 하여 보군 23초를 더 설치하였다. (《비변사등록》234책 헌종 13년 3월 20일)

이밖에도 지방군의 여러 부대가 신설되였는데 이것은 지방의 수비가 불가능할 정도로 군사제도가 해이해졌기때문에 림시변통으로 취해진 조치들이였다.

지방군제의 문란상은 또한 지방군의 정원을 줄이거나 병영 또는 요해지에로의 입방을 중지하는 조치가 빈번히 취해진것이였다.

1815년 봉건정부는 평안도의 군사 4만 2 333명 가운데서 그 절반을 림시로 줄였다가 앞으로 10년동안에 다시 본래대로 군액을 늘일것을 결정하였다. (《순조실록》권18 15년 7월 갑신)

이러한 조치는 군사를 줄이여 인민들의 군사적부담을 덜어주자는데 목적이 있는것이 아니라 종전과 같은 군액을 더는 확보할수 없을 정도로 군사제도가 헝클어졌으므로 취해진 조치였다. 그 줄였던 절반을 10년안으로 보충한다고는 하였으나 물론 제대로 시행되지 못하였다.

1811년 평양감영의 장10부작대좌렬군 8 000여명과 병영에 들어와서 번들어야 할 군사의 입방을 중지하였는데 그 리유는 이해에 흉년이 들었으므로 군정들이 먼곳에서 식량을 지고와 3~4량의 비용을 쓰게 하기가 어려웠기때문이였다. (《순조실록》권14 11년 10월 경신)

각 고을들에서 평안도감영에 들어와 번들어야 하는 군사의 입방은 1849년에도 다시 5년동안 정지하였는데 이것은 평양과 같은 중요한 정치군사적거점의 방어가 소홀해졌다는것을 의미하였다.

1811년 평안도농민전쟁이 일어났을 때 순안과 같은 고을에서 장 10부군 2초를 겨우 징발하였다. 이때 비변사의 지시에 따라 양덕에 도착한 함경도지방의 군사는 친기위 360명, 표하군 70명, 수솔군 300명으로서 그 동원된 군정이 수적으로 적었을뿐아니라 전투력도 보잘것없었다. (《승정원일기》 순조 12년 정월 15일)

나라의 북쪽관문을 지켜야 할 평안도, 함경도의 군사형편이 이러하였으니 하3도의 지방군은 더 론할 여지가 없었다.

18세기말~19세기 초엽의 지방군은 그 제도가 문란하여졌다기보다는 붕괴되였다고 말할수 있을 정도로 줄어버리고말았다.

4. 수군의 약화

이 시기 군사제도의 문란상을 보여주는 중요한 사실의 하나는 수군이 약화된것이였다.

1744년 《속대전》 병전 제도병선조를 통하여 본 여러 도의 함선은 표 57과 같다.

표 57   각 도 병선일람표

함선 도별	전선	방선	병선	구선	사후선	탐선	거도선	급수선	해골선	소맹선	협선	별소선	추포선	계
경기	4	10	10	1	16	0	3	9	0	0	0	0	0	53
충청	9	21	20	1	41	0	0	0	0	0	0	0	0	92
경상	55	2	66	9	143	2	0	0	0	0	0	0	0	277
전라	47	11	51	3	101	0	0	0	1	0	0	0	0	214
황해	2	26	9	0	5	0	21	6	0	1	17	1	23	111
평안	0	6	5	0	12	0	1	4	0	0	1	0	0	29

표계속

함선 도별	전선	방선	병선	구선	사후선	탐선	거도선	급수선	해골선	소맹선	협선	별소선	추포선	계
강원	0	0	0	0	0	0	0	0	0	0	0	0	0	0
함경	0	0	0	0	0	0	0	0	0	0	0	0	0	0
계	117	76	161	14	318	2	25	19	1	1	18	1	23	776

전선, 방선, 병선은 《경국대전》편찬당시의 대맹선, 중맹선, 소맹선의 명칭이 바뀌여진것이다.

18세기 중엽 전국의 병선 총수 776척을 《경국대전》에 실린 15세기의 736척과 대비하여볼 때 18세기에 와서 수군이 약화되였다고 말하기는 아직 이르다. *

> * 17세기 초엽 전라도, 경상도, 충청도 3도의 병선이 겨우 90여척 뿐이였다. (《지봉류설》권3 병정부 정벌) 그러므로 병선의 총수가 15세기를 릉가하였다는것은 기록 그대로 믿기는 어렵다.

또 전선, 방선, 병선 3종의 함선총수가 354척이며 매 선에 60명이 탄다고 하면 총 인원 2만 1 240명으로 된다. 그리고 나머지 병선에 10명씩의 수군이 탄다고 하여도 3 000여명의 인원이 소요되였으므로 리조 후기의 수군은 2만 4 000여명으로 된다. 수군은 제도상 두번에 나누어 복무하였으므로 그 총수는 약 5만명으로 된다.

이 모든 사실은 18세기 수군의 함선이나 병력이 제도상 15세기와 큰 차이가 없었음을 보여준다. 그러나 실지로 수군의 형편은 그렇지 못하였다. 더우기 18세기말~19세기초에 들어와 수군의 전투력이란 바다싸움을 벌릴수 없을 정도로 약화되였다.

수군이 약화된것은 첫째로, 함선의 건조와 보수가 제대로 진행되지 못하였기때문이였다.

수군의 존립과 강화의 첫째 조건은 성능이 좋은 함선을 많이 확보하는것이였다. 임진조국전쟁시기 우리의 거북선과 판옥선은 그 견고성에서 적들의 함선을 압도하였다. 그때문에 적선과의 대전에서 우리 수군이 항상 주도권을 쥐고 승리한것은 널리 알려진 사실이였다.

그런데 나무로 만든 당시의 함선은 수명이 길지 못하였다. 정기적으로 새로운 함선을 건조하거나 낡은 배를 보수하여야 하였다.

《속대전》병선조에는 그 개조 및 보수에 관한 상세한 내용이 규정되여있다. 함선의 보수 및 개조주기는 각 도에 따라 달랐는데 대체로 2~3년 사용한 배는 대보수를 하였고 함선의 수명은 5~6년이였다.

그러므로 700여척의 함선을 확보하자면 적어도 매해 백수십척의 배를 건조하고 200여척의 함선을 보수하여야 하였다. 그러나 18세기말에 들어와 함대유지를 위한 이 모든 조치들이 전혀 취하여지지 않았다.

낡고 썩은 배들이 군항에 그득 찼고 그나마 수자가 부족하여 검열시에는 민간의 배를 징발하여 병선으로 위장하기가 일쑤였다.

각 도의 병선은 기한이 되면 반드시 그 썩고 상한 여부를 수군절도사가 직접 검열하여 국왕에게 보고하여야 한다고 하였으나 봉건통치질서가 전반적으로 해이되면서 함선의 실태를 허위로 보고하는것이 례사로 되였다.

수군이 약화된것은 둘째로, 병선을 타고 직접 싸워야 할 수병이 감소되였기때문이였다.

임진조국전쟁이후 해상방위를 위한 싸움이 여러 세기동안이나 없게 되자 수군은 돈 2량을 수사영에 바치고 복무를 면제받았다. 그리고 수군훈련이 있을 때에는 해변가사람들을 고용하였다.

18세기말~19세기초에 들어와 수군의 존재는 매우 희미해졌으며 봉건통치배들도 그 수습책을 거의 론의하지 않았다.

수군이 약화된것은 셋째로, 배를 다루어본적이 없는 산골군의 장정에게 수군역을 부담시키는 불합리한 제도가 지속되였기때문이다.

바다연안고을의 군정을 륙군으로 배치하고 산골군의 장정에게 수군역을 부담시키는 불합리한 제도는 이미 리조 전기에 제도로 고착되였다.

봉건통치배들은 해변의 백성들은 조그마한 사변이 생겨도 모두 도망가기를 잘하기때문에 먼데 사는 산골고을의 사람을 수군에 배정하는것이 《타당》하다는 억설을 주장하면서 륙군과 수군을 줄곧 바꾸어 배치하였다.

이 불합리한 제도가 그대로 유지된 까닭은 수군절도사를 포함한 수군지휘관들이 산골고을의 인민을 토색하여 중앙의 고위관료들이 요구하는 재물을 대주며 또 그들자신도 여러가지 종류의 토산물을 수탈하기 위한데 있었다.

산골의 장정들에게 강제로 바다에서 배를 부리라고 하는것과 같은 억지공사가 지속된것은 수군의 복무를 고되고 위험한것으로 되게 하고 수군의 전투력을 약화시키는 결과를 가져오게 하였다.

이밖에도 수군이 약화된데는 수군에 대한 가혹한 수탈, 수군을 신량역천으로 인정하는 신분제도상의 모순도 작용하였다.

수군의 약화, 이것은 바다로 쳐들어오는 적과의 싸움에서 나라를 무방비상태에 두게 하였으며 일본의 침략을 막기 위하여 건설된 군종이 허실화되였음을 의미하였다.

5. 상번 및 훈련제도의 문란

이미 본바와 같이 훈련도감을 제외한 기타 군문 및 병조에 소속된 군사들의 일부는 지방에서 수도에 올라와 번상하는 향군들로 이루어졌다. 그리고 적지 않은 지방군은 국경연해의 요해지 및 감영, 병영, 수영소재지 등에 가서 힘든 군사복무를 감당하여야 하였다. 임진조국전쟁시기 직업적상비군을 많이 양성하려던 봉건국가의 기도는 전후 재정지출의 곤난으로 하여 좌절되고 지방군은 물론 중앙군의 구성에서도 농민으로서 립역하는 향군이 우세하였다. 그러므로 번상제도의 문란을 이야기할 때 주로 이 향군의 경우를 념두에 두게 된다.

번상제도가 문란해진 주되는 원인은 립역하는 군사의 대부분이 복무기간에 소요되는 비용을 자체로 부담하였기때문이였다. 금군이나 훈련도감에 소속된 군사들은 직업적상비군으로서 봉건국가로부터 무기, 군복, 군량을 일정하게 보장받았다. 또한 병조, 금위영, 어영청에 소속된 군사들로서 번상하는자들은 두달 복무하면 4년만에 다시 립역하였고 봉족들로부터 그뒤를 보장받았으므로 그 형편이 좀 괜찮았다.

그러나 대다수의 군사들은 상번하여도 전혀 물질적보장이 없었거나 그것이 매우 적었다. 특히 지방군은 아무러한 혜택이 차례지지 않는 처지에서 자체로 필요한 무기, 군마, 군복을 마련하지 않으면 안되였다.

례를 들면 함경도의 6 000명 군사들은 군사장비와 옷, 군마 등 모든것을 자체로 마련하였으므로 힘있는자들은 모든 수단을 다하여 그 복무를 모면하려고 하였다. (《정조실록》 권27 13년 7월 무술)

군역대상자가 감소되고 군역을 모면하는자가 생기면 의례히 2중으로 군역을 지는자가 있기마련이였다.

봉건통치배들은 재정지출을 줄이기 위하여 수많은 무과합격자들을 내여 국경지대의 방어를 보장하였다. 그러나 일단 군사복무를 마치고나면 그자신은 물론 자식, 동생들까지도 군역에서 면제되였으므로 군역대상자는 줄어들게 되였다.

군역대상자가 줄어들면 나머지 군역대상자에게 군사부담이 더 들씌워졌으며 그것을 감당하지 못하게 된 군정이 도망쳐버림으로써 또다시 군역대상자가 줄어드는 악순환이 반복되였다.

번상제도가 문란해진 원인은 다음으로 병사, 수사들과 지방관들이 군정들을 가혹하게 수탈하였기때문이였다. 앞에서 본바와 같이 봉건국가는 군사들의 번상을 일부러 정지시키고 그 대신 군포를 수탈하였다. 정번을 구실로 감행되는 군포수탈에는 병사, 수사들도 참가하였다. 그들은 흉년때 국가적조치에 의하여 실시된 정번과는 달리 비법적으로 병사들의 립역을 정지시키고 군포를 착취하여 사복을 채웠다.

봉건통치배들은 군역을 진 다음 군무를 마치고 돌아간 군사들에게 갖가지 잡역을 들씌웠다. 이것은 군인의 생계를 파란시키고 군정의 립역을 어렵게 하는 결과를 가져왔다. 봉건국가는 넉넉하게 사는 량인상층 출신인 마병들의 잡역은 면제하여주었으나 가난한 보병들에게는 2중, 3중의 군역을 부담시켰다. 립역해야 할 군정이 모자랄 때에는 나머지 병사들에게 속오군의 역을 더 지웠다. 그리하여 중앙군문에 번상하는 향병이면서 동시에 지방의 속오군이기도 한 병사들이 늘어나게 되였다. (《비변사등록》87책 영조 6년 5월 16일)

번상제도가 문란해진 원인은 군무를 맡은 중앙 관료, 아전들의 번상군인들에 대한 가혹한 수탈때문이기도 하였다.

간악한 아전들은 번상군이 도착할만 하면 일부러 기일을 어기도록 만들어놓고는 지각으로 잡고 면포를 수탈하였으며 당번군사를 배치할 때에도 제멋대로 고되고 헐한데를 갈라보내면서 뢰물을 요구하였으며 또 경비근무를 잘못 수행하였다느니 군사장비를 제대로 갖추지 못하였다느니 하는 갖가지 흠을 잡아서 물품을 빼앗아냈다.

또한 실무를 맡은 아전들과 세력있는 관료들은 군무를 면제시켜준다는데 빙자하여 군인들로부터 뢰물을 받고는 대역자를 보충한다는 당초의 약속을 어기였기때문에 결원이 많이 생기게 되였다.

례를 들면 20명의 군사가 경비근무를 서야 할 장소에 그 절반도 안되는 7~8명의 당번군사가 있는 경우가 보통이였다. 이것은 경비가 소홀하게 되는 결과를 가져왔을뿐아니라 군무자체를 고된것으로 되게 하였다.

번상한 군사에 대한 가혹한 수탈, 당번군사의 엄청난 부족은 중앙에서뿐아니라 류방 또는 입방하여야 할 지방군에서도 생겨난 보편적인 현상이였다. 그나마 군무중에 있는 군사도 실지 싸움에는 전혀 쓸모가 없었다.

이처럼 이 시기 군사제도의 문란상은 번상립역의 해이에서 두드러지게 나타났다.

군사훈련이 정기적으로 실시되는가 질적으로 진행되는가 하는 문제는 군사제도가 제대로 유지되는가를 보여주는 중요한 징표로 된다. 그런데 군사훈련을 말하는 각종 습조는 군사제도의 유지와 군사들의 전투력을 제고하는데 아무러한 도움을 주지 못하면서도 거의 그대로 남아있었다.

습조는 어느 군종이 훈련하는가에 따라 륙조와 수조로 나누어졌고 또 훈련이 진행되는 때와 장소에 따라서 그 명칭이 달랐다.

봄에 하는 훈련은 춘조, 가을에 진행되면 추조, 달마다 벌리는 훈련은 삭조, 밤과 낮에 하는 훈련은 각기 야조, 주조로 구분되였다.

또 성을 지키는 훈련은 성조, 들판에서 싸우는 훈련은 야조라고 하였고 정해진 부대의 병사가 돌아가면서 하는 훈련은 륜조, 지구별로 나누어져 하는 훈련은 분조, 모여서 하는것은 합조라고 하였다. 병사, 수사들이 정식으로 참가하여 진행되는 훈련은 정조(또는 대조), 지방관이 미리 연습시키는 훈련은 사조(또는 전조)라고 하였다.

습조는 무기를 가지고 동작하는 법과 기발의 지휘에 따라 움직이는 법을 숙련시키는것으로서 군사의 질을 높이고 부대의 전투력을 강화하기 위한 중요한 일이였다.

이와 같이 중요한 습조의 문란상은 습조가 대렬을 점검하고 무기무장을 검열하는것이 위주로 된데서 찾아볼수 있다.

그러나 당시 군적에는 빈이름만 올라있었으므로 훈련할 때에는 그 인원을 채우려고 어린아이와 늙은이까지 모아 잡탕으로 대오를 편성하였다. 무기무장은 더욱 한심한 형편이였다. 낡은 칼과 헌 총, 비루먹은 말과 해진 군복이 고작이였고 그나마 수자가 모자라 림시로 사람을 사다가 하루의 복무를 채우고 다른 사람의 군복과 무기를 빌려다 굼때는 형편이였다. 그리하여 실지 훈련보다도 훈련준비로써 습조가 끝나버리는 경우가 적지 않았다.

당시 8도의 군사에 대한 정사가 허술하기 짝이 없어 활과 화살,

조총과 칼은 100에 하나도 쓸만 한것이 없었으며 이른바 마병의 싸움 말이라는것은 열에 하나도 남아있는것이 없었다. 1767년 외도감이라고 하는 수원에는 마병들중 새끼줄로 등자를 매단 사람들도 있었다.(《비변사등록》150책 영조 43년 5월 11일)

습조제가 문란하여진것은 습조를 위한 부담이 무거운것과 함께 습조를 지휘하는 각급 관료들이 군사적으로 무능하였기때문이였다. 고을단위로 습조를 진행할 때 고을원은 말할것도 없고 대장으로 되여야 할 수교 또는 좌수들이 모두 군사에 무식하였다. 그러므로 정약용은 습조에 앞서 병학을 좀 아는 관리로 하여금 《병학지남》을 예습케 할것을 새삼스럽게 강조하였다. (《목민심서》 권8 련졸)

군사가 천시되고 상무적기풍이 쇠퇴해진 당시에 와서는 군사를 담당한 관리들이 군사를 모르는것은 수치로 되지 않았다. 이러한 형편에서 훈련의 질이 높아질것을 기대할수 없었다.

습조제가 문란하여진 가장 주되는 원인은 봉건통치배들이 훈련을 인민들을 수탈하기 위한 공간으로 악용하였기때문이였다.

이에 대하여 《병영의 아전들은 습조하라는 명령이 내렸다는 말을 들으면 좋아서 날뛰며 온 집안이 축하를 한다.》(《목민심서》 권8 병전 6조 련졸)라는 기록이 전한다.

군, 현의 군대에는 의례히 대오의 결원이 있었고 또 무기가 정비되지 못하였으며 복장이 완비되지 못하였다. 훈련동작이 미숙한것은 더 말할 여지도 없었다.

병영의 아전과 장교들은 이러한 부족점을 트집잡아 군, 현에 무제한한 뢰물을 강요하였다. 군, 현의 아전들도 마찬가지였다. 그들은 군정들에게 무기를 빌려주거나 습조에서 면제시켜주는 대가로 막대한 물품을 수탈하였다.

이리하여 습조는 군사의 전투력강화에 도움을 주지도 못하고 오히려 인민들에게 막대한 고통과 불행을 들씌우는것으로 되고말았다.

이처럼 18～19세기의 군사제도는 전반적으로 헝클어졌다. 19세기 초중엽 유미자본주의렬강의 극동침략이 본격화되고 우리 나라의 근해에 이양선의 침입이 빈번하여지는 때 부패무능한 리조의 봉건통치배들은 군사제도를 바로잡고 국방력을 강화할 대신에 인민들을 억압착취하고 부화방탕한 생활로 세월을 보냄으로써 국력은 약화되고 봉건적위기는 더욱 심각하여졌다.

조선군사제도사 (리조편)

(개정판)

집필	교수, 박사 문병우		
심사	박사 장청욱, 오명숙		
편집	리은정	장정	김기성
편성	리효심	교정	정금희

낸 곳 사 회 과 학 출 판 사
인쇄소 평 양 종 합 인 쇄 공 장
인 쇄 주체101(2012)년 1월 15일
발 행 주체101(2012)년 1월 25일

ㄱ-25023

© Korea Social Science Publishing House 2012
  D P R Korea
  ISBN 978-9946-27-997-8